공공기관론

- 공공기관의 지배구조와 관리 -

배 용 수

도서출판 대영문화사

머리말

행정환경이 변함에 따라 공공부문도 따라서 변하지 않을 수 없다. 단순히 정부의 하부조직을 개편하는 것에서부터 공공부문의 성격 자체를 근본적으로 전환하는 것에 이르기까지 다양한 형태의 변화가 일어날 수 있다. 일부 OECD 국가들을 중심으로 정부 차원에서 강력하게 추진되었던 개혁활동 중 가장 보편적인 것이 공공기관을 적절히 활용하는 것이었다. 공공부문의 성격은 상당 부분 공공기관의 역할에 의해 규정되기에 이르렀다.

공공 거버넌스 실현의 방법론으로서 공공기관의 재편성은 이미 오래전부터 전 세계적으로 현실화되고 있다. 공공기관은 중앙 부처의 핵심 영역으로부터 기능적으로 분리되어 있으며, 중앙 부처가 누리지 못하는 상당한 정도의 자율성을 누린다. 그러나 한편 중앙 부처는 공공기관의 예산과 목표를 변경할 수 있는 권한을 가지므로, 공공기관은 큰 틀의 거버넌스 하에서 중앙 부처와 긴밀하게 연계되어 있다. 한국에서도 공기업의 설립과 운영의 역사는 상당히 오래되었으므로 그와 관련된 논의도 충실히 이루어졌다. 다만, 그 역사가 일천한 준정부기관에 관해서는 아직 연구의 성과가 많지 않아 변화를 위한 개선 과제가 충분히 도출되지 못하고 있다.

이 책은 공공기관에 관한 이론과 각국의 실제를 이해하기 쉽게 정리한 연구서이다. 이론적 연구모형을 토대로 하되 중·장기적인 시각에서 한국 공공기관의 자율성과 책임성을 동시에 확보하기 위한 방안을 모색한 것이다. 특히 정부개혁이 시급하다는 관점에서 볼 때 공공기관의 지배구조와 관리의 문제점을 분석하는 것은 매우 중요하다. 여기서 얻은 결과는 공공기관의 개혁 방안을 도출하는 데 유용한 자료로 참고할 수 있으며, 또한 정부와 공공기관 간의 관계를 재정립하기 위한 모형으로도 활용할 수 있을 것이다.

저자는 「공공기관의 운영에 관한 법률」이 시행되면서 본격화된 공공기관 정책의 변화에 맞추어 2009년에 대학출판부를 통해 강의교재용으로 『공공기관론』이라는 개론서를 저술한 바 있다. 이후 공공 거버넌스의 변화, 공공기관 경영관리의 중요성 재인식, 공공부문 개혁의 필요성 증대 등 일련의 흐름은 공공기관에 관한 제도 및 운영 전반을 다시 숙고하게 하는 계기가 되었다. 이에 지난번 책의 체계와 내용을 대폭 수정·보완하고 최근의 자료를 추가해 『공공기관론: 공공기관의 지배구조와 관리』라는 새로운 책을 내놓게 되었다.

저자는 대학에서 강의를 시작한 이래 기존에 출간된 공기업 관련 서적들은 대체로 제도 위주여서 사회과학도가 학술적으로 접근하기에는 이론적 토대가 취약하다는 생각을 자주 해왔다. 동시에 공공부문 실무자들이 21세기 세계적 추세의 변화를 깊이 이해하고 공공기관의 관리와 정책의 체계화를 기하는 데에도 부족함을 느낄 것으로 판단했다. 행정 연구의 한 분야로서의 공공기관에 대해 좀 더 체계적으로 접근함으로써 행정학도 및 행정실무자의 요구에 조금이라도 부응했으면 하는 바람이 집필을 기획하게 된 배경이다. 아무쪼록 이 책이 공공기관에 관심을 갖고 있거나 이 분야에 종사하고 있는 학생, 실무자, 전문가들에게 작으나마 도움이 되기를 기대한다.

이 책은 기본적으로 공공기관의 이론·관리·정책에 관한 것이다. 공공기관을 체계적으로 이해하기 위해 시장실패와 신공공관리로 대표되는 이론적 배경을 알아보고, 공공기관의 실제적 유형인 공기업 및 준정부기관별로 각각의 의의, 형성원리, 현황을 살펴보았다. 공공 거버넌스 이론의 틀 내에서 공공기관 지배구조의 전체적 구조와 기능을 파악하고, 다시 우리나라 공공기관의 내부 지배구조와 외부 지배구조의 실태를 고찰했다. 공공기관의 관리는 크게 전략 과정, 실행 과정, 통제 과정으로 나누고 다시 9개의 관리 분야로 세분해서 살펴보았다. 마지막으로 공공기관 개혁의 의의와 그 구체적 방안을 민주적 책임성의 관점에서 도출했다.

저자는 이 책이 대학에서 공공기관론 또는 공기업론을 수강하는 학생들로 하여금 개념을 체계적으로 이해할 수 있게 해 줄 것으로 확신한다. 또한 공공기관 임직원을 포함한 관련 분야 실무자들에게도 공공기관에 관한 전체적인 틀과 기본적으로 습득해야 할 지식을 요령 있게 전달해 줄 것으로 믿는다. 나아가 이 책이 급변하는 시대적 흐름 속에서 새로운 역할을 정립해야 하는 한국 공공기관의 개혁에 다소나마 기여하기를 희망한다.

끝으로 이 책이 나올 수 있도록 지원과 협조를 아끼지 않은 대영문화사의 관계자 여러분께 감사의 말씀을 드린다. 그리고 강의와 토론을 통해 이 책을 집필하는 데 자극이 되어 주었던 공주대학교 학생, 그리고 다양한 대화의 기회를 통해 생생한 현장의 목소리를 들려 주었던 공공기관 임직원 여러분께도 감사의 마음을 표한다. 작은 결실의 기쁨을 사랑하는 아내와 두 아이들과 함께 가장 먼저 나누고자 한다.

2015년 새해를 맞으며
저자 씀

차 례

제 2 부 공공기관의 지배구조

제 4 부 공공기관의 개혁

제 1 부

공공기관의 이해

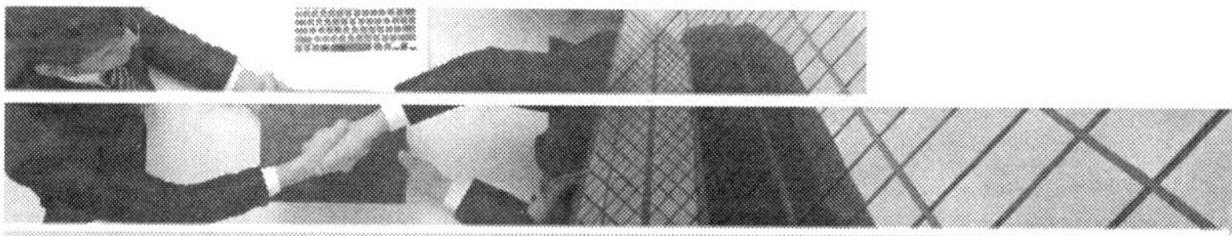

제 1 장

공공기관의 개요

제 1 절 공공기관의 의의 및 유형

1 의의

1) 개념

일반적으로 조직은 민간조직과 공공조직으로 구분해 살펴볼 수 있다. 공공조직을 민간조직과 구분하는 가장 중요한 기준은 소유권으로서 그 소유자가 국가나 지방자치단체인가라는 점이다. 즉, 공공조직이란 국가나 지방자치단체와 실제적·잠재적으로 이해관계를 가지고 있는 조직이라 할 수 있다. 공공조직 중 일부는 정부부처 내에 존재하며 일부는 정부부처와 법적으로 아무런 관계를 가지지 않고 독립적으로 존재한다. 이에 따라 공공조직은 정부에 의해 설립되고 정부조직에 속해 운영되는 행정기관과 공법에 따라 설립되나 정부 이외의 특정 집단에 속하는 공공기관으로 구성된다.

공공기관(public institution)은 흔히 "정부조직법에 의해 설립된 행정기관은 아니면서 공적 업무를 수행하는 독립 기관"으로 정의된다. 따라서 이미 오래전부터 공사혼합 조직체의 의미로 사용되고 있는 준정부조직(quasi-government organization), 준비정부조직(quasi-autonomous non-government organization)이나 최근에 OECD 선진국에서 흔히 사용하는 분권자율기관(departmental agencies, authorities and other autonomous bodies)과 범국가 부문(wider state sector)보다는 좁은 개념이라 할 수 있다. 공사혼합 조직체는 공공 영역과 시장 영역의 사이에 위치하여 공공성 · 민간성 · 독립성 · 책임성 · 합법성 등의 측면에서 중간적 성격을 갖지만, 공공기관은 광범위하게 독립성이 인정되면서도 명확히 공공부문에 속한다.

현실적으로 각국의 공공기관은 구조가 바뀐 과거의 조직인 경우도 있고, 정부가 새로운 기능을 수행케 하기 위해 설립한 새로운 조직인 경우도 있다. 그 기능 또한 공공서비스 공급을 주로 하나 그 이외에 규제, 자문, 징수, 경비, 기술 지원, 연구 등 정부가 수행하는 거의 모든 활동이 포함된다. 공공기관들에게서 발견할 수 있는 공통된 특징은 하나 또는 소수의 목표를 가지고 있으며 상당한 경영 자율성을 가진다는 것이다.

공공기관이 공공서비스 공급의 주체로 선호되는 것은 시장실패와 자발적 부문의 실패(voluntary sector failure)에서 기인하는 바 크다. 시장이나 자발적 부문 모두 공공서비스의 효율적 배분에 한계를 가지기 때문이다. 그러나 한편 공공기관은 각국의 정부가 정부실패 현상에서 기인하는 문제점을 회피하고 작은 정부의 추세에 대처하면서 간접적으로 행정 업무를 지속하려는 목적으로 설립하는 경우가 있다. 심지어 공공기관은 정부의 감독을 받는 과정에서 해당 공공기관에 대해 기득권을 갖고 있는 행정기관의 관료들에게 이동할 자리를 제공하는 등의 부정적 행태를 보이기도 한다.

2) 특성

일반적으로 공공기관은 행정기관에 비해 효율성, 효과성, 전문성 측면에서 우월한 것으로 인식된다. 이러한 장점으로 인해 능률과 혁신, 고객 지향적 서비스 공급, 효과적인 정부간 협력, 시민사회단체의 참여 확대, 중앙정부의 정책결정 업무 집중 등의 성과를 내기도 한다. 이것은 OECD(2002)의 연구에서 볼 수 있는 것처럼 공공기관이 차별화된 관리구조, 차별화된 통제환경, 경영 자율성이라는 특성 중 전부 또는 일부를 가지기 때문이다.

첫째, 최고 관리구조가 전통적이고 수직적으로 통합된 부처의 그것과 다르다. 따라서 공공기관의 장은 전통적인 행정기관에 적용되는 것과는 다른 절차에 의해 임명된다. 그리고 기관장은 전반적인 조직, 인사, 업무, 재정 등 제반 경영 절차에서 책임을 진다.

둘째, 일반적으로 행정기관에 적용되는 조직, 재정, 인사 등 관련 규정보다 매우 느슨한 규정이 적용된다. 직원의 직급, 임금, 보너스, 채용, 승진 등을 결정하는 데 대체로 공무원법이 아닌 일반 노동법의 적용을 받는다. 그리고 기관의 재정은 세금 이외에 수수료나 사적 수입에 의존하는 비중이 크다.

셋째, 경영 자율성은 소속 부처의 계속되는 개입을 받지 않고 기관장이 전반적인 조직, 재정, 인사에 관한 결정을 할 수 있는 권한을 의미한다. 현실적으로 경영 자율성은 계약에 의한 관리, 성과 지향적 관리, 다년도 예산편성 등으로 구체화된다. 경영 자율성은 공공기관으로 하여금 좀 더 혁신적이고 성과 지향적으로 되게 하며, 나아가 환경 변화에 대한 적응성과 고객에 대한 반응성을 제고해 준다.

2 유형

현재 많은 나라에는 분산된 공공기관에 대한 책임성을 확보하는 방법이 다양하게 존재한다. 다만 공공기관에 적용되는 법적 규범은 명확하거나 일관되지 않고 다양한 상황, 규칙, 통제 시스템을 파생시키는 느슨한 법과 시행령이 있을 뿐이다. 이로 인해 각각의 공공기관이 정부의 다양한 기능을 수행하기 위해 적정하게 선택되었는지 불확실한 경우가 흔히 있다. 따라서 합리적 기준에 따라 공공기관을 명료하게 분류하는 작업이 중요해진다.

1) 에거의 분류

에거(R. J. Eger III, 2005)는 공공기관을 특수목적기관, 즉 특정한 공공 목적을 수행하기 위한 법인체로 규정했다. 공공기관 유형 분류를 위해 거버넌스 자율성(governance autonomy)과 재정 자율성(financial autonomy)이라는 두 가지

표 1-1 에거의 공공기관 유형 분류

구분		거버넌스 자율성		
		제한	중간	고도
재정 자율성	제한	외부 통제기관	내부 통제기관	직접 책임기관
	중간	외부통제특별구	내부통제특별구	직접책임특별구
	고도	외부통제위원회	내부통제위원회	직접책임위원회

자료: Eger Ⅲ(2005).

차원을 채택하고, 양 차원을 다시 제한(limited), 중간(mediate), 고도(high)의 3단계로 세분해 9개의 공공기관 유형으로 구분했다. 예컨대 고도의 재정 자율성은 수수료·요금과 조세부과권을 모두 갖는 것을 의미하고, 제한적인 재정 자율성은 수수료 또는 요금 수입에 의해 운영되는 것을 의미한다. 그리고 고도의 거버넌스 자율성은 선거에 의해 이사회가 구성되는 것을 의미하고, 제한된 거버넌스 자율성은 이사회가 사장 등 임명권자에 의해 구성된 것을 의미한다.

2) OECD의 분류

OECD(2002)는 공공조직의 유형을 권한의 위임 또는 이양 정도에 따라 구분하고 있다. 권한의 위임(delegation)은 책임운영기관과 같이 법률적으로 정부에서 분리되지는 않으나 상급 행정기관과 준계약적 관계 속에서 어느 정도 자율성을 유지하는 것이고, 권한의 이양(devolution)은 공공기관과 같이 법률적으로 정부와 분리된 법인격으로서 행정기관과 계약적 관계에 있는 경우이다.

책임운영기관은 정부와 불가분의 관계를 가지며 대부분 정부 예산에 의해 운영되나, 예산의 일부를 수수료로 부과해 조달하는 특징을 갖는다. 책임운영기관의 고객은 주로 정부이지만 민간부문이 포함되기도 한다. 인적 구성은 공무원 인사규칙에 의해 이루어진다. 책임운영기관의 예로는 영국의 집행기관(Executive Agencies)과 미국의 성과기반조직(Performance Based Organizations)을 들 수 있다.

공공기관은 다시 근거법 등의 기준에 따라 공법 공공기관과 사법 공공기관으로 구분된다. 공법 공공기관은 공법에 기초하여 설립된 기관으로서 정부부처와 법적으로 완전 또는 부분적으로 독립되어 있다. 기관의 의사결정은 이사회와 같은 자체 의결기구에 의해 이루어지며 주무부처 등 정부는 간접적으로 통제한다. 고객은 공공부문이나 공공서비스를 이용하는 민간부문이 혼합되는 경우가 많다. 인적 구성은 준공무원의 성격을 띠며, 예산은 수수료 및 서비스 판매 수입을 위주로 조달되나 일부 세금을 사용하기도 한다. 공법 공공기관의 예로는 공사와 영국의 비부처 공공기관(Non-departmental Public Bodies), 뉴질랜드의 국립기관(Crown Entities)을 들 수 있다.

사법 공공기관은 사법에 근거하고 있으므로 법적으로 정부와는 완전히 독립된 성격을 갖는다. 이 기관은 주무부처의 간접적 통제 하에 자체 이사회를 구성해 운영한다. 예산은 대부분 판매 이익으로 조달하나 정부로부터 지원을 받는 경우도 흔히 있다. 사법 공공기관의 예로는 영국의 준공기업(quasi-corporation)과 같은 혼합기업을 들 수 있다.

표 1-2 OECD의 공공조직 유형 분류

구분	행정기관	책임운영기관	공법 공공기관	사법 공공기관
정부와의 분리	정부와 불가분		부분 분리	완전 분리
설립 근거	공법			사법
고객 유형	정부	정부 또는 민간		민간
인적 구성	공무원		준공무원	민간인
재원 조달	세금		수수료, 매출	판매 이익

자료: OECD(2002)를 수정했음.

3) 한국 정부의 분류

한국의 「공공기관의 운영에 관한 법률」(공운법)에 의하면 정부지원액이 총수입액의 1/2을 초과하거나, 정부가 50/100 이상의 지분을 가지거나, 정부가 30/100 이상의 지분을 갖고 임원 임명 등을 통해 당해 기관에 대해 지배력을 확보하고 있는 경우 공공기관으로 지정될 수 있다. 공운법은 직원 정원이 50명 이상인 공공기관 중에서 업무의 특성을 기준으로 하여 상업성이 큰 기관은 공기업, 공공성이 큰 기관은 준정부기관으로 분류하고 있다. 이 때 상업성/공공성 여부는 자체수입 비율(자체수입/총수입)을 적용해 판단한다. 즉, 이 비율이 50% 이상이면 공기업으로, 50% 미만이면 준정부기관으로 분류된다. 공기업 또는 준정부기관으로 지정되지 않은 공공기관은 기타 공공기관으로 분류된다.

공기업은 다시 자체수입 비율(85%) 및 자산 규모(2조 원)에 의해 시장형과 준시장형 공기업으로 세분된다. 그리고 준정부기관은 업무 성격에 따라 기금관리형과 위탁집행형으로 다시 세분된다. 이에 따라 현행법상 공공기관은 <표 1-3>에서 보는 바와 같이 ① 시장형 공기업, ② 준시장형 공기업, ③ 기금관리형 준정부기관, ④ 위탁집행형 준정부기관, ⑤ 기타 공공기관으로 분류된다.

표 1-3 한국의 공운법에 의한 공공기관 유형 분류

유형	분류 기준
공기업(상업성>공공성) ① 시장형 ② 준시장형	자체수입/총수입≥50% • 자체수입/총수입≥85%, 자산 2조 원 이상 • 나머지 공기업
준정부기관(상업성<공공성) ③ 기금관리형 ④ 위탁집행형	자체수입/총수입≤50% • 중앙정부 기금을 관리하는 기관 • 나머지 준정부기관
⑤ 기타 공공기관	공기업과 준정부기관을 제외한 공공기관

주: 「공공기관의 운영에 관한 법률」, 「공공기관경영평가편람」 등을 활용해 작성했음.

4) 기업성과 시장성에 의한 분류

앞에서 본 세 가지 유형화 시도는 자율성, 분리성, 설립 근거, 재원 조달, 공공성 등 다양한 기준을 통해 이루어지고 있어 몇 가지 시사점을 주고 있다. 예컨대 에거의 자율성 개념은 경영 및 재정의 자율적 운영을 위해 중요한 기준이 될 수 있다. OECD의 법적 근거에 의한 분류는 공법에 근거하는가 사법에 근거하는가에 따라 정부와의 분리성, 고객 유형, 인적 구성, 재원 조달 등의 측면에서 다양한 차이가 나타남을 보여 주고 있다.

그러나 에거의 거버넌스 자율성은 이사회의 구성권이 사실상 정부에 있는 한국의 경우와 다소 차이가 있으며, 재정 자율성도 조세부과권이 없는 한국에 적용되기 어려운 개념이다. OECD의 분류는 지나치게 단순해 유형화의 의의를 발견하기 어렵다. 한국의 공운법에 의한 분류는 영위하는 사업 자체의 성격이 아닌 단순히 자체수입 비율에 의해서만 공기업과 준정부기관으로 구분하는 것이 과연 타당한 것인가에 관해 논란이 있을 수 있다.

따라서 이 책에서는 에거와 공운법의 분류를 주로 참고하되 두 개의 분류 기준을 채택해서 모두 네 가지 유형이 도출되도록 했다. 그리고 거버넌스 자율성 및 재정 자율성이라는 용어의 모호함을 회피해 분류의 기준을 재무적 측면에서의 기업성과 규제적 측면에서의 시장성으로 했다.

기업성(entrepreneurship)은 해당 기관의 업무가 상업적 성격이 강해 기업의 형태와 유사한지 아니면 정부 업무의 대행적 성격이 강해 정부기관의 형태에 좀 더 근접해 있는지를 구분할 수 있게 해준다. 예컨대 공기업과 같이 민간기업, 주민 등 소비자와의 직접적인 거래 관계가 업무의 대부분을 차지하고 있으면 상업 지향적이므로 기업성이 있다고 볼 수 있다. 시장성(marketability)은 해당 공공기관이 시장실패의 극복 등 공익 목적 달성을 위해 독점적 권한이 인정되는지 또는 일정한 범위 내에서 수익사업을 영위하는 등 경쟁 원리가 일부 도입되어 있는지를 구분할 수 있게 해 준다. 예컨대 정부로부터 기능과 독점적 권한을 수탁받은 사업 이외에 고객에 대한 서비스의 대가로서 수수료를 받는 등 수익 활동을 병행한다면 상대적으로 경쟁 지향적이므로 시장성이 있다고 볼 수 있다.

이상과 같이 기업성은 상업 지향과 대행 지향 사이의 범주로, 시장성은 독점 지향과 경쟁 지향 사이의 범주로 각각 구성되므로, 이론적으로 공공기관은 이 두 가지 기준에 따라 <표 1-4>와 같이 네 가지 유형으로 구분할 수 있다.[1)]

표 1-4 기업성/시장성 기준에 의한 공공기관 유형 분류

재무 \ 규제		시장성	
		독점적	경쟁적
기업성	상업적	상업독점형	상업경쟁형
	대행적	대행독점형	대행경쟁형

자료: 배용수(2008).

1) 기업성/시장성 기준에 의한 분류에 대해서는 제4부 제2장 제2절에서 다시 살펴본다.

제 2 절 공공기관과 공공서비스

1 공공서비스의 의의

야경국가 기능이 가장 기본적인 정부의 기능이라 할 수 있지만 대부분의 공적 자원은 공공서비스의 공급에 배분되고 있다. 현 시대 정부의 분명한 기능이 공공서비스의 공급이라는 사실은 공공기관의 형성에 중요한 영향을 미치는 부분이다.

1) 개념

공공기관의 사업 대상은 대부분 공공서비스 중에서 찾을 수 있다. 공공서비스(public services)란 행정 현상의 하나로서 주민의 문제를 해결하고 좀 더 바람직한 환경을 만들려는 목적으로 한 사회 내에서 편익을 배분하는 정부의 활동이라 할 수 있다. 공공서비스를 이와 같이 이해할 때 공공서비스는 단순히 정부나 공공기관이 생산하여 고객들에게 공급하는 서비스인 것으로 볼 수 있다. 그러나 이러한 정의는 서비스의 공급 주체에 따른 구분일 뿐 실제로 공급하고 있는 서비스의 성격이나 실태를 파악하는 데는 큰 도움이 되지 못한다.

또한 공공부문의 비효율성과 능력의 한계가 논의되고 있음을 볼 때 공공서비스 공급에 민간 참여도 배제할 수는 없는 것이다. 따라서 공공서비스란 "행정구역, 서비스구역 등 공간적 단위에서 생산 · 전달 · 소비되는 서비스 중 공공성을 띠는 것"이라고 총체적으로 정의하는 것이 적절하다.

2) 본질

공공부문이 제공하는 서비스는 공공재(public goods)의 성격을 띠고 있는 경우가 많으며, 따라서 이러한 서비스가 시장기구에 의해 원활히 공급되기를 기대할 수는 없다. 공공재를 단순히 공공부문에서 공급하는 상품이나 서비스에 국한시킨다는 것은 분석상 큰 의미가 없고 시장실패를 가져오게 하는 요인인 두 가지 특성, 즉 비배제성과 비경합성에 입각해 공공재를 규명해야 한다.

비배제성(non-exclusion)이란 공공재를 사회구성원 전체가 소비하게 되는 것으로서 일단 공급되면 특정 집단의 사람들을 서비스의 소비에서 얻는 혜택으로부터 배제할 수 없음을 말한다.[2] 비경합성(non-rivalry)은 어떤 재화를 여러 사람이 동시에 소비할 때 소비하는 분량을 서로 삭감하지 않고 전원이 같은 양을 소비하게 되는 특징을 말한다.[3] 원칙적으로 이 두 가지 특징을 동시에 가진 상품이나 서비스를 공공재라 한다.

그러나 민간재와 구분되는 의미로 사용되는 공공재는 순수한 의미의 공공재가 아닌 것이 많다. 왜냐하면 공공서비스는 거리와 입지라는 공간적 요소를 본질적으로 포함하기 때문에, 서비스 편익이 서비스의 공급센터로부터 지리적으로 멀어지면 감소하는 경향이 나타나며 비배제성과 비경합성의 정도도 차이가 나기 때문이다. 따라서 대부분의 공공서비스는 순공공재(pure public goods)라기보다는 준공공재(quasi-public goods)에 해당하는 것으로 보는 것이 적절하다.

배제성과 경합성에 따른 공공재의 개념적 분류는 <표 1-5>와 같다. 네 개의 유형 중 D가 배제가 불가능하거나 경합이 없는 순공공재라면, 배제도 가능하고 소비에서의 경합도 이루어지는 A는 민간재(private goods)에 속한다. 실제로 공공서비스 공급정책상 중요한 의미를 갖는 것은 준공공재에 속하는 요금재(toll goods)와 공동소유재(common pool goods)라 할 수 있다. 요금재는 공동으로 소비되고 배제가 가능한 재화(C)이고, 공동소유재는 개인의 소비 내지 이해와 관련되고 배제가 불가능한 서비스 형태(B)이다.

공동소유재의 예로서 공기·바닷고기 등을 드는 경우도 있으나, 이들은 통상

표 1-5 공공재의 개념적 분류

배제성 \ 경합성	경합	비경합
배제	A	C
비배제	B	D

2) 예컨대 국방서비스나 방송은 어떤 대가를 지불하지 않고도 누구나 소비할 수 있는 것이다.
3) 예컨대 공공시설이나 맑은 공기는 한 사람이 소비한 후 다른 사람도 소비할 수 있는 것이다.

적으로 배제가 불가능하고 그 소비에 경합이 이루어지지 않으므로 순공공재와 동일시해도 무방하다. 이에 비해 요금재는 입장료를 받는 공원의 경우처럼 경합 없이 공동 소비가 가능하고 배제가 용이한 서비스이다. 공공부문이 제공하는 서비스는 당연히 공공재적 성격을 갖고 있다. 그러나 실제로 공공서비스 공급정책상 중요한 의미를 갖는 것은 사용자 부담에 의한 재원 조달이 가능한 상품 또는 서비스이다. 따라서 공공서비스 공급에 관한 논의는 주로 요금재에 집중되는 경향이 있다.

2 공공서비스의 유형

정부는 공공서비스를 적절히 공급함으로써 각종 사회문제를 해결하고 복지를 극대화시키고자 한다. 도시화와 산업화가 진행되면서 정책과제는 복잡·다양화되었고, 이에 따라 공공서비스는 매우 다양한 내용을 갖게 되었다. 다양한 공공서비스에 대해 학자들은 연구의 목적에 따라 여러 방식으로 유형화했는데, 여기서는 사회적 기능의 관점에 근거한 루시 외(Lucy et al., 1977)의 분류를 주로 참고해 공공기관 논의에 부합되는 공공서비스 유형을 다음과 같이 재정리한다.[4)]

1) 생활기반서비스

이것은 시민의 일상생활에 필요한 서비스를 수익자 부담에 의한 요금을 징수해 개별적으로 공급하는 것을 말한다. 서민주택 공급, 상·하수도 및 폐기물 처리, 도로·교통 등이 여기에 속한다.

도시화의 진전은 도시지역에서 지가와 주택가격의 상승을 가져와 도시로 이주한 사람에게는 주택 구입은 물론 임대도 어려운 문제로 되었다. 대도시의 경우 개발 가능한 택지의 공급 부족 현상은 심각한 상황이며, 도시 외곽의 불량 주거지역의 정비도 시급히 해결해야 할 과제로 되고 있다. 이에 각국의 정부는 택지개발 및 주택 공급, 그리고 도시재개발을 중요한 공공서비스의 하나로 간주해 주로 공기업의 형태로 공영주택사업을 벌이고 있다.

4) 루시 등은 공공서비스를 일상서비스, 보호서비스, 발전서비스, 사회보장서비스로 유형화했다.

상・하수도 및 폐기물처리사업은 가장 전형적인 공공서비스라 할 수 있다. 더구나 근래에 들어 환경에의 관심 증가와 더불어 특히 수질오염 문제가 심각해지면서, 상수의 수질 개선과 이를 위한 하수 및 폐기물 처리가 새로운 차원에서 공공서비스 유형으로 등장했다. 이 유형의 서비스는 우리나라의 경우 공기업 및 정부가 사업을 직접 운영하는 것이 일반적이었지만, 근래에는 민간에의 위탁을 통해 효율성을 제고하는 사례가 증가하고 있다.

한편 차량의 수가 격증하면서 도시민 중 승용차를 갖고 있는 사람이나 없는 사람들이 공통으로 느끼는 불편 중의 하나는 주차시설이 부족해 도로의 교통이 매우 혼잡하다는 것이다. 종래 교통 관련 공공서비스의 내용으로는 도로 건설이 주종을 이루었으나, 도시교통 문제가 심각해지면서 그 중점은 대중교통 수단의 확충 및 주차시설의 확보로 옮겨지고 있다. 이에 따라 노상주차장 및 주차 빌딩의 설치가 각국 도시정부의 중요한 서비스로 되었으며, 여객・화물 터미널, 지하철, 경전철 및 시내버스도 많은 나라에서 공공기관 형태로 운영하고 있다.

2) 문화발전서비스

이것은 개인의 육체적・지적・정신적 잠재력의 향상을 도모하는 서비스를 말한다. 도서관, 공원, 체육・문화・예술 시설 등 공공시설의 관리와 관광・리조트 등 여가시설의 운영이 이 범주에 속한다.

근래에 들어 각국에서는 국민 의식의 변화 등에 수반해 지역주민의 여가활동에 대한 욕구가 양적・질적으로 증대하고 있다. 이에 따라 과거에 도시공원이나 도서관, 주민회관 설치 등에 불과했던 정부의 문화서비스는 점차 그 범위가 확대되어, 체육관・운동장・테니스장・골프연습장 등 체육시설은 물론 박물관・음악당・미술관 등의 운영까지도 서비스 대상으로 등장하게 되었다.

한편 생활 수준의 향상 등에 수반해 주민들의 관광에 대한 관심이 커지고 있다. 종래에 관광산업은 공업 개발에 밀려 이른바 '떳떳하지 못한 산업'으로 인식되었다. 그러나 관광산업은 내수 확대, 세수입 등의 재정적 효과와 생활 향상이라는 사회적 효과를 가진다. 특히 프랑스 등 선진국에서는 관광을 사회복지 차원에서 파악하는 '사회관광'의 개념이 확립되어 있어 무시할 수 없는 공공서비스의 내용으로 자리 잡고 있다.

3) 사회복지서비스

이것은 최저 수준의 시민생활을 보장하기 위한 서비스로 경제적 재분배 기능이 강하다. 의료, 공중보건, 복지시설 운영, 직업훈련 등이 여기에 속한다.

기존에 사회복지서비스는 주로 중앙정부의 책임 영역에 속하는 것으로 인식했다. 지방 차원에서는 공중보건, 서민의료, 복지관(부녀자, 노인, 불우아동 등) 등의 분야에서 서비스 제공이 이루어졌으나 공공기관의 사업 대상으로는 취급되지 않았다. 그러나 복지서비스의 공급에도 경영 개념이 도입될 수 있는데, 종래 사업소의 형태로 수행했던 복지시설의 관리를 민간부문에 위탁하거나 전문기구를 설치하는 것이 그것이다. 또한 최근에는 일본 등에서 복지 요구의 개별화나 다양화의 경향에 부응해 공사 혼합 방식에 의한 유료 재택간호 및 취업 알선 등이 새로운 서비스 분야로 등장했다.

4) 산업지원서비스

이것은 산업구조를 다변화·개선시켜 지역생산성과 주민 소득을 상승시키고 고용 기회를 창출해 궁극적으로 정주 기반을 강화하는 것을 말한다. 산업단지 조성, 비즈니스 인큐베이터 설립, 기업신용보증 설치 등이 여기에 속한다.

산업단지 조성은 택지 조성 및 주택 건설과 더불어 공영개발 방식에 의한 대표적인 사업으로 꼽힌다. 특히 우리나라와 같이 수도권 억제정책이 지속되고 있고 지가가 고가인 경우에 수도권 이외 지역에서 중소기업 공장용지를 공급함은 산업 지원을 위한 유용한 서비스라 할 수 있다. 다만 최근에는 공영개발 방식이 민간부문을 상대적으로 위축시킬 수 있다는 문제점이 지적될 뿐만 아니라, 막대한 투자재원을 일시에 조달해야 하는 등의 어려움이 야기되어, 민간기업의 참여에 의한 민관 합동개발 방식이 활용되고 있다.

비즈니스 인큐베이터(business incubator) 사업은 선진국들에서 활성화된 새로운 지역산업 진흥전략의 하나로서 지역을 활성화시키는 중소기업을 창출하는 사업이다. 인큐베이터의 경영 주체는 중앙 및 지방정부, 지역 개발을 목적으로 하는 비영리법인, 대학, 민간기업의 네 가지로 구분할 수 있다. 그러나 경영 주체가 대학·연구기관 또는 민간기업이라 해도 대부분의 인큐베이터사업에는 지방정부가 관계하고 있다. 또한 지방정부가 주도하는 사업이라 해도 거의 대부분의 사업은 민간의 잠재력을 이용해 추진되고 있다. 따라서 인큐베이터사업은 민관 협력을 통한 산업 지원 서비스의 전형적인 경우라고 할 수 있다.

기업신용보증은 주로 중앙정부의 기능으로 인식되었으나, 일본 등 선진국에서는 중소기업, 농·어업, 모험기업 등을 대상으로 한 신용보증서비스가 지역 차원에서도 적지 않게 제공되고 있다. 여기에는 신용 보증뿐만 아니라 하청 거래의 알선·지도 및 기계설비의 대여, 자금 차입에 대한 채무 보증 등이 병행되기도 한다. 2014년 말 현재 우리나라에는 16개 시·도에서 지역신용보증재단이 운영되고 있으며, 주로 소기업과 소상공인에 대해 신용 보증을 지원하고 있다.

3 사회간접자본

사회기반시설(infrastructure)과 같은 사회간접자본의 확충은 지속적인 경제성장의 필요 조건으로서 국가경쟁력 강화와 국민생활 안정을 위한 바탕이다. 이와 같은 사회간접자본의 부족은 산업활동의 생산 및 유통비용을 증가시킬 뿐 아니라 경제활동 전반에 걸쳐 큰 애로 요인으로 작용하며, 나아가 국민의 일상생활에까지 불편을 주게 된다. 사회간접자본에 대한 투자는 그 규모가 엄청나 민간기업에만 의존하는 것이 한계가 있으므로 많은 나라에서는 공공기관을 설립해 해당 서비스를 공급하고 있다. 여기에서는 공공서비스의 특수한 형태라 할 수 있는 사회간접자본에 관해 간략히 알아본다.

1) 개념

사회간접자본이라는 개념은 스미스(Adam Smith)가 공공사업(public works)이라는 용어를 사용한 이후 여러 사람이 정의했으나 그 개념 자체가 편의적이고 그 범위도 명확하지 않다.

1950년대에 로젠슈타인 로단(Paul N. Rosenstein-Rodan), 넉시(Ragnar Nurkse), 허쉬만(Albert O. Hirshman) 같은 발전경제학자들이 사회간접자본(social overhead capital) 또는 기반시설 등의 용어를 사용했으나 이들 개념이 스톡(stock) 측면의 자본을 의미하는 것인지 또는 플로(flow) 측면의 투자 활동을 의미하는 것인지조차 불명확하다. 다만 기반시설은 건설이나 물리적 시설을 강조한 반면 사회간접자본은 기능적인 측면을 강조한 것으로 이해된다. 대체로 사회간접자본은 공공부문에 의해 이루어지는 플로 개념의 공공투자가 공적 고정자본의 형성 과정을 통해 스톡으로 축적된 자본으로 보는 것이 일반적이다.

한편 법학계나 행정학계에서는 사회기반시설을 지칭하는 법적 개념으로서 공공시설이라는 용어를 일반적으로 사용하고 있다. 공공시설이란 급부 주체에 의해 공익 목적의 계속적 실현을 위해 제공된 인적·물적 종합시설을 말한다.

행정법학상 공공시설은 원칙적으로 공공용 영조물에 국한된다.[5] 공공용 영조물에는 우편·전신·전화 등 체신사업, 철도·삭도·궤도·전차·전철 등 교통사업, 가스·전기·상수도·하수도 등의 공급행정작용, 병원·도서관·국공립학교·유치원·양로원 등의 사회복지사업, 박물관·극장·공연시설·미술관 등의 문화행정사업이 있다. 이외에 공물 중에서 도로나 항만과 같이 공용지정행위를 통해 시민의 일반 사용에 제공되는 공공용물과 공기업이 설치·운영하는 시설이 포함되는 것으로 보아야 한다. 따라서 행정법학상 공적 시설로서 공공시설의 개념에 포함되지 않는 것은 공물 중 행정 주체가 자신의 행정 목적에 사용하는 공용물과 문화재와 같은 보존 공물 그리고 영조물 중에서 공용 영조물이다.

앞에서 살펴본 바와 같이 사회간접자본이라는 용어는 그 개념 범위가 명확하지 않다는 문제가 있으나 대체로 물적·경제적 자본(directly productive capital)을 의미하는 것으로 사용된다. 이 책에서도 사회간접자본은 산업기반시설, 교통시설, 체육·레저시설, 문화·소비·복지시설, 주거환경시설 등을 포함하는 것으로 본다.

2) 특성

사회간접자본은 자연독점, 외부성, 공공성을 그 일반적 특성으로 한다. 현실적으로 전력, 가스, 통신, 철도와 같이 초기 투자비와 시장의 규모가 큰 산업 중 일부가 여기에 해당한다.

첫째, 자연독점(natural monopoly)은 설비 투자비나 시장의 규모가 매우 커서

---

5) 영조물에는 일반적으로 고객과의 이용 관계를 염두에 둔 공공용 영조물과 행정 주체 자신의 효용에 이바지하는 공용 영조물(임업시험장, 국립과학수사연구소 등)이 포함된다.

규모의 경제가 존재하는 산업에서 주로 발생하는 현상이다. 자연독점 하의 대규모 시설은 대부분이 특정의 서비스나 생산활동에 국한된 것으로서 고정비용 또는 매몰비용화되는 부분이 매우 크다. 따라서 자연독점 시장에서는 산업의 기술적 특성상 한 개의 대기업이 상품이나 서비스를 독점적으로 생산하는 것이 다수의 경쟁 기업들이 생산에 참여하는 것보다 비용 면에서 효율적이다.

둘째, 한 사람의 이용으로 인해 그 사람의 의도와는 무관하게 타인이나 사회 전체에 영향을 미치는 경우가 있는데 이를 외부성(externality)이라 한다. 일반적으로 사회간접자본의 사용에는 이 같은 외부성, 특히 외부경제가 강하게 나타난다. 외부성은 가격이나 비용으로 환산하기 어렵기 때문에 사회간접자본에 대한 투자 결정 시 투자에 따른 비용이나 편익의 계산에 정확하게 반영되지 않는다. 이로 인해 사회간접자본의 적정 규모나 적정 투자 수준을 결정하는 데 많은 어려움이 따르게 된다.

셋째, 공공성(publicness)이란 사회적으로 바람직한 시설로서 모든 사람이 원하고 또한 많은 사람이 이용함으로써 사회적인 편의나 복지를 증대시키는 결과를 가져오는 것을 말한다. 대규모의 사회간접자본 분야에 투자하기 위해서는 원칙적으로 그 사업이 독점적 특성 외에 시장실패보다 정부실패가 적어야 한다는 전제가 충족되어야 한다. 그러나 양자를 비교한다는 것은 현실적으로 매우 어렵다. 따라서 그 사업이 시민생활에 필수불가결할 경우, 즉 공공성이 매우 클 경우 사회간접자본으로서 운영하는 것이 바람직한 것으로 인식되고 있다.

3) 범위

사회간접자본은 그 개념 정의에서 보았듯이 그 범위에 관해 다양한 논의가 있다. 우선 최협의의 사회간접자본은 도로, 철도・지하철, 항만, 공항 등 교통시설을 이미한다. 중간 범위에는 여기에 전력・가스 등의 에너지시설, 농림수산기반・산업단지 등의 생산기반시설, 정보・통신시설, 환경시설 등이 포함된다(<표 1-6> 참조). 그리고 광의의 사회간접자본에는 교육시설, 의료・복지시설, 문화・여가시설 등 대부분의 생활기반시설까지도 포함된다. 대체로 사회간접자본은 중간 범위를 의미하는 경우가 많다.

표 1-6 사회간접자본의 범위

분류	종류
교통 시설	도로 · 고속도로, 철도 · 지하철, 항만, 공항, 터미널
에너지 시설	전력, 가스, 공업용수도, 발전소
생산 기반 시설	농림수산 기반시설, 산업단지, 유통단지
정보 · 통신 시설	CA TV, 전산망
환경 시설	공해방지시설, 폐기물처리시설

자료: 양지청(1994).

제 2 장

공기업의 이해

제 1 절 공기업의 의의와 유형

1 개념

정부에 의한 공공서비스 공급은 대부분 별도의 공공기관 특히 공기업에 의해 이루어진다. 공기업에 관해 가장 일반적으로 받아들여지고 있는 개념은 존스(Leroy P. Jones)와 유훈에 의한 정의이다.

우선 존스(Jones, 1975)는 공기업의 개념에 관해 "공공단체가 소유하거나 지배하며 그 생산물이 판매되는 생산적인 주체"라고 하면서 소유와 지배의 개념에 관해 다시 정의를 내렸다. 즉, 그에 의하면 소유는 공공단체의 지분율이 직접적 또는 간접적으로 10% 이상인 경우를, 그리고 지배는 최고관리층의 임명권을 통해 내부적인 의사결정 과정에 참여할 수 있는 힘을 의미한다. 유훈(2000)은 존스의 정의에 대해 몇 가지 의문점을 제기하면서 "국가 또는 지방자치단체가 수행하는 사업 중 기업적인 성격을 지닌 것"이라고 정의했다.

따라서 이 책에서는 이들의 정의를 토대로 해서 공기업을 "국가나 지방자치단체가 소유하거나 실질적으로 지배하는 기업적 주체"로 정의하기로 한다. 이하에서는 이 정의를 중심으로 공기업의 개념 요소를 차례로 살펴보기로 한다.

1) 공적 소유

일반적으로 공기업이란 국가 또는 지방자치단체가 소유하는 기업을 말한다. 여기서 소유의 의미에 관해서는 논란이 있다. 기본적으로 완전한 소유가 되기 위해서는 정부가 50% 이상의 지분을 보유해야 한다. 존스(Jones, 1975)는 공공단체의 지분율이 10% 이상인 경우를 소유로 보았으나, 이것은 미국과 같이 법인의 소유권이 분산되어 있는 경우라면 몰라도 우리나라의 실정에는 적합하지 않다고 볼 것이다.

우리나라의 실정법이 공기업이나 지방공기업을 원칙적으로 중앙정부나 지방정부가 자본금의 50% 이상을 출자한 기업으로 한정한 것도 이러한 맥락에서 비롯된 것으로 이해할 수 있다.

2) 실질적 지배

공기업은 정부가 별도의 법인을 설립하여 소유함으로써 간접 운영하게 된다. 여기서 간접적으로 운영하기 위해서는 지분의 과반을 소유하는 경우뿐만 아니라 기업을 실질적으로 지배하는 것으로도 가능할 수 있다. 기업을 실질적으로 지배한다 함은 구체적으로 정부가 조직, 인사, 재무 등 공기업 운영에 관한 중요 사항의 결정 과정에 개입하거나 그 내용을 감독할 수 있음을 말한다. 윤성식(1994)은 정부가 지분의 50% 이상을 소유하지 않더라도 소액 주주들에 의한 소유 분산에 의해 실질적으로 기업을 통제할 수 있다면 공기업으로 보아야 한다고 주장한다.

최대 지분을 보유하고 있어 주주권 행사를 통해 기관 지배가 가능한 경우, 기관장 또는 과반수 이상의 이사의 임명에 관여하는 경우, 예산 및 사업계획을 승인하는 경우 등이 실질적 지배에 해당하는 경우라 할 수 있다. 따라서 정부가 최대 지분, 인사, 재정의 측면에서 실질적 지배력을 확보하고 있을 때에는 30% 정도의 지분 보유도 사실상 기업을 소유하고 있는 것으로 볼 수 있다.[1] 이와 같이 소유뿐만 아니라 실질적 지배가 이루어지는 경우도 공기업으로 파악할 경우 공기업은 정부가 소유하는 공사형과 정부가 실질적으로 지배하는 혼합기업형으로 구분된다.

3) 기업적 주체

공기업이란 정부사업 중 기업적인 성격을 가진 주체를 말한다. 여기서 기업적인 성격은 사업 내용과 수지 균형의 두 가지 측면에서 파악할 수 있다. 우선 사업 내용을 보면 공기업은 공공서비스의 공급을 주요 사업으로 한다. 따라서 재정확충을 목적으로 하는 경마 · 경륜 · 경정사업과 복권판매사업은 공기업의 대상으로 될 수 없다. 또한 공기업은 운영경비를 주로 판매에서 발생하는 수익으로 충당함으로써 가급적 수지 균형을 이루어야 한다. 흔히 수입으로 경상경비의 50% 이상을 충당할 수 있을 때 그 상품이나 서비스가 판매되고 있다고 간주한다.

2 유사 개념과의 비교

1) 공익사업

공익사업(public utility)은 통신, 전력, 가스, 철도 등과 같이 그 서비스가 공익성, 매몰비용, 자연독점성, 외부 효과를 가지는 기업을 말한다. 공익사업은 국민의 소비활동이나 기업의 생산활동에 필수적이지만 대체재가 없어 수요가 비탄력적인 상품이나 서비스를 공급한다(공익성). 또한 공익사업은 그 특성상 대규모의 설비 투자를 필요로 할 뿐만 아니라 투자는 매몰되며(매몰비용), 대부분 자연독점 하에 있으므로 단일기업이 독점적으로 생산하는 것이 복수의 기업이 각각 생산하는 것보다 효율적이라는 특징도 가지고 있다(자연독점성). 또한 공익사업에서 생산되는 상품이나 서비스는 다른 일반 상품의 투입재로 이용되며, 나아가 산업 전체에 대해 사회기반시설의 역할을 하는 경우가 많다(외부 효과).

이에 각국 정부는 공익사업을 단일의 공기업으로 하여금 운영하도록 하여 독

---

1) 한국의 「공공기관의 운영에 관한 법률」은 30퍼센트 이상의 지분을 가지고 임원 임명 권한 행사 등을 통해 당해 기관의 정책결정에 사실상 지배력을 확보하고 있는 경우 공공기관에 포함될 수 있는 것으로 인정한다. 싱가포르 공기업(Government Linked Company)은 정부가 지분의 20% 이상을 소유한 기업을 의미한다.

점적 지위를 남용할 수 없도록 제도화하거나, 독점 사기업을 그대로 인정하되 그 지위를 남용할 수 없도록 각종 규제를 행함으로써 자원 배분의 비효율성을 극복하고 있다. 특히 자연독점의 원인이 소멸되지 않는 한 독점을 인정하되 사회후생의 손실을 최소화하는 경제적 규제정책의 채택이 일반적으로 시행된다. 공익사업을 공기업으로 운영하는가 여부는 그 사회의 이념과 정부의 정치적·정책적 판단에 크게 의존한다.

이와 같이 공익사업은 사기업이 경영하는 경우도 있고, 공기업이 경영하는 경우도 있다. 우리나라에서도 대부분의 공익사업을 공기업이 담당하고 있으나 통신사업은 사기업이 담당하고 있다. 다시 말해 공익사업은 사업 성격상의 특징에서 기인한 개념이고 공기업은 사업의 주체에 관련한 개념이므로 양자는 보는 관점이 다른 것이다.

2) 정부기업

정부기업(government enterprise)이란 정부부처의 형태로 존재하면서 정부의 책임 하에 운영되는 사업체를 말한다. 정부기업은 상품이나 서비스를 생산하는 하나의 생산 단위이기는 하지만 독립된 법인은 아니다. 정부기업은 세계적으로 우편, 철도, 통신 등의 분야에서 운영되었으나 근래에 상당수의 정부기업이 공기업으로 전환되거나 민영화되고 있다.[2)]

우리나라의 정부기업은 다음과 같은 특징을 갖는다.

첫째, 정부기업도 정부부처에 속하므로 정부조직법에 의해 설치되며, 국회의 통제와 감사원의 감사를 받는다.

둘째, 정부기업의 직원은 공무원이다.

셋째, 예산은 매년 의회의 의결을 얻어 확정된다. 다만 대부분 특별회계 예산으로서 일반회계와 구분되어 있다.

넷째, 중앙관서 또는 소속 사업소의 형태로 설치된다. 따라서 소속 관서를 변경하려면 직제를 개정해야 하며 정원을 늘리기 위해서도 「국가공무원총정원령」을 개정해야 한다.

---

2) 대부분의 관련 연구에서는 정부기업을 공기업의 한 형태로 보고 있으나 이 책에서는 공기업과는 다른 개념으로 구별하고자 한다.

다섯째, 독립된 법인이 아니므로 공기업과는 달리 당사자 능력을 갖지 못한다.

한국의 정부기업을 관리하는 법률은 정부기업예산법이다. 이 법은 정부기업의 예산과 회계를 통일적으로 규율하며, 정부기업들이 그 수입으로써 지출에 충당하도록 하기 위해 각각의 특별회계를 설치하도록 하고 있다.

한국의 정부기업으로는 우편사업, 우체국예금사업, 양곡관리사업, 조달사업이 있다. 과거의 통신사업은 통신 부문의 분리 및 민영화 이후 현재 우정사업만 남아 있는데, 우정사업은 우편사업과 우체국예금사업으로 이루어져 있다. 양곡관리사업은 쌀 공급과 유통의 안정을 위해 정부가 양곡을 매입・보관・판매하는 사업이다. 조달사업은 정부가 필요로 하는 물자를 효율적으로 구매・관리하고, 주요 국제 원자재를 도입・비축하며, 시설공사 계약을 체결하는 것을 주요 내용으로 한다.

3) 책임운영기관

정부의 개혁을 위해 시장 원리의 장점을 도입하려는 입장에서는 시장의 효율성을 신뢰하고 있고, 시장의 효율성은 주로 경쟁에 의해 달성된다고 믿고 있다. 공공부문에서의 경쟁은 내부시장을 창출하는 것을 의미하는데, 이것은 각국에서 행정사무나 공공서비스의 공급을 독점적 체제에서 정부와 민간기업이 경쟁하는 체제로 전환하는 것으로 현실화되었다. 그 대표적인 것이 책임운영기관이다.

책임운영기관이란 공공서비스 제공 업무를 경쟁 원리에 따라 운영하고 그 성과에 대해 책임을 지는 기관을 말한다. 책임운영기관은 공공서비스의 효율성을 제고하는 것이 목적이며, 이를 위해 기관장에게 조직・인사・예산 등의 운영에 관해 자율성을 부여하고, 그 운영 결과에 대해서는 보상 또는 책임을 지도록 하는 방식을 취한다. 기관의 직원은 채용, 승진, 퇴직에서 일반적인 공무원법의 적용을 받으나 직원의 수와 보상에 대한 통제는 완화되어 있다. 이와 같이 소속 장관에 의해 직접 임명되는 기관장은 운영과 관련한 권한을 가지는 반면, 소속 장관은 공식적인 통제 권한을 가진다.

책임운영기관은 영국의 대처(Margaret Thatcher) 정부 하에서 1986년에 구성된 효율화추진팀(Efficiency Unit)이 실시한 정부조직 개편에 관한 검토 결과에서 기인한다. 즉, 1988년에 작성된 「Improving Management in Government: The

Next Steps」라는 보고서는 정부관리의 개선과 공공서비스의 효율적이고 효과적인 전달을 통해 고객의 편익을 증진시킬 것을 권고했다. 그 내용 중의 하나가 정책·통제 기능과 관리·서비스 기능의 분리였고, 관리 및 서비스 기능을 담당하는 기관으로서 집행기관(executive agency)이 도입된 것이다. 영국의 집행기관은 그 후 캐나다의 특별운영기관(special operating agency), 미국의 성과기반조직(performancebased organization), 한국의 책임운영기관의 설립에 영향을 미쳤다.

한국의 책임운영기관을 관리하는 법률은 「책임운영기관의 설치·운영에 관한 법률」(책임운영기관법)이다. 1999년 법이 제정되고 2000년에 소속기관에 한정되어 책임운영기관이 지정된 이후, 2006년에는 청 단위 중앙기관으로는 처음으로 특허청이 지정되었다. 이 법에 의하면 한국의 책임운영기관은 업무의 성격에 따라 기업형 기관과 행정형 기관으로 나뉜다.

기업형 기관은 기관 운영에 필요한 재정수입의 전부 또는 일부를 자체 확보할 수 있는 업무를 수행하는 행정기관을 말한다. 책임운영기관법은 기업형 기관의 효율적 운영을 위해 특별회계를 설치하고, 소속 기관별로 계정을 구분하도록 하며, 정부기업예산법의 규정을 준용하도록 하여 기업형 기관을 정부기업으로 간주했다. 기업형 기관은 주로 의료, 교육·과학, 특허, 해양수산 등의 분야에서 설치되고 있다.

행정형 기관은 사업적·집행적 성격의 공공서비스를 제공하고 그 성과의 측정이 가능한 업무를 다루는 행정기관을 말한다. 책임운영기관법은 행정형 기관을 일반회계로 운영하되 별도로 책임운영기관 항목을 설치하도록 하여 기업형 기관에 준하는 예산 운영상의 자율성을 보장했다. 행정형 기관은 주로 통계, 농·축산 연구 등의 분야에서 설치되고 있다.

책임운영기관의 장에게는 조직 및 인사관리상의 자율성 확대, 정부기업예산법 적용, 초과 수입금의 직접 사용 등 독립성과 자율성을 보장한다. 기관장은 주무부 장관의 공개모집 절차에 따라 계약에 따라 3년의 범위 내에서 채용하며, 보수는 운영 성과의 평가 결과에 따라 성과급으로 지급한다. 책임운영기관은 행정기관이므로 그 직원은 공무원의 신분을 가진다.

3 공기업의 유형

공기업의 유형은 법인의 법적 형태 및 설립 주체에 따라 구분할 수 있다. 가장 일반적 분류 방식인 법적 형태에 따른 분류에 의하면 공기업은 공사와 혼합기업으로 나뉜다. 설립 주체에 따라 분류하면 국가공기업과 지방공기업으로 나뉜다.

1) 공사와 혼합기업

공사(public corporation)는 특별법에 의해 설립된 특수법인이다. 공사는 정부기업이 초래하는 관료주의와 후술하는 혼합기업(mixed enterprise)이 지니고 있는 운영의 복잡성을 극복할 수 있다는 이점이 있다. 다시 말해, 공공성과 기업성을 잘 조화시킬 수 있어 현대 공기업의 전형이라 할 수 있다.

공사제도는 민주주의 이념을 침해하지 않는다는 장점으로 인해 20세기 초 영국에서 시작된 후 세계대공황 시기에는 미국에 전파되었다.[3] 제2차 세계대전 이후에는 프랑스, 일본 등의 대륙계 국가들뿐만 아니라 많은 개발도상국에서도 도입했다. 특히 영국과 프랑스에서는 사기업을 국유화하는 방식으로 공사를 설립했다. 한국에서도 기간산업, 공익산업, 금융산업 등의 분야에서 많은 공사를 설립했다.

공사는 다음과 같은 특징을 가진다.

첫째, 특정한 목적을 달성하기 위해 특별법에 의해 설립된다. 이 점이 혼합기업이 상법에 의해 설립되는 것과 구별된다.

둘째, 전액 정부 출자를 원칙으로 한다. 다만 예외적으로 정부 이외에 공공기관이나 민간기관이 일부 출자하는 경우가 있다.

셋째, 경영 성과에 대해 직접적으로는 공사가 책임을 지지만 궁극적인 책임은 정부가 진다. 따라서 공사의 결산상 이익금을 정부에 납부하게 할 수 있고 손실은 정부가 보전할 수 있다.

넷째, 법인으로서 당사자 능력을 가진다.

다섯째, 임원은 정부가 임명하며, 임・직원은 공무원이 아니다. 이것은 공사의

3) 1908년 영국에서 설립된 런던항만청(The Port London Authority)을 시초로 하여 1927년 영국방송공사(BBC), 1933년 미국의 테네시계곡개발공사(TVA)의 설립으로 이어졌다.

경영자율성을 보장하는 역할을 한다. 그러나 임원과 간부급 직원은 형법을 적용할 때 공무원으로 간주되는 경우가 흔히 있다.

여섯째, 정부가 출자했으므로 감사원법의 적용을 받는다.

한편 혼합기업은 주식회사의 형태를 띠는 공기업 유형으로서 독일에서 주로 활용했던 유형이나 지금은 대부분의 나라에서 공기업의 한 유형으로 채택하고 있다. 이와 같이 독특한 형태의 공기업이 설립되는 이유로는 다음을 들 수 있다.

첫째, 1920년대와 1930년대에 이탈리아, 프랑스 등지에서 국가적으로 중요한 사업을 영위하는 기업이 도산하는 것을 방지하기 위해 정부가 지분을 인수한 경우가 있었다.

둘째, 개발도상국의 경우 정부가 선진국의 자본과 기술을 도입하기 위해 새로운 기업체를 설립하는 경우가 많았다.

셋째, 기존에 운영되고 있는 공기업을 민영화하기 위한 방편으로 주식회사 형태로 전환하는 경우가 있다.

한편 혼합기업은 다음과 같은 특징을 갖는다.

첫째, 상법에 의해 설립된다. 다만 드물지만 특별법에 의해 설립되는 경우도 있다.

둘째, 정부가 전액 출자해 주식회사를 설립하는 경우도 있을 수 있으나 대부분 정부와 민간기업과의 공동 출자의 형태를 띤다. 당연히 정부는 출자분에 대해서만 책임을 진다.

셋째, 정부 지분율에 따라 감사원법의 적용을 받기도 한다. 대체로 혼합기업의 회계는 선택적 감사 사항이다. 그 밖의 예산이나 정부회계에 관한 법령의 적용을 받지 않는다.

넷째, 임·직원은 공무원이 아니다.

다섯째, 법인이므로 당사자 능력을 가진다.

2) 국가공기업과 지방공기업

국가공기업은 중앙정부가 설립한 공기업으로서, 교통·통신·에너지·금융 등 국가에 의해 지배·경영되는 전국적인 정책사업이 대상이 된다. 국가공기업은 대부분 공사의 형태를 취하고 있다. 국가공기업은 지방공기업에 비해 규모가 크고 독점성이 강하며 국민 경제에 큰 영향을 미친다. 한국의 경우 관련법상 국가공기업은 다시 자산이 대규모이고 총수입액 중 자체 수입액의 비중이 큰 시장형 공기업과 기타의 준시장형 공기업으로 구분된다.

지방공기업은 지방정부가 설립하는 공기업으로서 상수도 · 하수도 · 지하철 · 주택 · 주차장 등 주민의 일상생활과 밀접한 관계를 갖고 지방적 특수성을 갖는 사업에 한정된다. 따라서 지방공기업은 행정구역 단위로 설립되는 것이 원칙이며, 다만 서비스의 성격이 광역적일 때에는 광역 지방공기업을 설립하는 경우도 있다. 한국의 경우 지방공기업은 주로 직영기업의 형태를 취하고 있으며, 지방공사나 지방공단의 형태는 상대적으로 소수이다.[4]

표 2-1 공기업의 유형

기준	유형	
법적 형태	공사	혼합기업
설립 주체	국가공기업	지방공기업

4 국가지주회사

1) 개념

공기업의 특수한 유형으로 국가지주회사가 있다. 지주회사(holding company)란 "하나 또는 몇 개 회사의 주식을 일부 보유함으로써 그 회사를 실질적으로 지배 · 통제하는 회사"를 말한다. 그 중 주식의 소유를 주된 목적으로 하는 지주회사를 '순수 지주회사(pure holding company)'라 하고, 주식을 소유하기는 하나 독자적 사업을 하는 까닭에 주식 소유를 주된 목적으로 하지 않는 지주회사를 '사업 지주회사(operating holding company)'라 한다.

국가지주회사란 "정부의 소유와 지배를 받는 지주회사"를 말한다. 국가지주회사는 고도 성장에의 기여, 다국적 기업에 대한 대응, 독점규제정책의 수단, 후진

---

4) 이 책에서 국가공기업의 범주에 직영 방식으로 운영되는 정부기업은 포함하지 않고 있다. 지방공기업법은 지방공기업의 범주에 지방공사 · 공단 외에 지방직영기업도 포함하고 있어 이 책에서의 공기업 개념과는 차이가 있다.

지역의 개발, 효율적인 국가기획의 도구 등의 목적으로 설립된다. 국가지주회사도 그 산하기업을 통제만 하는 경우도 있고, 산하기업의 통제 외에 독자적인 생산활동을 하는 경우도 있다. 한국에서는 자체사업 없이 주식 소유에 의한 산하기업을 지배하는 순수 국가지주회사는 존재하지 않는다.

국가지주회사는 자회사인 공공기관에 대한 정치권의 불필요한 통제나 간섭을 완화하는 완충 역할을 하고 있다. 그러나 정부와 공공기관 사이에 지주회사가 또 존재하는 복잡한 지배구조를 초래함으로써 대리문제가 한층 심화되는 현상이 발생한다.

2) 주요국의 국가지주회사

국가지주회사의 대표적인 사례는 이탈리아에서 찾아볼 수 있다. 이탈리아에서는 1880년대에 최초의 공기업이 설립된 이래 공기업은 공익성 분야에 한정되었으나, 1930년대 대공황을 계기로 국가지주회사가 민간부문에 침투하면서 급격히 발전했다. 현재도 이탈리아 국가지주회사는 특정 분야를 독점하지 않고 여러 사기업과 경쟁하고 있다.

산업부흥공사(Instituto per la Riconstruzione Industriale: IRI)는 세계대공황 당시 위기에 처한 산업과 은행을 구제하기 위해 산업 개편, 부흥 및 청산을 목적으로 1933년 금융회사 형태로 설립되었다. 1937년에는 자산관리뿐만 아니라 군수품 생산, 기업 투자 등에도 사업 영역을 확대했고, 이 때 정관 변경에 의해 신규로 주식을 취득할 수 있게 됨으로써 국가지주회사의 성격이 명확해졌다. IRI는 설립 목적이 약체산업의 보호 및 육성이어서 목적이 달성되면 해산하기로 되어 있었으나 제2차 세계대전 이후 그 활동이 더욱 활발해졌다. 이후 그 산하에 식품, 유통, 방송, 은행, 해운, 인프라 및 건설, 방위산업, 통신, 전자, 자동차, 에너지, 우주항공 등 매우 다양한 분야의 기업들을 거느리게 되었다.

탄화수소공사(Ente Nazionale Idrocarburi: ENI)는 가스전 발견을 계기로 탄화수소 자원의 국가 독점 개발과 일관성 있는 탄화수소 에너지 정책의 유지를 위해 1953년 설립되었다. 주로 석유 및 천연가스 등 지하자원의 개발·생산·판매와 석유제품의 수송·정제와 관련된 기업을 그 산하에 두고서 지배산업으로서의 일관성을 유지하고 있다.

전통적으로 IRI와 ENI는 정부에서 관리 및 통제했다. 국가지주회사에 대한 감독은 1956년 설립된 국가지주성에서 담당했으나, 1990년대에 공기업 민영화 과정에서 폐지되고 관리 업무는 재무성으로 이관되었다. 그리고 이 때 IRI와 ENI 모두 상법상의 주식회사로 전환했다.

한편 싱가포르의 테마섹(Temasek Holdings)은 국내에서도 잘 알려진 국가지주회사이다. 1974년 싱가포르 재무부는 100% 지분을 출자해 지주회사인 테마섹을 설립하고 36개의 공기업을 지주회사 자회사로 편입시켰다. 싱가포르 정부는 민간기업이 투자하기를 주저하는 분야나 전략적 부문의 투자 수단으로서 테마섹을 활용하고 있다. 현재 통신, 항공, 은행, MRT, 항운, 항구, 전력, 부동산 등 대부분의 기간산업을 운영하는 등 가장 중요한 기업으로 성장했다. 테마섹은 자회사의 경영에 대한 관여는 전혀 하지 않고 대주주로서 투자 수익 극대화를 위해 전반적인 투자 포트폴리오를 조정하고 각 회사의 성과를 모니터링하는 역할만 담당한다.

3) 한국의 국가지주회사

한국의 경우 대표적인 국가지주회사로는 한국산업은행, 한국전력공사, 한국철도공사가 있다. 이들 국가지주회사는 출자를 통해 자회사의 경영에 관여하고 있으나 자회사에 대한 경영 통제가 주목적인 순수 지주회사라고 보기는 어렵다. 모두 자회사를 소유하고 있는 동시에 스스로도 공공서비스를 생산하는 사업 지주회사 겸 공공기관의 역할을 하고 있다.

한국산업은행은 다양한 분야에 출자형 기업을 보유하고 있으나 정책금융뿐만 아니라 일반적인 상업금융 업무를 수행하고 있다. 한국산업은행의 출자회사 중에는 정부가 소유하고 있는 주식을 현물출자함으로써 출자회사가 된 것도 있으나 융자를 출자로 전환해 출자회사가 된 것이 많다. 따라서 그 산하에 다양한 출자기업을 거느리고 있어 1~2인의 이사를 파견하는 것 외에는 주주권 행사를 제대로 하지 못하는 한계가 있다.

한국전력공사는 그 산하에 한국전력기술, 한전기공 등 주로 에너지 부문의 기업을 출자회사로 거느리고 있다. 한국철도공사는 그 산하에 코레일애드컴, 코레일개발, 코레일유통 등 주로 철도사업과 직·간접적으로 관련되는 출자회사를 거느리고 있다. 한편 농수산물유통공사는 농·수·축·임산물의 저장·처리·가공업을 개발·육성할 목적으로 설립되어 1970년대에는 22개의 자회사를 거느리기도 했다. 그러나 너무 많은 자회사를 설립함으로써 운영상의 애로가 발생했고 민간부문으로부터의 비판에 직면하자 대부분 정리했다.

제 2 절 공기업의 형성 원리: 시장실패의 교정을 위한 공적 개입의 수단

1 공적 개입의 근거로서의 시장실패

정부 개입의 근거는 시장실패의 존재에서 찾을 수 있다. 공기업은 시장실패 유형 중 주로 자연독점과 외부경제에 관련되는 시장실패를 교정하기 위한 목적에서 설립된다.[5] 시장실패가 공기업 설립이나 정부 규제와 같은 정부 개입을 곧바로 정당화할 수는 없으나 정부 개입이 정당화되기 위해서는 최소한 시장실패가 존재한다는 것을 입증해야 한다.

1) 자연독점

어떤 기업이 생산량을 늘릴수록 평균생산비가 줄어들게 되어 독점적 지위를 차지하게 될 경우 이를 자연독점(natural monopoly)이라 한다. 주로 전력·가스·통신·철도 등과 같이 기술적 특성으로 인해 설비 투자비나 시장의 규모가 매우 크고 규모의 경제가 존재하는 산업 부문에는 자연적으로 하나의 독점기업이 출현하게 된다. 생산을 하면 할수록 평균 생산비가 낮아지는 규모의 경제가 존재할 때에는 생산적 효율성(productive efficiency)이 크게 개선되어 가장 규모가 큰 기업이 가장 낮은 비용으로 생산을 할 수 있기 때문이다.

그런데 자연독점에 따른 상품이나 서비스의 가격은 완전경쟁 하에서의 가격에 비하여 높아지는 반면, 생산량은 완전경쟁 하에서의 생산량보다 작게 되어 사회

5) 공적 개입의 일반적 근거로서의 시장실패에 관해서는 보론에서 상세히 살펴보기로 한다.

적 비용이 증가하게 된다. 반대로 사회적으로 바람직한 수준의 최적 산출량을 유지하려면 생산기업이 손실을 감수해야 하는 자연독점의 딜레마가 발생한다. 이 경우 사회적 후생손실(dead-weight loss)이 발생하므로 정부가 독점기업의 가격과 생산량을 규제하거나 직접 공기업을 설립·운영해야 한다.

2) 외부경제

시장이 자원을 효율적으로 배분할 수 있기 위해서는 경제 주체들 간의 경제행위가 모두 가격을 매개로 하여 이루어져야 한다. 그러나 다른 사람에게 혜택이나 손해를 입히는 행위가 가격에 반영되지 않고 이루어지는 경우가 있다. 이와 같이 거래행위가 시장기구의 외부에서 이루어지는 것을 외부성(externality)이라 한다.

외부성 중에서도 다른 주체에게 혜택을 주면서도 대가를 받지 못하는 경우를 외부경제(external economy), 즉 '이로운 외부성(positive externality)'이라 한다. 외부경제의 예로서 정부가 제공하는 공공서비스와 R&D 및 인적 자원에 대한 투자가 대표적이다. 예컨대 어떤 기업의 R&D 부문에 대한 투자가 다른 기업들에 파급된다면 굳이 기업들은 R&D 투자를 하려 들지 않을 것이다. 만일 대부분의 경제 주체가 이러한 행동을 한다면 결국 외부경제를 주는 상품이나 서비스의 공급은 사회적으로 필요한 것보다 극히 부족한 양만 공급될 것이다.

이와 같이 외부경제로 인해 자원의 과소 배분이 이루어지는 경우에 정부는 시장의 효율성 제고를 위해 외부경제를 제공하는 자에게 그의 활동에 대해 보상을 해주거나 비용을 보전해 주어야 한다. 공기업 운영은 외부경제를 창출하는 상품과 서비스의 적정 공급을 위해 정부가 직접 개입하는 방식이라 할 수 있다.

2 공적 소유에 의한 정부 개입

시장실패는 정부의 시장 개입을 정당화해 주는 근거가 된다. 즉, 정부의 개입은 시장실패를 방지 또는 치유하고 효율성을 회복하기 위해 불가피한 행동이라는 것이다. 그러나 시장실패의 존재가 정부 개입의 필요 조건이 되는 것은 사실이지만 충분 조건이 될 수는 없다. 정부가 자율적인 시장의 운용에 개입하려면 적어도 논리적으로는 개입의 혜택이 특정 집단의 사익이 아닌 사회 전체의 공익에 기여한다는 정당성이 있어야 가능하다는 것이다. 다시 말해, 시장실패의 폐해가 개입의 비용보다 충분히 클 정도로 정부 개입의 불가피성이 인정되어야 한다.

이와 같이 시장이 실패해 국민 경제에 바람직하지 않은 성과가 초래되었을 때 이것을 교정하기 위해 정부가 시장 운영에 정책적으로 개입하게 된다. 이 때 정부는 크게 두 가지 방식을 통해 개입의 목적을 달성할 수 있다. 우선 미국에서 가장 전형적으로 나타나는 경우로서 시장경제가 준수해야 할 규칙을 제정하고 집행하는 역할이 그 하나이고(사적 소유에 의한 정부 개입 방식), 많은 유럽국가 정부에서와 같이 정부가 공기업 설립 등을 통해 직접 시장에 개입해 공급자로서의 역할을 하는 것이 다른 하나이다(공적 소유에 의한 정부 개입 방식). 우리는 후자에 해당하는 개입 방식에 관심을 갖는다.

시장 영역에서 규제정책과 함께 가장 흔히 채택되는 정책 분야로서 산업정책(industrial policy)을 들 수 있다. 시장실패의 교정을 위한 적극적 수단으로서 동태적 비교우위산업을 육성하기 위해 정부가 시장에 개입해 특정 산업의 경쟁력 제고나 공급 능력 확대 등 산업구조를 조정하는 일련의 정책 분야를 산업정책이라고 한다. 산업정책은 성장의 촉진 또는 특정 전략산업의 육성 등을 달성하기 위해 사양산업에서부터 새로운 유망산업에 이르기까지 선별적인 공급 능력의 조정을 기본 취지로 하고 있다. 구체적으로는 투자 증진, 기술 개발, 전문가 및 기능인 육성, 수출 증대 등 바람직한 산업구조를 달성하기 위해 산업 간 자원 배분에 영향을 미치는 정책들을 들 수 있는데, 무역정책, 중소기업정책, 기술정책, 지식정책 등이 여기에 포함된다. 그리고 이를 달성하기 위해 보조금 지급, 재정 지원, 금융 지원 등의 재정적 조치가 수반된다.

시장실패의 교정을 위한 산업정책 수단 중 정부 개입의 정도가 가장 큰 정책 수단이 공기업 운영이다. 특히 전력, 가스, 통신, 철도와 같이 초기 투자비와 시장 규모가 큰 산업은 대부분의 나라에서 최근까지 공기업으로 운영되었다. 비용의 중복과 낭비를 막기 위해 독점을 보호하되 사회후생의 손실을 최소화하기 위해서는 공기업이 담당하는 것이 생산 및 분배의 양 측면에서 좀 더 효율적이라고 생각했기 때문이다.

3 공기업의 실제적 형성 배경

공기업은 그 특유의 장점으로 인해 20세기 대부분의 기간에 걸쳐 전 세계적으로 크게 성장했다. 공기업이 형성된 가장 중요한 배경은 앞에서 본 바와 같이 자연독점과 외부경제를 중심으로 한 시장실패였다. 후진국의 경우 시장실패 이외에 민간자본의 한계를 극복하고 조속한 경제 발전을 달성하기 위한 전략적 필요성이 강조되었다. 그 밖에 일부 국가의 정치적 이념과 경제 위기 극복의 시급성도 공기업의 형성을 가져온 요인으로 작용했다.

1) 자연독점 및 외부경제

해당 사업이 본질적으로 자연독점에 해당할 경우 미국을 제외한 대부분의 나라에서는 민간기업에 맡기기보다는 공기업으로 운영하는 방식을 선택했다. 이에 따라 선·후진국을 막론하고 철도·통신·전력·가스·상수도 등의 자연독점사업은 공기업으로 운영하는 것이 일반적이다. 미국에서도 철도산업의 사양화로 많은 철도회사가 여객운송사업을 중단하게 되자 전국철도여객공사(National Railroad Passenger Corporation)를 설립한 바 있다. 한국에서도 철도, 전력, 통신 등 자연독점사업에 대해서는 거의 예외 없이 공기업을 설립했다.

한편 외부경제성이 크거나 공공서비스의 충분한 공급을 위해 불가피한 경우 공기업으로 운영되고 있다. 공공서비스는 주민생활과 국민 경제에 필수적이므로 모든 시민에게 적정한 양을 합리적 요금으로 차별 없이 안정적으로 공급해 주어야 한다. 우편, 전신·전화, 특수금융 등이 여기에 해당한다. 미국의 경우 농지은행(Farm Land Banks), 연방중개신용은행(Federal Intermediate Credit Banks), 연방곡물보험공사(Federal Crop Insurance Corporation), 연방예금보험공사(Federal Deposit Insurance Corporation) 등의 공기업을 운영했나. 한국에서도 공공서비스에 대한 수요의 충족을 위해 한국수자원공사, 대한주택공사, 각종 특수은행 등이 운영되었다.

2) 민간자본과 기술의 부족

개발도상국이 사회간접자본을 구축하고 공공서비스를 공급하는 과정에서 가장 애로를 느꼈던 것은 자본과 기술의 부족이었다. 특히 막대한 투자비용이 소요되고 이 투자비를 회수하는 데 장기간이 소요될 경우 민간의 참여가 크게 제약된다. 이로 인해 국민 경제에 필수적인 사업이 민간기업에 의해 착수되지 못하는 경우가 왕왕 있었다. 이에 정부가 재정자금을 투입하고 외국으로부터 자본과 기술을 도입해 매우 광범위한 분야에서 공기업을 설립하게 된다. 파나마운하가 대표적인 사례이며, 한국에서도 과거 공기업으로 운영되었던 충주비료, 석유공사, 포항종합제철이 여기에 해당한다.

3) 정치 이념

공기업이 형성되는 특수한 경우로 정치 이념을 들 수 있다. 영국에서는 1945년부터 1951년까지 노동당이 집권했는데 이 기간 동안 석탄·광업·철도·전력·가스 등의 사업이 국유화되어 많은 공기업이 설립되었다. 프랑스에서는 제2차 세계대전 이후의 대규모적인 국유화 조치에 따라 많은 공기업이 생겨나게 되었다. 개발도상국 중에서도 특히 인도에 공기업이 많은데 이것은 인도가 영국으로부터 독립한 후 거의 지속적으로 사회주의를 표방한 국민회의당(National Congress Party)이 집권한 데서 그 이유를 찾을 수 있다.

4) 경제 위기

1930년대 세계대공황 시기에 많은 나라에서 공기업을 설립해 경제 위기를 극복하고자 했다. 미국에서는 금융·철도 등의 민간 기업에 융자를 해 줌으로써 공황으로부터 국민 경제를 구하려는 의도로 부흥금융공사(Reconstruction Finance Corporation)나 대규모 토목 및 산림녹화사업을 위한 테네시개발공사(Tennessee Valley Authority: TVA) 등 많은 공기업이 설립되었다. 유럽에서도 대공황을 극복하기 위해 혼합기업이 많이 설립되었다. 특히 이탈리아에서는 1930년대에 사기업의 도산을 막기 위해 대규모의 공기업화가 진행되었는데 1933년 구제공기업으로서 설립된 IRI는 오늘날에도 국가지주회사로서 중요한 역할을 담당하고 있다.

한국에서도 금융 관련 공기업이 IMF 외환 위기 때 민간 금융기관들을 구제하는 데 결정적인 역할을 했다. 한국자산관리공사는 공적자금으로 금융기관들이 안고 있는 부실 채권을 매입함으로써 금융기관들에 유동성을 공급했고, 예금보험공사는 부실한 금융기관의 예금을 대지급하고 자본을 잠식한 금융기관들에 출자해 도산을 막았다.

제 3 절 국가공기업

1 주요국의 국가공기업

1) 미국

미국은 역사적으로 시장에 대한 국가의 개입이 극히 제한적이어야 한다는 믿음을 강하게 갖고 있는 나라이다. 그 결과 공기업에 대해서도 부정적인 시각이 강한 편이다. 그리고 공기업의 설립도 정부의 사업 중 상업적 성격이 강한 경우와 특별한 정책적 목적에 의하는 경우로 제한된다. 따라서 미국은 다른 국가에 비해 공기업이 국민 경제에서 차지하는 비중이 미미하며, 공기업에 관련된 제도나 정책의 특징을 파악하기가 어렵다.

미국의 연방정부가 대규모로 공기업을 설립한 시기는 제1차 세계대전 직후, 세계대공황 기간, 제2차 세계대전 기간 등과 같이 국가가 시장에 개입해야 할 중대한 사유가 발생했을 때이다. 그리고 공기업 설립 목적을 달성한 후에는 대부분 청산되거나 민간에 매각되었다. 현재는 우편, 전력, 철도 분야에 극히 일부가 운영되고 있다.

2008년 금융 위기로 인해 부실 채권의 규모가 큰 은행에 대해 투자하는 등 금융산업에서 일종의 국유화가 진행되었는데, 이것은 은행의 부실화를 축소하는 동시에 정부의 영향력을 강화해 신속한 정책의 추진을 가능케 하려는 의도였다. 그렇지만 이것은 일시적인 조치로서 은행의 경영 정상화가 되는 시점에 민영화할 예정이다.

2) 영국

영국의 공기업의 역사는 19세기 중반 설립된 우체국에까지 거슬러 올라가지만, 주로 제2차 세계대전 직후 당시 노동당 정부가 전후 재건사업을 위해 석탄, 항공, 전기, 운송, 가스, 철강 등의 산업을 국유화하면서 많은 공기업이 생겨났다. 1979년 대처 정부가 집권한 이후에는 대대적인 공기업 민영화를 단행해 현재 영국은 미국 다음으로 공기업의 비중이 작은 나라에 속하고 있다. 이와 같이 영국의 공기업은 보수당과 노동당이 번갈아 집권하는 과정에서 이념적 차이에 의해 사기업의 국유화와 공기업의 민영화가 반복되는 현상을 큰 특징으로 한다.

현재 공기업은 주로 국방 관련 산업, 핵개발 및 핵폐기물 처리, 우편, 항공, 항만, 에너지 등에서 운영되고 있다. 영국 공기업이 준정부기관과 확연하게 구별되는 특징은 자체수입으로써 비용의 대부분을 충당하는 상업적 성격을 띠고, 중앙정부 · 지방정부 또는 다른 공기업이 소유권이나 지배권을 가지며, 기업 운영에 관해 해당 부처로부터 독립되어 있다는 점이다. 다만, 해당 부처는 경영 목표 계약, 재정 및 성과 목표 설정, 투자 심의 및 요금 규제, 모니터링 등을 통해 공기업을 감독한다.

공기업 운영의 통제를 통일적으로 하기 위해 정부의 경영기업규제개혁부(Department for Business · Enterprise · Regulatory Reform) 내에 공기업실(Shareholder Executive)을 설치하고 있다. 공기업실은 내각사무처 및 재무부와 협력해 개별 공기업과 시장 상황에 대한 분석을 통해 해당 부처의 소유권 행사와 지배구조 조정에 관한 자문과 조언을 한다.

3) 프랑스

프랑스에서 공기업이 본격적으로 설립된 것은 제1차 세계대전 이후 독일로부터 반환된 알사스 지방에 존속하고 있던 혼합기업을 운영하기 시작한 이후이다. 1930년대의 세계대공황 시에는 도산에 직면한 기업체를 구조하기 위해 지분을 인수하는 방식을 통해 대규모의 공기업화가 이루어졌다. 제2차 세계대전 직후에도 비애국적 기업에 대한 불신, 경제 재건의 긴급성, 근로자의 복지 증진 등의 이유로 석탄, 은행, 보험, 전력, 가스, 교통, 통신 등의 기간산업을 중심으로 대대적인 국유화가 단행되었다.

1981년 사회당 정부가 집권하자 다시 대규모의 국유화가 이루어졌다. 이것은 주로 사회주의 이념에 의한 것으로서 국유화의 범위는 금융 부문과 제철·화학·섬유·제약·유리·조선·항공기 생산 등 제조업 부문에 집중되었다.

1980년대 들어 서유럽 국가들 대부분에서 민영화가 시행된 것과 달리 프랑스에서는 민영화의 규모가 크지 않았다. 다른 나라에서는 민영화가 장기간에 걸쳐 이루어졌으나 프랑스에서는 정치 상황의 변동에 따라 두 차례의 민영화가 이루어졌을 뿐이다. 제1차는 1986년부터 1988년까지의 기간으로서 금융 부문을 비롯해 제조업, 석유, 건축, 통신, 광고, TV방송 등 광범위한 분야에서 비교적 대규모로 이루어졌다. 제2차는 1992년부터 1996년까지의 기간으로서 제조업, 석유, 금융 등 3개 부문에서만 민영화가 이루어졌다.

4) 이탈리아

이탈리아에서 공기업의 기원은 1884년의 제철사업으로까지 거슬러 올라가며, 20세기에 들어 철도, 전화, 우편, 전신, 전매 등의 사업이 공기업으로 등장했다. 1930년대에는 대공황을 계기로 하여 위기에 처한 산업과 은행을 구제하기 위해 IRI라는 국가지주회사가 설립되었고 1953년에는 탄화수소자원의 국가 독점 개발을 목적으로 하는 ENI가 설립되었다.[6)]

이탈리아는 국가지주회사가 활발히 운영된 결과 공기업의 사업 분야가 기간산업이나 제조업 이외에 서비스업에까지 걸쳐 있을 정도로 매우 광범위하다. 이에 따라 이탈리아에서는 공기업이 특정 분야를 독점하는 경우보다는 사기업과 경쟁하는 분야가 더 많은 실정이다. 또한 공기업이 후진 지역인 남부의 개발을 위한 도구로 활용되는 등 경제 성장은 물론 후진 지역 개발을 위해서도 상당한 기여를 한 것으로 평가된다.

한편 1990년대에는 공기업 민영화도 활발히 이루어졌다. 즉, 지주회사 산하의 기간회사에 종속되어 있는 사업체가 다수가 민영화되었고, 기타 공기업들이 민영화되었다. 그러나 3층 구조를 이루는 지주회사 체제에는 변화가 없었다. 다만

---

6) IRI와 ENI에 관해서는 이 장 제1절에서 살펴보았다.

공법인 형태의 지주회사였던 IRI와 ENI가 주식회사로 전환되었다.

5) 뉴질랜드

1984년 집권한 노동당 정부는 그 전까지 9년간 집권했던 국민당 정부의 정부주도적이고 폐쇄적인 경제 운용정책을 비판하고 그로 인한 외환 위기를 극복하기 위해 1985년부터 시장 지향적 정부개혁을 추진하기 시작했다. 개혁의 청사진은 당시 재무장관이던 더글러스(Roger Douglas)에 의해 마련되었으며 이 개혁 작업은 1990년 다수당이 국민당 정부로 교체된 이후에도 계속되었다.

뉴질랜드에서 공기업 개혁의 기본틀은 1986년에 제정된 국영기업법(State-owned Enterprise Act)에 의해 마련되었다. 공기업 개혁을 포함한 뉴질랜드 정부의 정부개혁 작업은 상업화, 기업화, 민영화로 요약할 수 있다. 상업화(commercialization)란 정부조직의 상업적 요소와 비상업적 요소를 분리해 상업적 업무를 담당하는 정책 집행 및 사업부서와 비상업적 업무를 담당하는 순수 정책결정 부서로 재편성하는 것이다. 기업화(corporatization)는 정부부처나 사업부서 등에서 기업조직으로 전환할 수 있는 부분을 최대한 분리하여 공기업 조직으로 전환하는 것이며, 민영화(privatization)는 정부조직의 일부나 공기업을 민간에 매각하는 것이다.

국영기업법 제정 이후 기존에 상업적 활동을 담당하고 있던 9개 정부조직을 개편해 공기업을 신설했다. 뉴질랜드의 공기업은 상업성의 정도를 기준으로 크게 두 가지 유형으로 구분된다. 시장형 공기업(State-Owned Enterprises)은 순수한 상업성 기관으로서 기업법에 따라 정부와 법적으로 독립되어 설립되며 시장 원리에 따라 운영된다. 준시장형 공기업(Crown-Owned Enterprises)은 시장형 공기업과 동일한 법률과 운영 체계를 적용받지만 주로 공공의 이익을 추구한다. 현재 보건의료·방송·에너지 공기업이 정부와 민간의 혼합기업으로 민간부문과 경쟁 관계에 있으며, 우편·철도·대학 등이 법률에 의해 민간부문과 경쟁 없이 독점적으로 공공서비스를 제공하고 있다.

공기업 일부를 민영화했는데 지방은행, 해운, 보험 등은 민영화의 대표적인 사례이다. 그리고 대부분의 경우 정부 사업부서의 공기업화가 민영화의 중간 단계로 이용되었다. 즉 정부 사업부서 형태로 운영되고 있던 석유와 통신은 일단 공기업 형태로 전환된 후 최종적으로는 민영화되었다. 그리고 현재 공기업 형태를 유지하고 있는 철도, 항공, 토지, 우편, 석탄, 전력도 부분적으로 민영화가 이루어졌거나 민영화를 추진하고 있다. 1988년부터 1999년 사이에 총 191억 뉴질랜드 달러의 정부 자산이 매각되었고 보조금 삭감과 재정수지 개선이 이루어졌다.

한편 기업화를 활성화하기 위해 공기업이 가지고 있던 모든 독점적 권한을 제거하고 민간기업과 경쟁하도록 했다. 이에 따라 공기업은 민간기업과 동일한 자본구조를 가지게 되었으며 세금을 납부하고 주식 배당을 하는 등 민간기업과 같은 원리에 따라 운영된다. 이러한 경쟁 도입을 위한 규제 완화 정책은 매우 성공적이어서 전기 및 통신서비스의 가격은 하락한 반면 생산성 및 이윤은 상승했고, 우편・철도・항만・석탄・산림 등 경쟁이 도입된 분야에서 비용 절감과 서비스 향상 효과가 뚜렷이 나타났다.

6) 일본

일본에는 한국의 정부투자기관과 유사한 정부관계기관이 있었는데 3공사, 2은행, 10금융공고가 여기에 해당했다. 우선 3공사는 일본국유철도공사, 일본전신전화공사, 일본전매공사를 지칭했는데 본래 정부부처 형태였으나 맥아더 사령부 통치 하에서 공사로 전환되었다. 2은행은 일본개발은행과 일본수출입은행을 말했는데, 후술하는 10금융공고에 비해 자율성을 크게 보장받았다. 10금융공고는 국민금융공고, 주택금융공고, 농림어업금융공고, 중소기업금융공고, 홋카이도동북개발공고, 공영기업금융공고, 중소기업신용보험공고, 의료금융공고, 환경위생금융공고, 오키나와진흥금융공고를 지칭한다.

1980년대 일본 공기업 민영화에서 가장 대표적인 것은 3공사의 민영화이다. 국유철도는 6개의 여객 철도회사와 1개의 화물철도회사로 분할되어 완전 민영화가 이루어졌다. 전신전화공사와 전매공사는 특별법 상의 주식회사로 전환되었으나 아직 부분적 민영화에 머물러 있다. 우정사업 민영화의 첫 단계로서 2003년 우정사업청이 우정공사로 전환되었고, 2007년 다시 우정주식회사로 전환되었다. 아직 전액 정부출자주식회사이지만 2017년 일부 지분 매각을 추진하고 있다. 이와 같은 특수법인은 국가적 책임을 담보하는 데 필요한 특별한 감독을 받지만 대부분의 경우 경영의 자율성과 탄력성을 보장받는다.

한편 2은행, 10공고의 기능 축소와 통·폐합이 진행되어 2008년 4개 기관이 통합된 일본정책금융공고가 설립되었고, 그 밖에 금융기관의 폐지와 민영화가 이루어졌다.

2 한국의 국가공기업

1) 연혁

종래 우리나라의 공기업 중 공사는 1983년에 제정되고 시행된 정부투자기관관리기본법에 의해 통합 관리되었고, 혼합기업은 상법에 의거해 자체적으로 운영되었다. 원칙적으로 정부투자기관은 정부가 납입 자본금의 5할 이상을 출자한 공기업을 일컬었으며, 정부가 5할 미만을 출자한 공기업은 정부출자기관으로 분류되었다. 다만 정부가 자본금의 5할 이상을 출자한 공기업이라도 「공기업의 경영구조 개선 및 민영화에 관한 법률」의 대상이었던 공기업과 은행법에 의한 일부 금융기관은 정부투자기관관리기본법의 적용을 받지 않았으므로 정부출자기관으로 분류되었다.

한국의 공기업은 2007년 정부투자관리기본법이 폐지되고 공기업과 준정부기관을 함께 규율하기 위해 새로 제정된 「공공기관의 운영에 관한 법률」(공운법)의 적용을 받게 되었다. 공운법은 공공기관의 책임경영 체제를 확립하기 위해 자율적 운영을 보장했으나 공공기관 전반에 대한 기획재정부 장관의 통합관리 권한을 강화했다.

2) 현황

기획재정부는 경영평가 등 주로 실무적 필요성에 의해 공기업을 크게 공기업 Ⅰ 유형과 공기업Ⅱ 유형으로 나누고 있다. 대체로 공기업Ⅰ 유형은 자연독점성이 강한 경우가 많고, 공기업Ⅱ 유형은 외부경제성이 강한 경우가 많다. 2014년 1월 말 현재 공기업Ⅰ 유형에는 10개 기관이, 공기업Ⅱ 유형에는 20개 기관이 속해 있다.

표 2-2 한국 공기업의 유형별 현황

유형	유형 구분 기준	기관명
공기업 I	사회기반시설에 대한 계획과 건설, 관리 등을 주요 업무로 하는 대규모 공기업	인천국제공항공사, 한국가스공사, 한국공항공사, 한국도로공사, 한국석유공사, 한국수자원공사, 한국전력공사, 한국지역난방공사, 한국철도공사, 한국토지주택공사
공기업 II	특정 분야의 산업에 대한 진흥을 주요 업무로 하는 공기업, 중소형 SOC 공기업, 자회사 등	대한석탄공사, 대한주택보증(주), 부산항만공사, 여수광양항만공사, 울산항만공사, 인천항만공사, 제주국제자유도시개발센터, 한국감정원, 한국관광공사, 한국광물자원공사, 한국남동발전(주), 한국남부발전(주), 한국동서발전(주), 한국마사회, 한국방송광고진흥공사, 한국서부발전(주), 한국수력원자력(주), 한국조폐공사, 한국중부발전(주), 해양환경관리공단

자료: 기획재정부(2014).

제 4 절 지방공기업

1 주요국의 지방공기업

지방공기업은 일차적으로 배제성과 비경합성(공동 소비)의 속성을 공유하는 공공서비스, 즉 요금재의 성격을 갖는 서비스 중 지역 단위에서 공급되는 서비스를 주요 대상으로 한다. 여기서 배제성은 대가나 요금을 징수하기 위한 전제 조건이며, 비경합성(공동 소비)은 사회적 한계비용이 0이 되는 속성을 말하는 것으로 개인 소비로 끝나는 경우에는 지방공기업의 사업 대상이라 할 수 없다. 이에 따라 많은 나라에서 지방공기업은 상·하수도, 교통, 전기, 가스, 병원, 시장, 관광시설, 토지 개발, 청소·위생 등의 분야를 가장 전형적인 사업 대상으로 삼고 있다.

1) 영국

영국에서는 주민자치의 전통 때문에 정치는 모든 주민의 참여 속에서 실시되어야 한다는 사상이 일찍이 보급되어, 주민의 정치 참여가 주민의 기본적 권리로서 인정되어 왔다. 또한 지방자치단체의 기능은 법률에 의해 부여되었다는 점에서 지방자치단체의 사무 처리에 대한 국가의 통제는 입법적 · 사법적 통제를 중심으로 하고 있다. 즉, 지방정부가 무엇을 할 것인가는 의회가 결정하며, 지방정부의 업무 처리가 위법한 경우 법원의 재판을 통해 통제를 가하게 된다.

영국의 광역 자치단체인 카운티(county)는 주로 교육, 도서관, 복지 등의 사업을 행하고, 이에 비해 기초 자치단체인 디스트릭트(district)는 환경, 위생, 건축, 소도로 관리, 쓰레기 수집, 개발 규제, 공원 관리 등을 행한다. 중앙정부는 지방자치단체에 대해 위임입법, 조례 승인, 직원 임면, 사업계획 승인, 지휘 · 감독, 회계감사, 기채 승인, 국고보조금 지급 등을 통해 광범한 행정적 통제를 행한다.

영국에서 국가공기업의 경우 단일 공기업이 소수의 특정 부문을 독점하는 경우가 일반적이다. 따라서 1970년대에 국유화된 부실기업을 제외하고는 공기업이 사기업과 경쟁하는 경우를 찾아보기가 어렵다. 한편 지방공기업 영역에 관한 제도적인 규제는 없고 지방공기업은 민간기업과 거의 동일한 취급을 받는다.

전통적으로 지방공기업은 국가공기업과 비슷하게 가스, 전력, 교통, 상 · 하수도 부문에서 일부 운영되었으나 제2차 세계대전 이후 국유화 또는 민영화로 인해 현재는 극히 미미한 실정이다. 영국의 지방공기업 정책은 지방정부가 민간기업과 유사한 경제활동을 할 수 없도록 하는 동시에 영리를 목적으로 하는 투자사업에 대해 지방정부가 개입하지 않도록 하는 방향으로 정책 기조가 흐르고 있다. 심지어 각국에서 가장 고유한 지방공기업 사업 분야로 간주되고 있는 상수도 사업도 민영화로 인해 상당수가 민간 기업으로 이전되었다.

2) 미국

미국처럼 지리적 규모가 방대하고 인종의 구성이 다양한 행정환경에서 지방은 단순히 중앙에 종속된 일선 부문이 아니라, 일부 영역에서는 완결적인 정치행정의 공간을 의미한다. 따라서 미국인에게 지방은 그들의 거주를 위한 지역적 단위라기보다는 폐쇄적인 국가의 축소판으로 여겨진다. 결과적으로 연방정부-주정부-지방정부(커뮤니티)로 이어지는 독자성과 자율성은 실질적인 의미를 갖는다고 할 수 있다.

다만 상대적 규모와 역량의 차이로 인해 지방자치단체는 중앙정부에 비해 주로 운영이 단순하고 기술적으로 위험성이 작으며 주민들에게 필수불가결한 공공서비스를 공급하고 있다. 주(state) 밑의 광역자치단체인 카운티(county)는 경찰, 검찰, 징세, 도로, 보건, 생활 보호, 초・중학교, 도서관, 소방, 구급, 공원, 폐기물 등의 사무를 담당한다. 기초자치단체인 시(city), 빌리지(village) 등은 교육, 경찰, 보건위생, 도로, 소방, 상・하수도, 교통사업 등을 운영한다. 주의 지방정부에 대한 행정상 통제 수단으로는 조언, 정보 제공, 보고, 재정 원조, 검사, 심의・승인, 임면, 명령 등이 있다.

공공서비스 전달 체계에서 미국의 공기업이 차지하는 비중은 다른 선진국에 비해 현저히 작다. 미국의 역사를 보건대 공기업은 전시나 경제대공황과 같이 위기상황에서 국가적 대응 체계가 불가피한 경우에만 한시적으로 활용되었다. 이것은 정부의 주도적 계획에 의해 작동하는 공기업이 거의 환영받지 못한다는 미국적 전통에서 기인한 것이다.

지방공기업은 주로 특별구 및 공사 형태를 갖는다. 미국의 지방 공공서비스 공급에서 지방공기업이 담당하는 대표적인 분야는 상수도사업과 하수도사업이다. 두 사업 모두 해당 서비스 생산에서 차지하는 비중이 50%를 상회한다. 교통사업은 공기업이 담당하는 경우가 드물었으나 최근 사기업의 운영난으로 인해 대도시를 중심으로 지하철, 버스, 전차 등을 지방공기업으로 운영하는 경우가 나타나고 있다.

3) 프랑스

프랑스의 지방자치는 국가로부터 독립된 인격을 인정받은 지방자치단체가 행하는 것으로 인식된다. 따라서 국가적 사무와 지방적 사무를 엄격히 구분해 지방적 사무에 대해서는 국가의 간섭을 받지 않으려 한다. 이와 같이 개괄적 수권방식에 의하는 결과 지방자치단체에 대한 국가의 통제는 엄격한 행정적 통제 방식에 의존하며, 사법적 통제도 영국과는 달리 행정재판소에서 담당한다.

프랑스의 지방자치단체는 그 수가 3만 6천 개가 넘고 그 규모가 너무 작아서 오래전부터 지방자치단체 간 협력에 의해 공공서비스를 공급하고 있다. 광역자치단체인 레종(région)의 기능은 자치단체 간의 업무 조정 등 극히 일부분에 그치며, 중간 단체인 데파르트망(départment)은 기초 자치단체 예산의 승인, 고속

도로, 공적 부조, 사회복지 및 공교육 등을 담당한다. 기초자치단체인 코뮌(commune)은 상공업, 도로 건설, 민생 등 기타 지방서비스를 담당한다.

과거 프랑스의 지방자치단체는 다양한 지역 경제활동을 적극적으로 수행했다. 그러나 최근에 들어 WTO, FTA 등이 원칙적으로 모든 부문은 민간이 주도하되, 주민복지 등 필수적인 공공서비스를 보장하는 경우와 최소한의 보완이 필요한 경우에만 지방자치단체가 민간부문에 관여할 수 있도록 제한했다. 결국 국가 및 지방공기업의 경제활동은 '상공업 행위에 관한 자유의 원칙'에 의한 제약을 받기 때문에 법률에 의해 기속된다고 할 수 있다.

이 점을 감안해 프랑스 정부는 법률에 제한적으로 근거 규정을 두는 한편 법원의 판례를 중심으로 지방공기업의 활동 범위를 예외적이지만 안정적으로 인정하는 정책을 채택했다. 이에 따라 지방자치단체가 지방공기업을 설립·운영할 수 있는 경우는 다음의 다섯 가지로 나타나고 있다.

① 공공설비나 공공용지를 통해서만 기업활동이 가능한 경우: 대중교통, 상수도, 가스, 전기 등

② 지방자치단체의 공공서비스 확보 의무에 해당하는 경우: 공영 수영장, 체육관 등

③ 민간기업의 참여가 전혀 없거나 경영 능력 부족으로 적정한 수준의 공공서비스 공급이 이루어지지 않는 등 '특별한 상황'인 경우: 다만 '특별한 상황'이 정상으로 환원된 때에는 지방공기업 활동을 접어야 함

④ 공익적 경제활동(행정법원의 판례를 통한 경우): 연극 공연장 운영, 식품 경영, 주택 공급 등

⑤ 기존에 합법적으로 활동하던 상·공업형 공공서비스의 확대(행정법원의 판례를 통한 경우): 수익성 있는 대중 교통망의 노선 연장 등

4) 독일

연방정부는 지방제도에 관한 일반적 사항을 관장하며 각 주의 내무성이 기초자치단체(Gemeinde)에 대한 감독을 주관한다. 그 내용은 신고 및 문서 제출의 요구, 지방의회 등의 위법한 결의에 대한 이의 제기, 집행기관의 위법명령에 대한 취소 또는 의무 불이행에 대한 대집행 등을 통해 행해진다.

주(Land) 밑의 광역자치단체인 크라이스(Kreis)는 공공질서 유지, 중등 및 직업학교, 주택, 보건 · 위생, 교통기관의 정비 · 경영, 에너지 및 용수의 보급, 박물관 · 병원 운영, 폐기물 처리 등의 업무를 담당한다. 게마인데(Gemeinde)는 교육, 교통, 운수, 소방, 도로, 공원, 토지 이용, 건축 등 대부분의 지방사무를 관장한다.

독일의 경우 전체 공기업을 관장하는 통일된 법률은 존재하지 않는다. 다만, 재정 · 인력통계법(FPStatG)은 ① 공법상의 공기업은 "회계 체계가 행정기관과 분리되어 있으나 독립성을 지니지 못한 공공기금과 시설"을 의미하고, ② 사법상의 공기업은 "행정기관의 지분 또는 의결권이 50%를 초과하는 기업"을 의미한다고 규정하고 있다. 따라서 독일의 재정 및 인력 통계에 의하면 공기업은 "공공의 기금, 시설 및 공적으로 통제되는 기업"을 지칭한다고 할 수 있다. 다만, 법률에 의해 지방자치단체의 의무 사항으로 되어 있는 교육, 병원, 위생, 보건 및 복지기관은 공기업으로 운영할 수 없다.

한편 독일 각주의 게마인데법들은 지방자치단체의 경제활동을 매우 예외적인 과업으로, 그것도 일정한 조건 하에서만 허용되는 것으로 규정하고 있다. 그 결과 지방자치단체는 ① 공공의 목적을 위해 필요한 경우, ② 기업활동 내용이나 그 규모가 당해 지방자치단체의 능력이나 그 활동 수요에 적합한 경우, ③ 기업이 추구하는 목적이 그 내용 면에서나 능률 면에서 다른 수단으로는 충족되지 못하는 경우에만 지방공기업을 설립, 인수 또는 확장할 수 있다.

다만, 지방자치단체들은 민간 기업들이 기업 운영상의 위험 내지는 수지 전망의 불투명성으로 인해 투자를 기피하고 있는 부문에서 기업활동을 전개하는 사례가 많다. 이에 따라 토지 · 주택, 상수도, 하수도, 전기 · 가스, 폐기물 처리, 교통 등의 분야가 지방공기업의 대표적인 활동 범위로 인정되고 있다.

5) 일본

광역자치단체인 도도부현(都 · 道 · 府 · 縣)은 기초자치단체의 활동을 지도 · 감독 · 조정 · 보완하는 기능을 담당하며, 기초자치단체인 시정촌(市 · 町 · 村)은 주택 건설, 도로 건설, 병원, 보건소, 쓰레기 처리 등 주민생활에 밀접한 사업을 담당한다. 근래에는 복수의 시 · 정 · 촌이 공동 운영하는 광역 사업이 많이 전개되고 있는데, 상수도 · 하수도 · 가스 · 전기 · 공업용수 · 공업용지 조성 · 항만 정비 · 지하철 · 도매시장 · 경기장 · 박물관 · 소방 · 공원 · 관광사업 · 쓰레기 처리 · 화장장 등이 여기에 포함된다.

자치단체의 재무 관계에 관한 중앙정부의 감독은 엄격해 중앙정부는 재무관계의 보고 및 서류 · 장부의 제출을 요구하고, 사무감독 및 출납검사를 행하며, 지방채 발행에 대해 승인을 행한다. 국고보조금에서 그 보조 조건 및 운영 감독을 통한 중앙통제는 매우 엄격하다.

지방공영기업법의 적용을 받는 사업은 수도사업, 공업용수도사업, 궤도사업, 자동차운송사업, 지방철도사업, 전기사업, 가스사업이며 병원사업은 재무 규정 등 일부 규정을 적용받는다. 그 밖에 경비를 주로 당해 사업의 경영에서 수반되는 수입으로 충당하는 사업은 조례로써 지방공영기업법을 임의로 적용할 수 있는데, 간이수도사업 · 하수도사업 · 항만정비사업 · 택지조성사업 · 주차장사업 · 시장사업 등이 대표적 사례이다.

공법인형 지방공사의 영역은 관련 법률에 의해 주택 공급, 도로, 토지 개발 분야에 한정되어 있다. 지방혼합기업인 소위 제3섹터에 대해서는 출자 비율, 사업 영역 등에 관해 특별한 규정이 없다.

2 한국의 지방공기업

1) 지방공기업법의 적용 대상

1969년 제정 당시의 지방공기업법은 제2조에서 동법이 의무적으로 적용되는 사업으로 수도사업, 공업용수도사업, 궤도사업, 자동차운송사업, 가스사업의 다섯 가지를 지정했다. 그 밖에 지방정부가 임의로 지방공기업법을 적용할 수 있는 사업으로서 병원사업, 주택사업, 시장사업, 도축사업, 공익전당포사업, 택지조성사업 등 6개가 있었다. 그러나 1980년까지 실제 지방공기업으로 설치된 것은 상수도사업, 궤도사업(지하철건설사업), 병원사업뿐이었다.

1980년 지방공기업법 개정 때에 의무 법적용 사업으로 위의 5개 사업 외에 지방도로사업, 하수도사업, 청소 · 위생사업, 주택사업, 의료사업, 매장 및 묘지사업이 추가되어 11개 사업이 되었다. 그리고 임의로 법을 적용할 수 있는 사업으로서 법 제정 당시의 6개 사업 중에서 공익전당포사업이 배제되고, 택지조성사업이 토지개발사업으로 확대되었으며, 통운사업, 증기관리사업, 관광사업, 계량기검정사업, 체육장사업, 문화·예술사업, 공원사업이 새로 추가됨으로써 모두 10개 사업이 되었다.

그 후 1992년의 개정에 따라 의무 적용사업으로서 11개 사업 외에 기존에 임의 적용사업이던 토지개발사업, 시장사업, 관광사업이 당연 적용사업으로 전환되었으며, 주차장사업이 새로 포함됨으로써 모두 15개 사업이 되었다. 그리고 임의적용사업으로는 기존의 증기관리사업, 계량기검정사업이 빠지고 자동차터미널사업이 새로 추가됨으로써 모두 6개 사업이 되었다. 그뿐만 아니라 여기에 더해 경상경비의 5할 이상을 경상수입으로 충당할 수 있는 사업 중 주민복리 증진, 지역 개발, 지역경제 활성화에 이바지할 수 있는 사업은 조례가 정하는 바에 따라 지방공기업법을 적용할 수 있게 되었다.

1999년의 개정에 따라 종래의 의무 법적용사업 중 가스사업, 청소·위생사업, 매장 및 묘지사업, 주차장사업, 시장사업, 관광사업이 제외됨으로써 9개 사업만 남게 되었다. 그리고 임의적용사업으로는 구체적인 사업의 적시를 배제했고, 종래와 같이 경상경비의 5할 이상을 경상수입으로 충당할 수 있는 사업으로서 주민복리 증진, 지역경제 활성화, 지역 개발 촉진에 이바지할 수 있다고 인정되는 사업을 지방공기업으로 포함할 수 있게 하되, 민간인의 경영 참여가 어려운 사업으로 제한했다.

2004년 및 2005년 개정으로 의무 법적용사업 중 의료사업이 제외됨으로써 8개 사업만 남게 되고 임의 적용사업으로서 체육시설업과 관광사업이 새로 추가되었다.

지방공기업법 상의 대상 사업이 변천해 온 과정을 정리하면 다음 <표 2-3>과 같다.

이상과 같이 한국의 경우 지방공기업은 지역주민의 강한 수요가 있음에도 민간기업의 진출을 기대할 수 없는 분야에서 중요한 역할을 했다. 따라서 채산성이 맞지 않는 사업에 지방공기업이 투입되고 지방정부의 일반회계가 경비의 일부를 부담한다. 또한 지방공기업은 보건, 소방용 급수, 하수의 처리 등 일반행정 분야에 속하는 활동도 수행한다. 그러나 최근에는 순공공재적 분야로 지방공기업의

표 2-3 지방공기업법 적용사업의 변천 과정

구분	의무 적용사업	임의 적용사업
1969 제정	수도, 공업용수도, 궤도, 자동차 운송, 가스	병원, 주택, 시장, 도축, 공익전당포, 택지 조성, 기타 기업으로 경영하는 것이 적당한 사업
1980 개정	수도, 공업용수도, 궤도, 자동차 운송, 가스, 지방도로, 하수도, 청소·위생, 주택, 의료, 매장 및 묘지	시장, 도축장, 토지 개발, 통운, 증기관리, 관광, 계량기 검침, 체육장, 문화·예술, 공원, 기타 주민복리 증진에 기여할 수 있는 사업 중 그 경비를 주로 사업수입으로 충당하는 사업
1992 개정	수도, 공업용수도, 궤도, 자동차 운송, 가스, 지방도로, 하수도, 청소·위생, 주택, 의료, 매장 및 묘지, 주차장, 토지 개발, 시장, 관광	도축장, 통운, 자동차 터미널, 체육장, 문화·예술, 공원, 경상경비의 5할 이상을 경상수입으로 충당할 수 있는 사업 중 주민복리 증진, 지역 개발, 지역경제 활성화에 이바지할 수 있다고 인정되는 사업
1999 개정	수도, 공업용수도, 궤도, 자동차 운송, 지방도로, 하수도, 주택, 토지 개발, 의료	경상경비의 5할 이상을 경상수입으로 충당할 수 있는 사업 중 민간인의 경영 참여가 어려운 사업으로서 주민복리 증진, 지역경제 활성화, 지역개발 촉진에 이바지할 수 있다고 인정되는 사업
2004 2005 개정	수도, 공업용수도, 궤도, 자동차 운송, 지방도로, 하수도, 주택, 토지 개발	경상경비의 5할 이상을 경상수입으로 충당할 수 있는 사업 중 - 민간인의 경영 참여가 어려운 사업으로서 주민복리 증진, 지역경제 활성화, 지역 개발 촉진에 이바지할 수 있다고 인정되는 사업 - 관련법에서 정한 체육시설업 및 관광사업

자료: 지방공기업법.

영역을 넓히는 동시에 요금재적 분야 중 경합성이 큰 서비스는 민간부문에 이양하는 등 지방공기업의 영역 적정화를 위한 논의가 계속 이어지고 있다.

지방공기업의 설립에 가장 중요한 것은 사업의 타당성 여부를 판단하는 것이다. 지방공기업법에서는 지방공사·공단을 설립할 때에는 주민복리 및 지역경제에 미치는 효과, 사업성 등을 미리 검토하도록 하고 있다. 특히 2000년대 들어 뚜렷해진 지방공기업의 남설 현상을 제도적으로 방지하고 사업 타당성의 검토를 의무화하여 지방공기업의 건전한 발전을 기하고자 행정자치부는 2008년부터 「지방공기업 설립·운영 기준」을 시행하고 있다. 이 기준은 지방공사와 지방공단의 설립과 운영 과정 전반에 걸쳐 적용된다.

「지방공기업 설립·운영 기준」은 민간의 경영 참여가 곤란한가 여부를 개별 사업별로 검토하도록 하고 있다. 다만, 민간영역 침해사업을 예시함으로써 적정

표 2-4 지방공기업 민간 영역 침해 사업(예시)

* 민간사업자와 경쟁 및 마찰 우려가 높은 수익성 위주의 사업 * 자본 부족, 독과점 등 요인이 적고 민간 분야가 활성화되어 있는 사업 * 선량한 사회적 상규나 미풍양속을 저해하는 사업 * 규모의 경제가 적은 소규모 단기 사업이나 프로젝트 사업 * 기타 지역 특성이나 주민의 정서에 현저히 반하는 사업

자료: 행정안전부(2014b).

영역을 설정할 때 소극적 기준으로서 활용하도록 하고 있다.

2) 지방공기업의 설립 여건

우리나라의 경우 지방공기업의 설립 근거는 지방자치법, 지방재정법, 지방공기업법에서 찾을 수 있다.

우선 지방자치법에서는 지방자치단체가 주민의 복지 증진에 관한 사무를 처리하기 위해 지방공기업을 설치·운영할 수 있도록 하고, 지방공기업의 설치·운영에 관해 필요한 사항은 따로 법률로 정하도록 했다. 이로써 지방공기업법은 지방자치법에 대해서는 보완법으로서, 그리고 지방공기업 설치·운영에 대해서는 일반법으로서의 성격을 갖게 되었다.

지방재정법에 의하면 지방자치단체는 특별회계로써 공영기업을 운영할 수 있다. 여기서의 공영기업은 지방공기업법 상의 지방직영기업을 지칭하는 것이다. 그리고 지방공기업법에 의한 지방공사·공단에 대해 출자할 수 있도록 했다.

지방공기업법은 지방공기업의 경영을 합리화하기 위해 지방공기업의 운영에 관한 사항을 정하고 있다. 동법에 의하면 지방공기업은 상수도·토지 개발과 같이 법이 정한 사업으로서 일정 규모 이상이면 당연히 동법이 적용되며, 주민복리증진이나 지역 개발, 지역경제 활성화에 기여할 수 있는 사업으로서 일정 요건을 충족할 경우 지방공기업법을 자치단체 임의로 적용할 수 있다.

한편 지방공기업은 그 조직 형태에 따라 지방직영기업과 지방공사·공단으로 나뉜다. 지방직영기업은 공기업특별회계를 설치해 행정조직의 형태로 지방정부가 직접 경영하는 공기업을 말한다. 우리나라 중앙정부의 정부기업에 해당하므로 우리의 논의의 범위 밖에 있는 유형이라 할 수 있다.

지방공사・공단은 지방정부가 독립된 투자기관의 형태로 설립해 간접경영하는 공기업을 지칭한다. 이 중 지방공사는 민간 영역인 사업 중 공공성을 확보하기 위해 설치하는 기관이며, 우리나라 중앙정부의 공기업에 해당하는 조직 형태라 할 수 있다. 지방공단은 지방정부의 공공사무 중 주민복리에 직접 관련되는 업무를 위탁・대행케 하기 위해 설치하는 기관으로서 우리나라 중앙정부의 준정부기관에 해당하는 조직 형태라 할 수 있다. 지방공사는 민간자본을 출자받을 수 있으나 지방자치단체의 지분이 1/2 이상이어야 한다.

이상에서 본 지방공기업의 조직 형태 간의 차이점을 비교해 보면 <표 2-5>와 같이 요약할 수 있다.

표 2-5 지방공기업 조직 형태 간 차이점 비교

구분	지방직영기업	지방공사	지방공단
개념	지자체가 직접 운영	지자체가 50% 이상 출자한 법인	지자체가 100% 출연한 법인
성격	행정기관	공공기관 (불하 가능)	공공기관 (불하 불가)
업무 관계	지자체 업무의 일부	독립된 사업 (완전성)	특정 업무 수탁 (한정성)
경영비용	판매 수입	판매 수입	수탁금, 수수료
자본 조달	자본금 지방채	자본금, 사채 민간출자	자본금 공단채
경영자	단체장, 관리자	사장, 이사	이사장, 이사
해산시 자본 처리	설립단체 귀속	출자자 귀속	설립단체 귀속
예・결산 승인	지방의회	이사회	이사회

자료: 행정자치부(2002).

3) 지방공기업의 발전 과정

1962년부터 추진된 경제개발 5개년계획은 산업의 발전과 도시화 현상을 초래했다. 이러한 현상에 수반되는 공공서비스 수요 증대에 따라 지방정부는 1967년부터 종래의 특별회계와는 별도로 독립채산을 더욱 강조하는 공기업특별회계를 설치하게 된다. 이후 공기업에 대한 수요 증대는 지방공기업의 법제화를 요청하게 되어 1969년 지방공기업법이 제정되고 1970년부터 시행되기에 이른다.

법 제정 이후 지방공기업의 수는 크게 증가했다. 1980년에는 동법의 개정이 이루어졌는데 그 주요 내용은 간접경영 방식의 도입이었다. 그리고 1992년에는 최초로 혼합기업의 설립을 가능케 하는 법 개정이 이루어짐으로써 바야흐로 합동경영 방식의 시대가 열리게 되었다. 이와 같이 우리나라에서의 지방공기업의 발전 과정에 관한 검토는 제도적으로 1970년 이후를 대상으로 하게 된다.

지방공기업법 시행 당년도인 1970년의 법 적용 사업 수는 7개였다. 이미 1967년부터 공기업특별회계로 운영되어 오던 상수도사업 중 6개의 사업이 공기업 관리자의 책임 하에 기업회계 방식에 의한 직영기업 형태로 전환된 것이다. 한편 서울특별시의 지하철건설사업은 1970년 사업본부를 설치, 직영기업으로 운영되어 오다가 1994년 폐지되었다. 법 제정 이후 지방공기업법 적용 대상은 상수도사업을 중심으로 점차 확대되어 1980년에는 30개 사업이 되었다.

지방공기업법은 시행 이후 10년 만인 1980년 첫 개정이 이루어졌으니 그 주요 내용은 지방공사·공단 규정의 신설이었다. 이것은 지방공기업이 종래의 직영체제에서 직·간접 체제로 전환됨을 의미하는 중요한 계기가 되었다. 이에 따라 1981년 서울특별시지하철공사가 최초로 설립되었으며, 1983년에는 최초의 지방공단인 서울특별시시설관리공단이 설립되었다. 한편 1989년부터 정부의 주택 2백만 호 건설사업을 분담하고 지가 상승에 따른 개발 이익의 공유화를 위해 지방자치단체의 택지 개발 및 주택건설사업이 지방공영개발사업이라는 명칭으로 급격히 확대되었다.

지방공사를 설립함에 있어 1/2 이내의 범위에서 민간 출자가 가능하도록 제도적으로 보장되어 있었으나, 종래의 지방공사는 관 주도의 공공성 위주의 사업에 치중했다. 1990년대 지방자치 시대가 개막되면서 민관합동 방식에 의한 지방공기업의 중요성이 인정되었다. 이에 1992년 말 개정된 지방공기업법에서는 민간이 1/2 이상 출자·출연하는 지방혼합기업을 제도화하는 규정을 신설했다. 지방혼합기업은 선형적인 지방공기업의 운영 형태는 아니나, 기업성을 극대화시킬 수 있는 형태로서 한때 커다란 관심의 대상이 되기도 했다. 혼합기업은 1990년대에는 무역 분야에 치중되어 설립되었으나 이후에는 정보·소프트웨어, 관광·컨벤션, 농·특산물, 지역 개발 등으로 다양화되었다.[7)]

지방자치가 본격적으로 실시된 이후 2000년대 들어 지방공기업의 수가 급격히 증가했는데, 지방공사·공단의 증가율이 직영기업보다 높았다. 직영기업 중에서는 하수도사업이, 지방공사·공단 중에서는 시설관리공단의 증가세가 상대적으로 컸다. 반면 2000년대 이후 공영개발사업과 도시개발공사의 설립은 정체되어 있다(<표 2-6>).

표 2-6 시기별 지방공기업 설립 추이

구분	1980	1990	2000	2010	2014
지방직영기업	30	128	175	241	254
상수도	27	73	94	113	117
하수도		8	22	79	87
공영개발	3	34	44	33	32
지역개발기금		13	15	16	18
지방공사·공단		3	59	137	142
도시철도공사		1	4	7	7
도시개발공사		1	11	16	16
기타 공사		1	14	32	39
시설관리공단			30	82	80
계	30	131	234	378	396

자료: 안전행정부(2014a).

4) 현황

우리나라 지방공기업의 경영 방식에서 가장 큰 특징은 대부분이 직영 방식으로 운영되고 있다는 점이다. 직영기업의 대표적 사업 분야는 지방상수도사업과 하수도사업이다. 간접경영 방식은 지방공기업의 자주성을 강화할 수 있고 책임경영 체제의 확립을 가능케 할 뿐 아니라, 합리적·능률적인 기업 운영과 선진기술 도입을 추진할 수 있다는 이점이 있어서 지방공기업 중에서 지방공사·공단이 차지하는 비중이 커지고 있다. 지방공사의 대표적 유형은 도시개발공사와 지하철공사이고, 지방공단은 대부분 시설관리 분야에서 설립되고 있다.

7) 최근까지 지방공기업법은 지방정부가 자본금 또는 재산의 1/2 미만을 출자 또는 출연해 민간과 합동으로 주식회사 또는 재단법인을 경영하는 지방혼합기업을 지방공기업에 준해 규율했으나, 2014년 9월부터 「지방자치단체 출자출연기관의 운영에 관한 법률」이 시행됨에 따라 지방공기업 체계에서 제외되었다.

2014년 6월 30일 현재 설립되어 있는 지방공기업 수는 396개로서 지방직영기업 254개, 지방공사·공단 142개로서 직영기업이 전체 지방공기업의 약 64%를 차지하고 있다. 직영기업 중에는 상수도사업이, 지방공사·공단 중에는 시설관리공단이 가장 많이 설립되어 있다(<표 2-7>). 기타 공사 중에는 도시개발 관련 공사가 가장 많이 설립되어 있으며, 시설관리공단은 대부분 일반 공공시설 관리사업을 운영하고 있다.

표 2-7 지방공기업 설립 실태(2014)

유형	사업 분야	사업 수	사업 내용
지방직영기업	상수도	117	주민에 상수도 공급
	하수도	87	하수도 처리
	공영개발	32	지역개발사업
	지역개발기금	18	지역개발채권 발행 및 운영
	소계	254	
지방공사·공단	도시철도공사	7	도시철도 운영
	도시개발공사	16	택지, 주택, 산업단지 개발
	기타 공사	39	개발, 관광, 유통 등
	시설관리공단	80	일반 공공시설, 환경시설, 체육시설 등 관리
	소계	142	
계		396	

자료: 안전행정부(2014a).

제 3 장 준정부기관의 이해

제 1 절 준정부기관의 의의

1 개념의 형성

1) 준정부기관의 등장

제2차 세계대전 이후 미국과 서유럽에서는 정부조직은 아니지만 정부의 재정지원을 받는 비영리기관이 출현했다. 이들 기관은 민간부문에서 제공하지 못하는 공공서비스를 제공함으로써 공공부문과 민간부문의 약점을 보완하는 역할을 수행했다. 이와 같이 현대 사회의 복잡・다양화 현상이 극심해짐에 따라 공공부문에 속하는 업무를 모두 국가나 지방자치단체의 행정기관에 의해서만 수행하는 것은 사실상 어렵게 되었고, 그것이 가능하더라도 운영의 효율성이 저조하다는 인식이 일반화되었다. 그 결과 정부와 시장의 경계가 불분명하게 되고 그 사이에 존재하는 중간 영역에서 다양한 조직과 제도가 작동하면서 급기야 공공부문이 매우 복잡하게 구성되기에 이르렀다.

더욱이 행정 수요가 확대됨에 따라 현대 행정국가는 공공과 민간의 역할 분담을 새로운 시각에서 모색하지 않을 수 없었다. 이에 정부의 역할에 맡겨진 분야에 대해 종전처럼 행정기관에만 의존하기보다는 정부의 외부에 별도의 기관을 설치해 행정 수요를 충족하도록 하는 경향이 늘어났다. 후술하는 바와 같이 신공공관리 모형은 '정부조직의 기능적 통합과 분화(consolidating and devolving authority)' 전략에 따라, 정책 개발부서는 통합하고 서비스 전달부서는 분화하는 조직개편 방안을 처방했다.

그러나 신공공관리 학자들이 주장하는 바와 같이 자율성을 부여하기 위한 목적으로 차별화된 조직 유형이 만들어졌다는 논리는 공적 조직, 특히 공기업이 오래전부터 존재했던 나라에는 적용되지 않는다. 다양한 공적 조직들은 공공 거버넌스에 대한 전반적인 고려 없이 사례별로 그리고 임시적으로 오랜 기간에 걸쳐서 형성되었다. 최근에 들어서야 각국 정부는 분산된 다양한 공적 조직들이 책임성과 통제에 관한 문제들을 야기하고 있음을 인식했고, 그에 따라 공적 조직들의 운영을 개혁하는 것에 대해 이론적 및 실제적 관심을 기울이기 시작했다.

2) 준정부기관의 개념

전통적인 행정모형은 정부의 공공서비스 공급 과정(정책 개발→프로그램 설계→서비스 전달) 전체를 하나의 정부부처 내에서 담당하는 방식을 취했다. 이에 반해 신공공관리에서는 공공부문의 기능적 통합/분화 전략에 따라 정책개발 부문은 통합하고 정책 집행 부문은 분화하는 조직개편을 조언한다. 이것은 상이한 복합적 기능을 거대한 정부부처의 영역 내로 통합하기보다는 정책 개발 및 집행 기능별로 분리해 행정 가치를 극대화하려는 전략으로 이해할 수 있다. 신공공관리적 공공서비스 전달모형에 의하면 정책 개발 및 프로그램 설계는 행정기관이 담당하지만 사업 집행과 서비스 전달은 비정부 또는 준정부기관에 위임하는 방법으로 나타나고 있다.

20세기 중반부터 본격화된 공공부문의 성장은 전통적인 정부부문에만 국한된 것이 아니었다. 공공부문의 성장은 오히려 정부조직 밖에서 독립성을 갖고서 공공서비스 제공 등 정책 집행 기능을 대행하는 준정부기관의 신설에 힘입은 바 컸다. 역사적으로 볼 때 준정부기관은 ① 단일 목적의 조직이 필요할 때, ② 전문가의 역할이 필요할 때, ③ 행정조직의 규모를 줄일 필요가 있을 때, ④ 정치적으로 논란의 여지가 있는 부문을 행정조직 외부로 분리할 필요가 있을 때 설립되는 경우가 많았다.

공공부문의 확대를 좀 더 체계적으로 파악하기 위해서는 준정부기관의 개념화를 위한 연구 노력의 과정을 살펴볼 필요가 있다.[1] 우선 영국과 미국의 학자들은 전통적인 정부조직 외에 공공 기능을 수행하는 다양한 형태의 조직들이 빠르게 성장하는 것을 인식하고 1967년부터 1973년에 걸쳐 '카네기 프로젝트(Carnegie Project)'라는 공동 연구를 수행했다. 이 연구에서 얻은 결과물은 준비정부조직(Quasi-Non-Government Organization: QUANGO)이라는 용어로 요약된다. 그런데 QUANGO라는 용어가 미국에서 정부 정책을 대행하는 민간조직만을 지칭했던 데 반해 영국에서는 공공조직이든 민간조직이든 정부 정책을 수행하는 조직을 총칭하는 개념으로 사용되었다. 이후 학계는 물론 언론계를 비롯한 사회 각 분야에서 QUANGO 개념을 보편적으로 사용하게 되었다.

1980년대 영국 대처 정부 시기에는 "중앙정부 차원에서 설립되어 정부부서의 통제를 받는 조직"을 뜻하는 비부처공공기관(非部處公共機官, Non-Departmental Public Bodies)이라는 용어가 일반적으로 사용되기 시작했다. 그 밖에 "정부가 수행하기를 원하는 사업을 정부가 제공하는 자금으로 운영하는 조직"을 뜻하는 주변부문(Fringy Body) 개념과 "부처와 일정 거리를 유지하면서 공공 기능을 수행하는 조직"을 일컫는 준정부(準政府, Quasi-government) 개념이 빈번히 사용되었다.

1990년대에 들어 "다양한 모습으로 정부 정책 등 공적 기능을 수행하는 조직"을 뜻하는 범정부(Para-government) 개념과 "공·사법의 구별을 통해 공법의 바탕 위에 독립된 기관"을 지칭하는 간접행정이라는 개념이 사용되었다. 한편 OECD(2002)는 '분산된 공공거버넌스(distributed public governance)'의 존재 양식을 분권자율기관, 즉 부처기관(departmental agencies), 독립기관(authorities), 기타 정부부문(other governmental bodies)으로 구분해 파악했다.

---

1) 준정부기관에 관한 개념화에 관해서는 안병영 외(2007)의 '준정부부문에 관한 이론' 부분을 주로 참고했다.

표 3-1 준정부기관의 개념화 과정

개념	정의
준비정부조직(QUANGO)	정부 정책을 수행하는 공공 및 민간조직
비부처공공기관(NDPB)	중앙정부 차원에서 설립되어 정부의 통제를 받는 조직
주변부문(Fringe Body)	정부 자금으로 정부 사업을 운영하는 조직
준정부(Quasi-government)	부처와 일정 거리를 유지하면서 공공 기능을 수행하는 조직
범정부(Para-government)	다양한 모습으로 정부 정책 등 공적 기능을 수행하는 조직
간접행정	공법의 바탕 위에 독립된 기관
분산된 공공거버넌스	부처기관, 독립기관, 기타 정부부문

이상에서 본 바와 같이 준정부기관은 용어, 개념 정의, 유형, 활동 범위, 기능 등에 관해 국내외적으로 아직 체계적으로 정리되지 못하고 있다. 현실적으로 비부처공공기관(non-departmental public body: NDPB), 준비정부조직(quasi-autonomous non-governmental organization: QUANGO), 범국가부문(wider state sector) 등의 용어가 빈번하게 사용되고 있다. 이 책에서는 "정부의 밖에 위치하면서도 정부의 지휘·감독을 받아 정부가 행해야 할 행정 업무를 수행하는 기관"을 통칭해 준정부기관(quasi-governmental organization)이라 부르기로 한다. 준정부기관은 정부조직법상의 행정기관은 아니지만 특별법 또는 육성·지원법 등에 의해 설립되어 독점적 사업권을 부여받아 정부의 업무를 위탁받아 수행한다. 따라서 정부로부터 조직, 인사, 예산회계, 사업 내용 등에 관해 직·간접적으로 영향을 받는다.

2 특성

준정부기관은 본질상 정부가 부여한 목표와 가치에 의해 큰 영향을 받으나, 실제 운영에서는 중앙 부처로부터 상당한 정도의 구조적 분리성과 조직·인사·재정상의 자율성을 가진다. OECD(2001)에 의하면 준정부기관은 다음과 같은 특성을 보유하게 된다.

1) 공법적 지위

준정부기관은 공공정책 집행의 일정 부분을 담당하지만 상당한 수준의 경영 자율성을 가지므로 행정기관과 독립적으로 설립된다. 따라서 기관의 지위는 공법에 의해 우선적으로 그리고 배타적으로 정해진다. 다만 기관의 운영은 공법과 사법 모두에 의해 이루어진다.

2) 독립성

준정부기관은 정부부처로부터 법률적으로 완전히 독립되어 있는 것은 아니지만 원칙적으로 독자적인 법적 지위를 지닌다. 따라서 부처의 핵심 영역으로부터 기능적으로 독립되어 있다. 그리고 소속 직원도 대체로 일반 노동법의 통제를 받는다.

3) 자율성

준정부기관은 상업적 목적의 기업이 아니므로, 서비스 전달·규제·자문 등 공공 기능을 수행한다. 기능의 원활한 수행을 위해 정부부처가 향유하지 못하는 상당한 정도의 자율성을 향유한다. 그리고 최종적이고 구속적인 개별 결정을 가능하게 하는 법적 권한도 가진다.

4) 책임성

준정부기관은 수직적인 행정기관과 다른 책임성 장치를 갖고 있다. 그럼에도 불구하고 중앙부처는 그 예산과 주요 운영 목표를 변경할 수 있는 권한을 보유하므로 준정부기관의 책임성에 상당한 영향을 미칠 수 있다.

제2절 준정부기관의 형성 원리: 정부실패의 교정을 위한 신공공관리의 실행 수단

1970년대 들어 밀어닥친 전 세계적인 경제 위기를 타개하기 위해 주요 선진국에서는 공공부문의 개혁을 단행했다. 정부실패가 아무리 심각해도 국가사회의 운영에 관해 시장에 모든 것을 맡길 수 없다는 경험적 인식이 작용한 결과이다. 구체적으로 정부 규모 및 기능의 축소를 위해 부처 통합, 아웃소싱, 민영화, 규제 완화 등과 함께 행정기관의 준정부기관화를 추진했다. 특히 공공부문에 경영의 논리와 기법을 주입하려는 데 목적을 두고 있는 신공공관리는 공공부문의 능률성과 효과성에 근본적인 의문을 제기하면서 많은 국가의 개혁을 촉진하는 데 크게 기여했다. 이처럼 다분히 서구적 현상이라 할 수 있는 준정부기관의 역할 확대는 1980년대 이후에는 선진국과 개발도상국을 불문하고 전 세계적으로 확산되었다.

1 신공공관리의 근거로서의 정부실패

1) 정부실패의 개념

시장실패를 포함해 민간부문의 여러 문제를 치유하기 위한 정부의 개입이 용인되기 위해서는 ① 정부가 사회문제의 정도를 계산할 수 있다는 가정, ② 정부가 민간부문에 효율적으로 개입할 수 있다는 가정, ③ 정부가 공익을 위해 최선을 다할 것이라는 가정이 필요하다. 그런데 정부는 해결해야 할 사회문제 및 관련 정책의 수행을 위한 비용과 그로 인한 편익을 정확히 알지 못하는 경우가 흔히 있다. 더구나 정보를 수집해 정책의 목표와 수단을 정립하고 정책을 집행하기 위해서는 막대한 거래비용이 불가피해진다.

이와 같이 정부의 운영이 의도한 결과를 발생시키지 못하거나 기존의 상태를 오히려 악화시키는 경우를 정부실패(government failure)라고 한다. 정부실패의 가능성은 공공부문의 내재적 한계를 설정한다. 즉, 시장실패에 대처하기 위해 공공부문의 시장 개입이 용인되기는 하지만, 이것은 공적 개입의 필요 조건에 불과할 뿐 충분 조건은 되지 않는 것이다.

시장실패가 특정한 개인이나 집단의 직접적 의도와 관계없이 발생하는 비인격적 현상임에 반해, 정부실패는 대체로 정부기관 및 담당자가 갖고 있는 인격적 속성에서 기인한다. 따라서 정부실패는 공공부문을 끊임없이 감시하는 시스템이 원활히 작용할 때 극복될 수 있는 것이다. 만일 정부실패가 지나치게 과다할 경우의 바람직한 방향은 불필요한 정부 개입을 점차 줄이고 민간부문이 자율적으로 운영될 수 있는 시스템으로 전환하는 것이다.

2) 정부실패의 발생 원인

정부실패가 발생하는 주요 원인으로는 다음과 같이 내부성, 비용과 수익의 비대응성, 정책 집행의 자의성을 들 수 있다.

첫째, 정부실패가 발생하게 되는 원인 중 가장 대표적인 것이 내부성이다. 내부성(internality)이란 정부기관 내부에서만 적용되는 조직 차원의 목적으로 설정한 내부적 기준을 말한다. 주지하는 바와 같이 정책의 궁극적 이념은 공익, 즉 사회후생의 극대화에서 찾을 수 있다. 이 이념을 실현하기 위해 정부는 규범적으로 사회의 공복(公僕)으로서 활동한다.

그런데 내부성이 존재하게 되면 조직 내의 비용이나 편익, 즉 사적 목표가 정책결정자들의 계산을 지배하게 된다. 이와 같이 내부성은 정부활동에 영향을 주므로, 그 결과와 사회적으로 바람직한 결과 사이에 괴리를 발생시킨다. 정부부문에서의 내부성은 현실적으로 정부기관의 예산 증대와 조직 확대로 나타나므로 실제보다 높은 비용을 초래함으로써 비효율을 유발한다. 또한 정부조직의 실적과 목표에만 집착해 행정 편의적으로 정부를 운영하고, 중복행정이 발생하며, 법에 근거하지 않은 자의적인 정책 운용이 나타나기도 한다.

둘째, 공공부문에서는 민간부문과는 달리 비용과 수익이 대응하지 않는 경우가 일반적이다. 기업 등 민간부문에서는 한계수입이 한계비용보다 많은가의 여부, 즉 효율성을 기준으로 생산량이 결정된다. 그러나 정부는 기업과는 달리 이윤을 목적으로 하지 않으므로 비용-수익 대응성을 고려할 필요성이 크지 않다. 이 때문에 정부의 예산은 주인 없는 돈으로 인식되면서 비효율적인 지출이 흔히 발생한다.

특히 정부 개입의 대표적인 경우인 공공재는 가격기구에 의해 그 수요가 시현되는 것이 아니기 때문에 실질적인 수요의 양은 제대로 측정될 수 없다. 또한 정부조직의 경쟁성 미흡으로 인해 국민의 요구를 받아들이는 것도 매우 비탄력적이다. 더구나 개인들은 공공재를 자유재로 인식하고 필요 이상으로 소비하는 경향이 있으므로, 정부에 의해 공급되는 공공재의 양은 적정 수준보다 과다하게 결정될 가능성이 크다. 즉, 시장에서 과소 공급되는 공공재를 정부가 공급함에 따라 거꾸로 과대 공급되는 정부실패 현상이 나타나는 것이다.

셋째, 정부는 정책문제를 다루기 위해 다양한 형태의 권한을 가지고 있는데 이 권한은 대체로 정부에 독점되어 있기 때문에 잘못 행사될 가능성이 항상 존재한다. 예컨대 권한을 보유하고 있는 소수 공식적 참여자의 결정으로 인해 일부 계층에게만 그 혜택이 미치는 경우가 발생할 수 있는 것이다.

정책은 비록 신중하게 행사되고 또한 여러 장치에 의해 견제와 감시를 당한다 해도 실효성 있는 견제나 감시는 사실상 불가능하다. 특히 법률은 광범위한 대상에 대해 어느 정도 추상적으로 규정되는 속성을 가지는 반면에, 법률의 실질적인 시행은 행정명령이나 규칙에 의해 이루어진다. 이 과정에서 어쩔 수 없이 권한의 남용이나 형평성에 크게 어긋나는 집행의 가능성이 있다. 예컨대 관료나 정치인의 자의적인 판단에 따라 조직이 잘 되어 있는 유권자집단에게 유리한 정책을 시행하는 것이 그것이다. 이 같은 정책 집행상의 자의성도 정부실패의 원인이 된다고 할 수 있다.

2 신공공관리의 개념 형성

1) 개념

정치권에 의한 관료의 통제가 대의제 정부에서의 전통적 관심사인 동시에 기존에 추진된 행정개혁의 주요 과제였다면, 정책 결정과 서비스 전달의 공식적 분리는 신공공관리와 관련된 정부개혁의 주요 내용이다. 후자의 개혁 과정에서는 고객서비스, 성과 기준 계약, 경쟁, 유인 체계, 규제 완화와 같은 민간적 관리기법의 사용을 목격할 수 있다.

1970년대 들어 영국 등 선진국의 공공서비스 분야에서 구조적 · 조직적 · 관리적 변화가 일어났는데, 그 개혁 조치의 접근 방법을 살펴보면 모두 공공관리에 의해 영향받았다는 공통점을 갖고 있다. 공공관리(public management)는 민간부문의 관리 시스템과 기법을 정부부문에 도입하고자 하는 주장으로서 정부부문의 성과·실적을 중시하고 관리자의 개인적 책임을 강조하는 사고 방식을 말한다. 다시 말해 명확히 정립된 이론 체계라기보다는 행정 또는 관리 방식과 관련한 일련의 경향이나 개혁 아이디어를 통칭하는 개념들의 묶음으로 볼 수 있다.

공공관리는 "관리의 중요성을 전제하고, 민간부문에서 활용되는 사고 방식과 유용한 기업 관행을 채택함으로써 공공부문의 관리를 개선하려는 것"이다. 일반적으로 손꼽히는 공공관리의 다섯 가지 핵심 요소는 ① 경제적 생산성, ② 다기능적 대규모 집행기관, ③ 생산성 지향의 인력, ④ 관리의 독자적 기능, ⑤ 관리 자율성이다.

이와 같이 공공관리는 1970년대에 관료모형의 결점을 극복하는 방안으로서 민간 기법의 도입에 의한 '의사결정 능력'의 향상을 기하기 위해 일선관리자에게 예산과 인사상의 권한을 위임해 주는 형태로 실시되었다. 공공관리는 사회문제 해결에 필요한 인간의 합리성에 대한 확신에 근거해, 주로 중앙집권화된 관료제에 의한 합리적 기획을 강조했고 결과적으로 관료제의 팽창을 초래했다. 이후 공공관리는 공공선택론, 대리인이론, 거래비용경제학 등과 결합해 신공공관리라는 수정된 형태로 거듭나게 되었다.

신공공관리(new public management; NPM)는 공공부문에 폭넓게 적용되어 온 기존의 행정 원리에 시장 메커니즘과 고객주의를 접목해 공공관리에서 기업적 경영관리 사고와 처방을 강조함으로써 혁신활동을 추구하는 새로운 공공관리 패러다임을 말한다. 시장이론에 대한 기대가 시대적 흐름으로 자리잡은 1980년대에 영국과 미국의 정부개혁을 통해 정립되기 시작했다. 신공공관리는 노젓기보다 방향 제시, 과정보다 결과, 정치보다 생산, 권력 행사보다 권한 위임, 갈등보다 협력을 강조한다.

공공관리가 민간기업에서 사용하는 권한 위임에 의한 정부관료제의 의사결정 능력의 향상에 관심을 두었다면, 1980년대 이후의 신공공관리는 권한 위임에 그치지 않고 '정부 성과의 향상'을 기하기 위해 성과관리나 퇴출 메커니즘과 같이 시장의 대표적 압력장치들을 공공부문 내에 도입하는 것을 기본적인 혁신전략으로 채택한다. 공공관리가 비용을 감소하는 데 초점을 맞추었다면, 신공공관리는 전통적인 행정모형을 시장모형 또는 준시장모형으로 대체하고자 했다. 그 결과 공공관리는 전통적인 공학적 모형에 따라 행정가를 정책 집행의 수단으로 본 반면, 신공공관리는 행정가를 전략의 변화를 위한 혁신담당자로 파악했다.

2) 신공공관리 체계

신공공관리 하에서 국가와 행정은 오로지 시장기구를 위한 조장자와 최소한의 규제자로 인식된다. 따라서 원활한 공공관리를 위해서는 언제든지 외적 및 내적 시장을 창출할 수 있는 체계가 필요하다. 신공공관리 체계는 상당 부분 주인-대리인 관계에 의존한다.

공공관리 체계에서 선출직 공무원(elected officials)은 주인에게 최종 책임을 지는 대리인으로서 공공정책에 관련된 충분한 지식과 정보를 고객에게 공급할 것으로 기대된다. 공공관리자(public manager)는 명확하게 정책을 표명하고, 성과 기준을 세우며, 경쟁시장에서 정부를 대신하여 공공서비스를 충실히 전달할 대행기관을 선정한다. 준정부기관으로 대표되는 대행기관(contractors)은 외부에서 조달된 정부 정책의 집행자로서 공공관리 체계의 책임성 관계에 상당한 복잡화 요인을 제공한다. 이 체계의 성공 가능성은 정책 집행의 용이성, 책임성의 한계, 성과 기준의 명료성 등에 달려 있다. 무엇보다도 정치와 행정이 분리되는 정도와 공공부문에 경쟁시장이 존재하는가의 여부에 달려 있다.

이와 같이 신공공관리 체계 하에서 중요한 주체는 선출직 공무원, 공공관리자, 그리고 대행기관이지만 책임성의 궁극적 원천은 고객(customer)이다. 따라서 만일 선출직 공무원이 핵심적 결정 권한을 공공관리자에게 위임한다면 고객의 욕구가 전달 과정에서 어떻게 반영되는가를 파악하는 것이 새로운 관심 사항이 된다. 즉, 선출직 공무원이 직접 관여하지 않았더라도 공공관리자의 선택이 정당하고 공정하며 적절했다는 것을 고객에게 설득해야 한다.

3 신공공관리의 특징과 한계

신공공관리 하에서 정부와 행정은 오로지 시장기구를 위한 조장자와 최소한의 규제자로 인식된다. 따라서 신공공관리는 ① 정책과 관리의 분리, ② 경쟁의 강조, ③ 책임성 범위의 협애성, ④ 분권화라는 이론적 특징과 더불어 그로부터 파생하는 현실적 한계를 동시에 갖는다.

1) 정책과 관리의 분리

신공공관리는 정책·관리이원론을 이론적 특징으로 한다. 따라서 공공조직 관리의 특수성을 부정하며 관리의 원칙은 공·사 조직의 차이를 초월해서 적용된다고 본다. 사기업의 활동도 결국은 공공선을 위한 것이며, 공무원이 일을 하는 것보다 거래비용이 감소하므로, 정부 내부의 자원보다 외부 자원을 이용하는 것이 더 효율적이라는 가정을 한다. 따라서 신공공관리는 정부의 기능을 크게 정책 대 관리 또는 통제 대 서비스 기능으로 이원화해 정책이나 통제 기능은 소수의 중앙통제기관에 의존하고, 일선의 관리나 서비스 기능은 독립시키는 처방을 한다.

그러나 정책 결정의 중앙통제기관과 관리 수행의 일선집행기관 간의 기능 분담이 이론처럼 용이하지 않다는 것이 영국의 경험에서 드러났다. 중앙통제기관은 목표 설정을 매우 구체화해 일선집행기관의 재량의 여지를 줄이려 한 반면, 일선집행기관은 관리 자율성을 극대화하기 위해 일반적인 정책 목표의 제시를 선호했다. 이와 같이 신공공관리 하에서 기능 분담으로 말미암아 정치지도자가 더 많은 통제를 갈망하면서 중앙집권적 방향으로 개입을 강화하는 것을 '신공공관리의 역설'이라 부른다.

2) 경쟁의 강조

신공공관리는 시장의 효율성에 대한 신뢰에 기초를 두고 있으며 효율성은 주로 경쟁에 의해 달성된다고 본다. 즉, 신공공관리는 공공관리자들이 시장의 영향력에 노출되면 성과 개선이 가능할 것으로 보고 있다. 여기서의 경쟁은 "공공부문을 내부로부터 개혁하려는 시도로서 내부시장(internal market)을 창출하는 것"을 의미한다. 경쟁의 강조는 각국에서 행정사무나 공공서비스 공급을 독점적 체계에서 정부와 민간기업이 경쟁하는 체계로 전환하려는 시도로 나타났다.

이와 같이 신공공관리는 공급과 수요를 규율하기에 충분히 경쟁적인 시장이 존재하기 때문에 계약 기제가 원활히 작동할 것이라고 가정한다. 그러나 현실적으로 시장에서의 경쟁은 제한적인 경우가 많다. 시장의 불완전성은 서비스 성과의 평가를 매우 어렵게 하는 문제를 야기한다.

3) 책임성 범위의 협애성

공공부문의 책임성에 관해 신공공관리는 매우 좁은 범위를 전제한다. 각국 정부는 스스로의 책임성의 범위를 정치 부문의 의도대로 일선 집행기관의 업무 수행을 통제하는 관료적 책임성(bureaucratic accountability)에 국한한다. 더욱이 신공공관리 전략에 따라 민간의 자율성과 경쟁을 도입함에 따라 책임성의 유지라는 문제가 중요해진다. 그리고 위험 부담적이고 규칙 파괴적이며 자기 본위의 신공공관리가 어떻게 공익과 연계되는가, 그리고 관료적 권력에 대한 통제가 과연 가능한가의 문제가 제기된다.

그러나 신공공관리 하에서 공공관리자는 흔히 사익에 의해 동기부여되고 때로는 기회주의적으로 행동하기 때문에 도덕적인 대리인의 이상과 뚜렷이 대비된다. 또한 의회에 의한 민주적 통제라는 정치적 의미는 크게 약화되는 것으로 이해된다. 이와 같은 의회와 공공관리자 간의 책임성 관계의 변화는 신공공관리 하에서의 민주적 책임성 확보의 주요 쟁점이다.[2)]

4) 분권화

신공공관리는 성과계약을 근거로 하여 조직과 개인 간의 관계를 권위 관계에서 교환 관계로 전환한다. 이 논리에 따라 중앙행정기관을 분절시키는 작업을 진행해 대규모의 통일적 행정조직을 개별적이고 자족적인 단위로 분산시킨다. 기능적으로는 민영화와 준정부기관화를, 정부간 관계의 측면에서는 중앙정부와 지방정부 간의 기능 이양을 대안으로 제시한다.

그러나 분권화는 의도하지 않았던 문제를 야기하기도 한다. 기능에 의해 조직을 세분하고 계약형 체제로 전환하는 것은 분산된 조직 간의 조정과 통제라는 새로운 과제를 낳는다. 따라서 분권화가 진행될수록 거꾸로 고도의 집권화가 필요하게 될 우려가 있다. 영국의 경우 지방분권화 이후 오히려 지방정부의 책임영역이라 할 수 있는 교육, 보건, 지방 공공서비스 분야에까지 중앙행정기관이 개입하는 경향이 나타났다. 이와 같이 중앙집권적인 영국의 중앙정부를 초(超)지방정부(super-local government)라 부르기도 한다.

---

2) 공공부문의 민주적 책임성에 관해서는 제4부 제1장 제1절에서 상세히 살펴본다.

제 3 절 정부 및 준정부기관 간의 관계

1980년대 이후의 신공공관리 이론의 발달이 각국의 개혁작업을 가속화했다. 이 작업의 일환으로서 가장 일반적으로 채택된 방안이 준정부기관을 설치하는 것이었다. 준정부기관의 형성 과정을 살펴보면 기존의 행정기관이 변형된 것이 대부분이다. 그렇지만 사후적으로 정부와 준정부기관 간의 역동적 관계를 설명하고자 하는 이론적 주장이 다음과 같이 다양하게 나타나고 있다.

1 주인-대리인모형

1) 기업과 대리문제

사기업은 자본 소유와 기업 경영의 인적·기능적 분리 또는 전문화를 지배구조상의 특징으로 하고 있다. 그러나 소유와 경영이 분리된 결과 전문경영인들은 자신의 효용을 극대화하기 위해 반드시 주주의 목표를 그대로 수행하지는 않는다. 주주는 법적으로 엄연히 주인임에도 불구하고 자신의 대리인에 불과한 경영진이 횡포를 부려도 당할 수밖에 없는 경우가 생긴다. 경영자의 효용은 주주의 요구를 어느 정도 만족시켜야 한다는 제약에 따라 자신의 급여와 상여금, 예산 및 기업 규모, 개인적 소비 지출 등에 의해 영향을 받는다. 이것을 대리문제(agency problem)라 한다.

젠슨과 메클링(Jensen & Meckling, 1976)에 의하면, 대리문제가 발생하는 가장 큰 원인은 정보의 비대칭성(information asymmetries)이다. 즉, 대리인은 주인보다 더 많은 정보를 가지고 있으며 특히 주주가 알기 어려운 사정보를 많이 가지고 있다. 또한 정보는 대리인이 작성하기 때문에 왜곡되기 쉽다.

따라서 주주들은 경영자가 이윤극대화의 목표를 성공적으로 수행하도록 유도하기 위해 자신들의 소유권을 최대한 행사하려 한다. 즉, 주주들은 이윤극대화의 기준에 따라 기업 경영을 감독할 유인을 갖는다. 만일 경영이 자신들의 이해와 일치하지 않는 방향으로 운영될 때에는 주주로서의 권리를 행사해 경영 목표의 수정을 명령하거나 경영진을 해고할 수 있다. 이와 같이 주주와 경영자 간의 목표의 불일치와 비대칭정보에 의한 대리문제를 해소하기 위해서는 대리비용(agency cost)이 발생한다. 대리비용에는 ① 주인이 대리인을 감독하는 데 드는 감독비용(monitoring cost), ② 대리인이 스스로 구속하는 데 드는 구속비용(bonding cost), ③ 위의 두 비용 부담에도 불구하고 대리인의 자기 대리행위로 초래되는 본인의 손실인 잔여손실(residual loss)이 포함된다.

2) 준정부기관과 대리인모형

소유와 경영이 분리되어 소유주가 명확히 설정되기 어려운 경우 '주인-대리인 모형(principal-agent model)'을 통해 기업의 행동과 성과를 분석하게 되는데, 이 모형은 여러 단계의 주인-대리인 관계로 이루어진 공공부문에도 원용될 여지가 있다. 즉, 선거에 의해 정치인이 선출되고 정치인에 의해 정책기구가 결정되므로, 공무원이 정책을 수행하는 과정에서 국민과 정치인, 정치인과 관료, 관료와 소속기관 간에 복잡한 대리 관계가 형성된다.

복잡한 대리 관계로 인해 정부의 최종 목표는 이념으로서의 공익뿐만 아니라 정치인 또는 상위 관료들의 요구, 이해집단의 요구, 소속기관 스스로의 효용과 선호에 의해 영향을 받는다. 결국 국민을 위한 공익성이 정부와 일선기관에 의해 실천되는 과정에서 다양한 이해가 혼합될 수밖에 없으므로 구체화된 목표는 공익과는 상당한 차이를 갖게 되며 때로는 궁극적 목적과는 모순되는 형태로 나타나기도 한다.

전통적인 정부관료제는 이와 같은 내부의 구조적 문제로 인한 주인-대리인 간의 목표의 불일치, 정보의 비대칭성 등의 대리문제를 갖고 있으므로, 공공조직의 관리구조를 '정부-소속기관'에서 '정부-준정부기관'의 관계로 개편하는 것이 중요해진다. 왜냐하면 준정부기관 제도는 위임자가 대리인의 책임성을 확보하기 위해 유인 체계를 강화하고 대리인을 감시하기 위해 성과 목표를 분명히 하기 때문이다. 이에 따라 '정부-준정부기관' 관계에서는 결과 지향적인 고객 중심의 정부를 지향하기 위해 기관장 공개채용, 성과 중심의 기관 운영, 성과평가와 성과급 지급, 기관 운영의 전문성과 자율성 보장 등의 장치를 채택하므로 정보의 비대칭성 문제가 상당 부분 해소된다.

2 관청형성모형

1) 관청형성모형의 대두

행정국가 형성 이후 관료는 정책 집행은 물론 정책 형성의 주체로서 일정한 권력을 갖게 되었다. 많은 국가에서 관료제가 행정 목적을 달성하기 위해 행정 수단들을 적절히 배치함으로써 주어진 과업을 능률적으로 수행하는 데 큰 역할을 한 것이 사실이다. 그러나 일부 학자들이 지적하는 바와 같이 관료제의 권력이 집단적 또는 개인적 이익과 결합되었을 때 파행적 속성을 띠게 되며 이 같은 관료제의 병리 현상의 폐해는 매우 심각해진다.

우선 계층제에 관한 전제가 무너졌으므로 순수한 관료제모형은 현대 정부의 공공조직에 적용하기에는 많은 한계가 나타나고 있다. 그리고 전통적인 직업공무원제도는 공무원집단의 폐쇄성으로 인해 그 가치에 관해 의문의 대상이 되었고, 심지어는 민간부문과 구별되는 전문적인 공무원제의 개념 자체가 의문시되기도 한다. 또한 서비스의 평등성을 보장하기 위해 마련된 관료제의 획일성은 사회 변화에 대한 대응을 저해하고 변화에 저항할 뿐만 아니라 목표와 수단의 전도를 초래하기도 한다.

이와 같이 관료제의 병리 현상을 강조하는 학자들은 정부관료나 공공부문의 관리자들이 부분적 이익이나 하위 목표를 위해 예산이나 지위와 같은 조직자원을 추구했음을 주장한다. 다만 관료들의 행위는 그 동기가 이기적이기만 한 것은 아니며 윤리적 및 문화적 차원의 공공성 가치도 큰 비중을 차지하고 있다고 보아야 한다. 더구나 관료들의 병리적 행위는 제도적으로도 상당 부분 견제가 되고 있는 것이 현실이다.

던리비(Dunleavy, 1991)는 시장주의적 접근 방법의 대표적 관료제모형인 니스카넨(Niskanen, 1971)의 관료예산극대화모형(bureau-maximizing model)으로는 영국의 대대적인 준정부기관화를 설명하기 어렵다는 문제 의식에 따라 관청형성모형(bureau-shaping model)을 대안으로 제시했다. 그의 모형은 공공선택론에 입각한 다른 관료제모형과 같이 사익 추구적인 관료들의 합리적 선택 행위를 기본 가정으로 한다. 그러나 여기서의 관료적 선택은 구조적 상황(structural situations)에 의해 구속된다는 점에서 다른 모형과 구별된다. 다시 말해, 관청형성모형은 도구적 행위자들을 전제로 하되 이들의 합리적이고 의도적인 선택은 그들을 둘러싸고 있는 구조적 상황, 즉 관료들의 직급, 소속 기관의 유형, 지출예산의 종류 등에 따라 관료들의 선택에 차이가 생긴다는 것이다.

2) 준정부기관과 관청형성모형

관청형성모형에 의하면 합리적 관료들은 기관의 전체 예산을 극대화하기 전에 자신의 비용, 편익, 영향력 수준 등을 고려해서 행동한다. 특히 고위 관료는 금전적인 편익보다는 수행하는 업무 성격에 따른 효용 증대에 더 관심을 가지기 때문에, 예산극대화 전략보다는 소속 관청의 형태를 변화시키는 관청형성 전략을 통한 효용 증대에 노력을 기울인다. 나아가 관청형성 전략이 이루어짐에 따라 좀 더 분산된 국가구조로의 진전이 이루어지기도 한다.

현실적으로도 정부는 조직, 인력, 재정을 확대하는 데에 한계가 있으므로 급증하는 행정 수요를 해결하기 위해 준정부기관을 활용한다. 따라서 준정부기관은 공식적으로는 독립기관이지만 실제로는 정부의 하위부서와 다름없는 역할을 수행하며, 또한 정부부처에 대해 인력, 재정, 정보 등 다양한 자원을 제공하기도 한다. 20세기 말 정부개혁의 초점이 정부조직 축소에 맞추어지면서 정부조직에 몸담고 있는 관료들은 자기조직 보호 본능에 의해 많은 준정부기관을 설립했다.

던리비(P. Dunleavy)는 그의 가정에 입각해 세출예산의 성격에 따라 공공조직을 규제기관, 계약기관, 이전기관, 전달기관, 통제기관으로 유형화했다. 이 중 정책 집행 위주의 기능을 수행하는 전달기관과 통제기관은 책임운영기관이나 준정부기관으로의 전환이나 민영화까지도 고려할 수 있다는 것이다.[3] 요컨대 관청형성모형은 공공조직의 다양성을 확인해 주었고 관료들의 직급에 따른 예산극대화 전략이 다양함을 알려 줌으로써, 기관의 성격별로 관료 행태의 특성을 이해하는

3) 전달기관(delivery agency)은 산출물을 직접 생산하거나 시민 또는 기업에게 서비스를 직접 전달하며, 자체 고용 인력을 활용해 대부분의 정책집행을 직접 수행한다. 통제기관(control agency)은 이전의 형태로서 다른 공공조직에 자금을 전달한 다음 이들 기관의 자금 사용 및 정책 집행 방식을 감독한다.

데 유용한 이론적 틀을 제공해 주었다. 영국의 준정부기관화가 자기 이익을 추구하는 관료들의 큰 저항 없이 추진되었다는 사실은 준정부기관으로의 전환이 관청형성전략과 맥을 같이하고 있음을 보여 준다.

3 자원의존모형

1) 개념

페퍼와 샐란식(Pfeffer & Salancik, 1978, 1987)은 조직은 지속적인 생존에 필요한 많은 자원을 환경으로부터 공급받아야 하는데, 이러한 자원의존성이 조직에 대한 환경의 외적 통제를 야기한다고 본다. 외적 통제의 문제가 조직의 핵심적 문제로 인식되어야 하는 것은 조직의 생존이 환경으로부터의 원활한 자원 공급에 크게 의존하기 때문이다. 자원의존모형(resource dependence model)은 모든 조직은 환경에 의해 전적으로 결정되지는 않지만 생존에 불가결한 자원을 스스로 완전히 통제할 수 없으므로 환경 요소에 의존할 수밖에 없다고 본다. 그러나 동시에 조직은 환경적 결정에 수동적인 것만은 아니며 전략적인 조정을 통해 환경적 제약 조건들을 어느 정도까지는 완화시킬 수도 있다고 본다.

자원의존모형에 따르면 조직은 조직에 필요한 자원을 확보하기 위해 환경조직과 상호작용을 하며, 자원을 제공하는 환경조직에 적응한다. 조직은 그 생존을 환경으로부터의 원활한 자원 공급에 의존하고 있으므로 자원의존성이 조직에 대한 외적 통제를 야기한다. 그러나 조직은 자원의존성으로부터 비롯되는 외적 통제에 대해 단순히 순응하는 것이 아니라, 외적 통제나 압력을 가능한 한 줄이고 나아가 조직의 자율성을 확보하기 위한 다양한 전략을 구사한다. 조직이 희소자원을 통제할 능력이 있다면 다른 조직에 비해 더 큰 권력을 갖게 되므로, 희소자원에 대한 통제력은 권력의 실현성을 창조하는 데 가장 중요한 요소라 할 수 있다.

이 모형이 주는 가장 중요한 시사점은 주요 자원을 둘러싸고 형성되는 조직과 환경 간의 권력 의존 관계에서 찾을 수 있다. 어떤 조직이 필요로 하는 자원을 독점적으로 제공하는 환경(다른 조직)은 상대 조직에 대해 강력한 권력과 영향력을 행사할 수 있으나, 그렇지 못한 환경은 그 조직에 대해 일방적인 우위를 가지지 못하며 오히려 해당 조직과의 관계에서 종속적으로 된다는 것이다.

2) 준정부기관과 자원의존모형

자원의존모형은 정부, 시장, 시민사회의 한계를 각각의 유용한 자원 교환을 통해 극복하려는 관점에서 공사혼합조직의 성장을 설명하고 있다. 특히 준정부기관이 공공서비스를 제공하는 기제로서 선호되는 것은 주로 자발성의 실패 때문일 수 있다. 시장뿐만 아니라 자발적 부문도 공공서비스의 효율적 배분에 한계를 보이기 때문이다. 따라서 자원의존모형은 정부가 준정부기관에 재정을 지원함으로써 자발적 부문의 실패를 보충해 주는 한편 정책 수단으로 활용한다고 본다.

정부 각 부처와 준정부기관도 자원을 주고받는 상호 의존 관계에 있다. 우선 행정기관이 준정부기관에 공급해 주는 주요 자원으로서는 재정 지원, 기술 지원, 정보 제공, 정책 과정에 대한 접근 허용 등이 있으며, 그 밖에 대이적으로 준정부기관이 특정한 공적 기능을 수행하는 존재라는 사실에 대한 지지와 정당성 부여가 있다. 반대로 준정부기관이 행정기관에 공급해 주는 자원으로는 공공서비스의 공급 능력, 정보 제공, 정책이나 사업에 대한 정치적 지지 등이 있다.

준정부기관에 대한 정부의 통제력은 해당 기관의 수입이 정부의 재정 지원에 의존하는 정도가 높을수록, 그리고 정부의 규제 권한이 강력할수록 커진다. 준정부기관의 재정의존도가 낮을지라도 정부가 부여하는 정당성이 절대적으로 중요한 경우 정부는 통제력을 행사할 수 있다. 그러나 준정부기관이 독점적인 위치에 있을 때에는 통제력에 한계가 나타나기도 한다.

제 4 절 준정부기관의 실제

신공공관리라는 새로운 패러다임의 바탕 위에서 일부 OECD 국가들은 공공서비스의 성과 향상을 위해 정부 차원에서 좀 더 강력한 개혁활동을 추진했다. 신공공관리론은 공기업의 민영화를 초래했지만 준정부기관의 경우 오히려 증가시키는 결과를 초래했다. 그러나 각국의 준정부기관의 형태, 활동 범위, 기능 등은 매우 다양하게 나타나고 있다.

1 영국의 비부처공공기관

1) 개념

공공부문에 대한 영국 정부의 개혁은 1976년 IMF로부터 구제금융을 받은 직후 착수되었고, 대처 정부에 들어 대대적으로 추진되었다. 영국의 정부개혁은 정치 이념의 연속 범위 내에서 좌파와 우파 모두로부터 옹호되었다. 물론 양측의 목표는 '서비스 전달의 개선'과 '작은 정부'로서 서로 달랐지만 국가가 잘못 운영되고 있다는 인식에는 일치했다. 따라서 영국에서 신공공관리는 별다른 가치 논쟁 없이 공공부문을 개선할 수 있는 중립적인 기술을 제공할 수 있었다. 이처럼 1970년대 영국적 현상(British phenomenon)이라고 불리었던 준정부기관의 개혁은 1980년대 이후 선진국은 물론 전 세계적으로 확산되는 보편적 현상으로 되었다.

1979년 플리아츠키(Leo Pliatsky)는 공공부문의 축소와 재정지출의 감소라는 관점에서 준정부기관의 검토에 착수해서 1980년 1월에 비부처공공기관(Non-Departmental Public Bodies: NDPB)의 규모와 지출에 관한 보고서를 제출했다. 영국에서 NDPB는 "공공부문 내에서 역할을 하는 정부부처가 아닌 기관으로서, 주무부처 장관으로부터 독립되어 일정 범위 내에서 운영되는 기관"이다. 미국에서와는 달리 영국에서 QUANGO는 통상적으로 NDPB를 일컫는다. 많은 NDPB는 이전에 정부에 의해 수행되던 기능을 인수했지만, 일부 NDPB는 정부가 기존에 수행하지 않던 기능을 새롭게 창출했다.

NDPB의 특징은 적절성과 비용효과성이 우월하다는 것이다. 이에 따라 영국의 NDPB는 다음과 같은 구체적인 장점을 갖는다.

첫째, 주무부처 장관으로부터 독립적으로 운영되므로 기능상의 독립성과 전문성이 높다.

둘째, 주무부처 장관이 특정 쟁점에 대해 신속한 반응을 보이게 한다.
셋째, 신축성을 강조하므로 조직 형태, 인력·예산 규모가 다양하다.
넷째, 소비자 등 비전문가에게도 이사회에 소속될 기회가 주어진다.

2) 유형

영국의 NDPB는 ① 행정적, 규제적, 집행적, 상업적 기능을 수행하는 집행형(executive) NDPB, ② 장관 및 공무원에 대해 특정한 이해관계와 관련된 독립적·전문적 자문을 행하는 자문형(advisory) NDPB, ③ 행정행위나 결정에 대한 이의 신청에 관해 간결한 절차로 준사법적 기능을 수행하는 심판형(tribunal) NDPB, ④ 독립감시기구(Independent Monitoring Boards) 등 크게 네 가지 유형으로 구분된다. 이 중 집행형 NDPB와 자문형 NDPB가 더 일반적이다.

표 3-2 영국 NDPB의 유형

유형	기능
집행형 NDPB	행정적, 규제적, 집행적, 상업적 기능
자문형 NDPB	장관 등에 대해 특정한 이해관계와 관련된 독립적, 전문적 자문 기능
심판형 NDPB	행정행위나 결정에 대한 이의 신청에 관한 준사법적 기능
독립감시기구	죄수들의 복지가 「교도소 및 이민센터 규칙」에 부합하는지 여부 감시

자료: OECD(2002)를 요약함.

집행형 NDPB와 자문형 NDPB는 국가 전체에 대해 영향력을 미치고, 이사회의 협약은 장관에 의해 결정되며, 기관의 성과에 대해 장관이 궁극적인 책임을 진다는 점에서 공통점을 갖는다. 다만 집행형 NDPB가 의회법, 왕실 헌장, 회사법 등의 법적 근거를 갖는데 비해, 자문형 NDPB는 행정 조치에 의해 설립되므로 법적 근거가 명확하지 않으며 기관의 영속성도 취약하다. 만일 공적 기능이 정부로부터 집행형 NDPB로 이전되는 경우라면 의회법에 의하게 되므로 의회의 동의를 얻어야 한다. 다만 집행형 NDPB의 경우에도 입법에 의해 조직의 기본 구조를 세세하게 명시하기는 어려우므로 기본운영계획이나 고용계약에서 기관의 역할과 책임성 등을 다룬다.

한편 집행형 NDPB는 주무부처와는 독립적으로 예산을 편성하며 자체적으로 직원을 채용할 수 있다. 이에 대해 자문형 NDPB는 대부분 자체 직원을 두지 않고 이들을 지원하는 주무부처로부터 인력 지원을 받으며, 예산 또한 독립적으로 편성하지 않고 주무부처의 예산에 포함되어 있는 것이 일반적이다.

3) 조직 및 인사

모든 NDPB는 의장 및 다수의 비집행 운영위원(non-executive members)으로 구성되는 운영위원회에 의해 운영된다. NDPB의 기관장이나 고위 직원들이 위원회에 참여하기도 한다. 위원회의 역할은 전략·기획·정책의 개발, 리더십·비전·목표의 연속성 제시, 법적·행정적 의무 이행의 보장, 목표·성과에 관한 정보 제공 등이다.

위원장은 주무부처 및 주무 장관의 지침 준수, 위원회 소집 등을 통해 전략적 리더십의 제공이라는 책임을 수행한다. 위원들은 NDPB 실천강령에 따라 예산 운용의 법적·행정적 조건에 관해 공동 책임을 지고, 자격 있는 직원을 적절히 고용해야 하며, 자원을 경제적이고 효과적으로 운용하는 관행을 도입해야 한다. 기관장은 조직, 관리, 직원 임명, 예산 등에 관해 책임을 진다.

위원회의 구성은 통상 주무부처 장관에 의해 이루어진다. 비상근인 위원은 3년 내지 5년의 임기가 주어지며 성과에 따라 연임이 가능하다. 주무부처 장관은 NDPB 운영위원회의 위원을 임용할 때 공직임명관이 제정한 실천강령(Code of Practice)을 반드시 준수해야 한다. 실천강령이 제시하고 있는 여러 원칙 중에서 중요한 의미를 갖는 것은 일반공무원의 경우와 마찬가지로 공개경쟁을 통한 실적에 의한 임용과 다양성의 추구라는 두 가지 원칙이다. 공개경쟁 과정을 거침으로써 적소에 적재가 배치되도록 하며, 다양한 분야의 능력과 경험을 가진 자를 채용함으로써 정책의 균형과 업무의 효율성을 제고하도록 하는 것이다.

운영위원회 위원들은 대부분 무급직이며 실비 보상 이외에 다른 보수를 받지 않으며 그 보수도 공개된다. NDPB 직원은 공무원 신분을 갖는 것은 아니지만, 일반고용법(general employment law)을 적용받으므로 복무 조건은 공무원과 유사하다. 소규모 자문형 NDPB는 통상 직원을 고용하지 않고 관련 부처 공무원을 파견받는다.

4) 예산

대부분의 NDPB는 주무부처의 보조금에 의해 자금을 공급받지만 일부는 요금이나 사용료를 통해 전부 또는 일부 경비를 충당한다. 자문형 NDPB는 모든 예산 지출을 주무부처의 결의에 따라 행한다. NDPB에 대한 예산 지원은 사전에 의회와 재무성의 통제를 받는다. 이사회는 법률에 의해 재정건전성에 대한 책임을 진다.

NDPB에 대한 보조금 규모에 관해 의회는 관여할 수 없지만 NDPB들은 연차보고서와 회계검사서를 의회에 제출해야 한다. 의회 소속의 회계검사관(comptroller)과 감사총괄관(auditor general)은 의회 소관 위원회에 보고한다. 의회 특별위원회나 공공회계위원회는 언제든지 NDPB 구성원을 소환할 수 있다.

5) 감독

영국 정부는 NDPB에 대해 많은 재정 지원을 하고 있기 때문에 중앙총무국(Central Secretariat)을 비롯한 내각사무처는 신설 심사나 성과평가 등을 통해 일정한 감독을 실시하고 있다. 우선 NDPB의 설치는 신중한 검토를 거쳐 그 필요성을 판단하도록 하고 있으며, 또한 각 부처별로 공공서비스협약(Public Service Agreement)에 근거해 성과와 연계된 지속적인 점검이 이루어지도록 제도화했다. 공공기관팀(Agencies and Public Bodies Team)은 NDPB의 관리지침을 수립하고 각 부처의 NDPB 관리를 지원하며 데이터베이스 구축 등 NDPB를 총체적으로 관리한다.

주무부처는 소속 NDPB에 대하여 예산의 지원을 포함해 효율적인 운영을 도모해야 한다. 그리고 주무부처 장관은 부처가 지원하는 NDPB의 활동에 관해 의회에 대해 책임을 진다. 따라서 NDPB는 주무부처와 목표에 관해 합의를 해야하며, 주무부처에 의해 만들어진 기본운영계획에 따라 운영해야 한다.

의회의 주요한 역할은 주무부처 장관이 NDPB의 정책·행동·지출에 대해 책임을 지도록 하는 것이다. 의회는 우선 공공회계위원회를 통해 NDPB의 예산이 설립 목적에 일치되게 그리고 회계절차에 부합하게 사용되는지 확인할 수 있으며, 특별위원회는 NDPB의 지출·행정·정책에 대해 조사할 수 있다. 그리고 의

원들은 질문서 또는 서한 제출에 의해 NDPB의 성과 또는 조직에 대해 질의할 수 있다.

2 뉴질랜드의 국립기관

1) 개념의 등장

1984년 새로 들어선 노동당정부는 정부 직영사업의 비효율이 재정 위기의 원인이라고 결론짓고 그 때까지 지속되어 온 정부 주도형 경제 운용정책에 대한 개혁에 착수했다. 1987년 「정부기관 및 정부사업체에 대한 정책지침(Policy Guidelines for Statutory Authorities and Government Business Enterprise)」을 발표하고 좀 더 자율적이고 상업적이며 고객 지향적인 제도 개혁을 위해 공공사업의 민영화와 준정부기관화를 최대 과제로 삼았다. 내각사무처, 재무부, 공공관리위원회(State Services Commission)의 주도와 면밀한 계획으로 추진된 정부개혁은 1990년 국민당으로 정권이 교체된 후에도 그 추진 체제와 정책의 일관성 면에서 변함이 없었다.

정부개혁의 일환으로서 기존의 공기업(Crown Owned Companies)[4] 이외에 공공부문에서 국립기관제도가 도입되었다. 국립기관(Crown Entities)이라는 명칭은 1991년 의회 '재정 및 지출위원회(Finance and Expenditure Committee)'의 보고서 「국가 및 그 하위기관들의 의회에 대한 보고 체계 탐색(Inquiry into Reporting by the Crown and its Sub-entities to the House of Representatives)」에 기원을 두고 있다. 그리고 이 보고서의 시사에 따라 1992년 재정법(Public Finance Act)을 개정했다. 재정법은 정부부처도 아니고 공기업도 아닌 국립기관의 재정관리와 성과 책임에 관해 규율했다.

이에 따라 기존에 400여 개에 달하던 소규모의 정부산하기관들이 재정개혁법상 재무관리 및 회계제도의 적용을 받는 약 70개의 국립기관으로 전환되었다. 한편 2003년에 국립기관법(Crown Entities Act)을 제정해 준정부기관 지배구조와

4) 공기업은 2003년 국립기관법에 의해 Crown Entity Companies로 명칭이 바뀌었다. 공기업은 회사법의 적용을 받으므로 공법에서 별도의 규정을 두고 있지 않다.

책임성을 개선하고자 했다. 근래에 정부부처는 전체 정부 예산의 1/2 미만을 집행할 뿐이다. 의료, 교육, 기금 운용 등 대부분의 공공서비스는 국립기관이 담당한다.

2) 특징 및 유형

국립기관의 중요한 특징 중 하나는 정부로부터 독립된 법인격을 갖는다는 것이다. 하부조직 대신 많은 수의 국립기관을 설립하는 이유는 기관의 활동에 대한 주무부처 장관의 개입을 줄이려는 것이다. 주무부처 장관들이 기관에 대해 직접적으로 영향을 미치기보다는 제한된 영향력을 행사할 수 있도록 하는 장치를 마련하고 있다. 주요한 공식적인 장치는 임원 임면, 이사회 구성, 사업계획 협의이다.

뉴질랜드에서는 정부로부터 실질적인 독립성을 확보하고, 정책 결정에 특정 이익집단의 참여를 보장하며, 정책 결정 과정에 전문가들의 참여를 용이하게 하기 위해 정부부처로부터 국립기관을 독립시키는 것이 불가피했다. 이에 따라 국립기관은 중앙부처에 소속되지 않는 독립법인의 형태로 운영되며 재정적인 측면에서의 자립성이 매우 강조된다. 특히 전문지식을 가진 전문가들이 직접적이고 집단적으로 정책 결정 과정에 참여하도록 할 필요가 있거나 정부부처 하에서 이해관계인들의 참여가 확보되기 어려울 때 국립기관의 효용성이 강조된다.

국립기관은 서비스 공급에 불가결한 조직이라고 할 수는 없겠으나 가장 적절한 조직으로 간주된다. 1990년대에 들어 많은 영역이 정부부처로부터 국립기관으로 이관되었다. 산업훈련, 재해보험, 항공, 육상교통안전, 해양안전, 법률서비스, 남극활동관리, 정부 해외자산 관리, 국가면허 관리, 관광 개발, 경제지도자 육성, 직업정보 제공 등이 대표적인 국립기관의 업무 영역이다.

공공부문의 기능은 크게 정책 결정, 서비스 공급, 규제 집행으로 분류된다고 볼 때, 국립기관은 종래 정부부처에서 수행되었던 서비스 전달과 규제 집행을 수행하는 데 치중한다. 국립기관법에 의하면 국립기관의 유형은 크게 세 가지로 나뉜다(<표 3-3>). 세 유형은 주로 정부와의 관계에 따라 구분되었다. 정책국립기관과 독립국립기관은 규제 기능을, 자율국립기관은 서비스 전달 기능을 주로 수행한다.

표 3-3 뉴질랜드 국립기관의 유형

구분	정책국립기관	자율국립기관	독립국립기관
이사 임명	주무 장관	주무 장관	총독(주무 장관 권고)
이사 임기	3년 이하	3년 이하	5년 이하
이사 면직	주무 장관(재량)	주무 장관(근거에 기초)	총독(법무 장관 및 주무 장관 조언)
이사 보수	주무 장관 결정	주무 장관 결정	급여청 결정
독립성	주무 장관이 정책 집행 지시 가능	주무 장관이 정책 고려 지시 가능	주무 장관이 정책 지시 원칙적 불가
유형 변경	의회의 긴급칙령으로 변경 가능	독립국립기관으로 변경 가능	유형 변경 불가능

자료: 뉴질랜드 Public Finance Act에 근거해 작성.

정책국립기관(Crown Agents)은 정부로부터 독립되어 있지만 정부와 밀접한 업무 관계를 갖고서 정책을 집행하도록 되어 있는 정책의 도구이며, 고도의 장관 통제가 필요한 유형이다. 전략적·정치적·재정적 위험 수준이 높고 목적이나 산출물이 복잡하고 측정하기 어려우며 자주 변화될 필요가 있는 기능을 가진 기관에 적합하다. 도로교통안전원(Land Transport Safety Authority) 등이 이 유형에 속한다.

자율국립기관(Autonomous Crown Entities)은 위원회 구조로서 고도의 장관 통제를 받을 필요가 없지만, 서비스 전달 체계의 개선을 위해 정부 정책을 고려해야 하는 국립기관을 말한다. 자율국립기관은 정책국립기관 만큼 장관과의 밀접한 관계를 갖고 있지 않으며, 후술하는 독립국립기관만큼의 독립성이 필요하지도 않다. 자율국립기관이 주무장관의 광범위한 지휘를 받지는 않으나 장관은 사업계획서(the Statement of Intent: SOI)를 개정해 사업 범위·방향과 운영 성과 기대치를 설정한다. 또한 주무 장관은 구매 협약을 협상해 기관이 제공하는 서비스의 성격, 비용, 양과 질을 구체화할 수 있다. 영화위원회(Film Commission), 정신건강위원회(Mental Health Commission) 등이 이 유형에 속한다.

독립국립기관(Independent Crown Entities)은 준사법적 성격 등 국가로부터의 독립이 분명히 요구되는 기관을 말한다. 이 기관은 행정부에 있는 기능 중 의사

결정이 장관의 영향력으로부터 자유로워야 하는 기능을 수행한다. 경찰고충원(Police Complaints Authority), 방송기준원(Broadcasting Standards Authority) 등이 여기에 해당한다.

3) 조직과 인사

국립기관의 중추 기구는 주무부처 장관에 의해 구성된 이사회이다. 주무부처 장관은 민간부문에서 이사회의 권한에 속하는 기관장 임명, 사업계획 승인 등의 권한을 보유한다. 나아가 주무부처 장관은 이사 해고 등 민간회사 주주보다 더 큰 영향력을 행사할 수 있는 권한을 가진다. 다만 독립국립기관의 경우 이사 임면에 관해 총독이 권한을 보유하되 주무 장관은 권고할 수 있다. 장관은 직접 이사 임명권을 행사하거나 산하 부서에게 추천 또는 위임함으로써 직·간접적으로 임명권을 행사하는 한편 기관에 대한 전반적인 책임을 진다. 그러나 공무원은 이사로 임명되지 않는다.

기관장은 주무부처 장관이 구성한 이사회에서 선정되고 이사회와 고용계약을 맺어 임용되며 매년 성과계약을 맺는다. 이사회가 기관장을 선정하려면 공공서비스위원장(State Services Commissioner)의 자문을 구해 고용의 조건에 관해 합의해야 한다. 이사의 임기는 정책국립기관과 자율국립기관의 경우 3년 이하, 독립국립기관의 경우 5년 이하로 정해져 있다. 국립기관 지배구조에서 가장 큰 특징은 대부분의 경우 기관장이 이사회의 구성원이 아니라는 점이다. 이것은 두 가지 점에서 중요한 의미를 갖는다. 첫째, 기관에 대한 기관장의 지배력을 약화시킨다. 둘째, 주무부처 장관이 이사회를 구성하지만, 이사회가 이사가 아닌 자 중에서 기관장을 선임함으로써 부처의 통제로부터 최소한의 독립성을 유지한다.

기관장은 고용주로서 기관 내의 모든 인사권을 행사한다. 국립기관의 구성원은 공무원의 신분을 가지지 않는다. 이로써 부처-산하기관의 종속 관계가 정책-집행의 독립적 계약 관계로 변했다.

내각은 국립기관들의 구성원들에 대한 보수 지급에 대한 기본 방침을 정하며, 주무부처는 국가공무원위원회와 내각과의 협의에 기초해 구체적인 보수를 결정한다.

4) 감독

국립기관법은 공공기관 감독에 관한 종합적인 법적 근거라고 할 수 있다. 그럼에도 불구하고 국립기관 관리 체계는 중앙정부가 계획하고 감독하는 것이 아니라 개별 국립기관에 대해 큰 틀의 지침을 제공하는 것이다. 예컨대 성과평가를 위한 세밀한 지침이나 평가 결과의 활용에 대한 내용은 국립기관법에서 찾아볼 수 없다. 이것은 정부부처가 직접적이지 않은 방식으로 공공부문을 관리해 왔던 전통에서 벗어나지 않은 것이다.

이러한 방향에 따라 정부는 국립기관의 운영에 간섭하고 업무를 제한하기보다는 국립기관의 운영상 자율을 유지하면서 그에 따른 위험을 관리할 수 있는 전문적인 기술을 향상시키는 데에 목표를 두고 있다. 국립기관의 권한을 축소하는 것이 아니라 투자 위험을 제한하기 위한 한도 내에서 투자 형태를 구체화함과 동시에 기관 스스로 내부 작용을 통해 능동적으로 대처할 수 있게 하는 것이다. 그리고 국립기관이 자산을 효과적으로 관리하기 위한 정보와 인센티브를 제공하고, 국립기관이 생산하는 상품과 서비스의 비용을 정당하게 하도록 한다.

국립기관은 당해 연도 및 차년도 사업계획서를 작성해야 한다. 사업계획서는 미래의 공공 성과에 관한 책임을 기술한 유일한 공식 문서이다. 이 문서는 주무부처 장관, 의회, 시민에게 성과 책임 확보를 위한 기초를 제공한다. 사업계획서 작성을 위해서는 주무부처 장관과 협의를 해야 하기 때문에 그 한도에서 통제를 받는다고 할 수 있다.

국립기관은 회계연도가 종료된 후 4개월 이내에 재정 관련 사항을 포함한 연차보고서를 주무부처 장관에게 제출해야 한다. 정부가 중요한 구매자에 해당하는 국립기관은 당해 연도에 제공된 서비스와 상품에 관한 보고서를 작성해야 한다. 이들 보고서는 해당 기관의 재정적 그리고 서비스 성과에 대한 평가를 가능하게 한다. 보고서는 주무부처 장관을 통해 의회에 보고된다.

5) 성과평가

국립기관의 성과는 주무부처 장관, 의회, 감사원에 의해 평가된다. 우선 주무부처 장관은 국립기관에 대해 의회에 궁극적 책임을 진다. 의회의 특별조사위원회는 매년 각 국립기관의 성과와 활동을 평가해야 한다. 그리고 우선순위에 따라 매년 또는 수년에 한 차례씩 광범위한 재검토를 실시한다.

감사원은 모든 국립기관의 회계검사와 성과의 평가(능률성 및 효과성)를 실시해야 한다. 통상적으로 특별조사위원회가 관심을 가질 만한 기관에 대한 평가 결과를 제공한다. 감사원은 정부의 요구에 의한 것을 제외하고는 평가의 실시 여부, 평가 대상과 범위 등을 자체적으로 결정한다.

모든 국립기관은 정보공개법의 적용 대상에 포함되므로 주무부처 장관이나 의회 이외에 시민에게도 성과 책임을 진다고 할 수 있다. 그러나 최근 들어 부처에 의한 부적절한 감독, 부처의 국립기관에 대한 무관심, 국립기관의 정부 정책에 대한 무반응성, 불완전하고 비일관된 책임성 요구, 국립기관의 법적 지위의 혼란 등이 문제점으로 지적되고 있다. 이에 따라 뉴질랜드 정부 내에서는 이러한 문제들을 해소하기 위해 주무부처 장관의 역할, 이사회 구성원의 임명과 해임, 이사회 구성원의 의무, 국립기관의 권리와 책임, 재정적 권한 등을 좀 더 명확히 규정해야 한다는 반성이 제기되고 있다.

3 일본의 독립행정법인

1) 제도의 도입

일본에서는 일찍부터 국가적 책임을 담보할 수 있는 충분한 감독을 실시하는 한편 경영의 자주성과 탄력성을 가능케 하기 위한 특수법인제도를 운영했다. 특수법인은 공공사업의 성격이 민간부문의 경영과 유사하여 통상의 행정기관에 담당하게 할 경우 제도상의 제약으로부터 능률적인 경영을 기대할 수 없을 때 이를 담당하게 하는 제도라 할 수 있다.

그러나 1990년대 들어 행정개혁에 대한 논의가 활발해지면서 정부 기능의 재조정과 서비스 공급 방식의 개선이 요구되었다. 하시모토(橋本龍太郎) 정부는 공공부문에 대한 전반적인 행정개혁을 시도했고, 고이즈미(小泉純一郎) 정부에서 상당한 개혁 성과를 이루었다. 고이즈미 정부 시절 공공기관에 대한 주요 개혁작업은 특수법인과 행정위탁형 공익법인에 대해 이루어졌다. 그 결과 탄생한 것이 독립행정법인이다.

1998년에 제정된 중앙성청등개혁기본법에서 규정하고 있는 독립행정법인의 운영에 관한 기본 및 공통 사항을 마련하기 위해 1999년에 독립행정법인통칙법을 제정함으로써 독립행정법인제도의 기본적인 틀을 완성했다. 이 통칙법에 따라 60개의 독립행정법인을 실제 설치하는 개별법을 제정함으로써 2001년 4월 57개의 독립행정법인이 발족했다. 2003년에는 광의의 독립행정법인에 속하는 국립대학법인법이 제정되었다.

일본의 독립행정법인통칙법에 의하면 독립행정법인은 "공공의 목적상 필수적인 사무 및 사업으로서 정부가 직접 실시할 필요가 없고, 민간에 위탁할 경우 실시되지 않을 위험성이 있는 것을 효율적이고 효과적으로 행하기 위해 별도로 설립된 법인"을 말한다. 독립행정법인제도는 공공기관의 방만한 운영에서 비롯된 정부 재정적자의 시정을 도모하고 사무 및 사업을 효율적 · 효과적으로 수행함으로써 좀 더 질 높은 서비스를 제공하려 한 노력의 산물이다.

한편 2003년 지방독립행정법인법이 제정됨으로써 2004년부터는 지방자치단체의 준정부부문에 적용되는 지방독립행정법인제도가 별도로 운영되고 있다. 지방독립행정법인법에 의하면 지방독립행정법인의 업무의 범위는 ① 시험연구, ② 대학의 설립 및 관리, ③ 수도 · 공업용수도 · 궤도 · 자동차 운송 · 철도 · 전기 · 가스 · 병원, ④ 사회복지사업, ⑤ 공공시설의 설치 및 관리, ⑥ 이상의 업무에 따른 부대 업무로 설정되어 있다. 국가의 독립행정법인은 개별 설립법에 의해 설립되나, 지방독립행정법인의 경우에는 설립 자치단체가 의회의 의결을 거쳐 정관을 정한 다음 총무대신 또는 도도부현 지사의 인가를 받아 법인격을 부여받는다. 현재까지는 공립대학이나 병원을 중심으로 지방독립행정법인의 운영이 이루어지고 있다.

2) 실태 및 특징

일본에서 정부산하기관의 방만한 운영에서 주로 기인한 정부재정 적자의 시정이라는 국민적 요구에 부응하면서도 신공공관리를 수정하여 일본의 여건에 맞게 적용한 결과가 독립행정법인이다. 1999년 통칙법이 제정되고 2001년에 최초로 57개의 독립행정법인이 지정된 이후 2008년 말 현재 100개로 증가한 것이 일본에서의 독립행정법인에 대한 인식을 보여 주고 있다. 독립행정법인의 설립 실태를 보면 문부과학성 소관이 25개로 가장 많고, 국토교통성(20개), 후생노동성(14개), 농림수산성(13개), 경제산업성(11개)의 순이다.

독립행정법인은 행정기관과 비교해 다음과 같은 특징을 갖는다.

첫째, 사전통제를 중요시하는 관청 회계에서는 탄력적인 재정 운영이 어렵다. 독립행정법인은 국가가 교부하는 운영비교부금이 사용 용도가 특정되어 있지 않은 포괄보조금 형태로 주어지므로 재무회계를 탄력적으로 운영할 수 있다.

둘째, 행정기관의 조직, 정원, 인사에 대해서는 법령 등의 통제 하에 운영되므로 상황 변화에 신속하고 탄력적으로 대처하는 것이 곤란하다. 독립행정법인의 경우 법령에서 정한 기본 틀 안에서 내부적으로 정할 수 있다.

셋째, 행정기관에는 사실상 실효성 있는 성과관리가 이루어지지 않고 있다. 이에 대해 독립행정법인은 주무대신이 정한 중기 목표를 달성하기 위해 중기계획 및 연도계획을 작성하며 법인의 업무 실적에 대해서는 각 부성의 독립행정법인 평가위원회가 평가를 한다. 총무성에 설치한 정책평가·독립행정법인평가위원회는 각 부성 평가위원회가 통지한 독립행정법인 업무 실적의 평가 결과에 대한 평가를 하고, 필요한 경우 이에 관해 의견을 진술한다.

넷째, 독립행정법인의 임직원의 신분은 원칙적으로 국가공무원이지만 제도의 특성을 고려해서 공무원의 신분을 부여하지 않는 경우도 있다. 직원의 노동쟁의권 행사 등으로 당해 업무가 원활히 수행되지 못해 사회경제의 안정에 직접적이고 현저한 지장을 초래할 수 있는 경우 공무원 신분을 부여하지 않는다. 임직원이 공무원 신분을 인정받는 기관을 특정독립행정법인이라 한다.

3) 조직 및 인사관리

독립행정법인은 주로 중앙정부 부처에 속해 있던 외청이나 연구소 등을 준정부기관화한 것이다. 따라서 대부분 200~300명 단위의 규모이고, 조직 체계도 이사장과 이사회 하에 기획조정실, 총무부 등의 2~3개 부와 그 아래 5~6개 과를 갖는 조직으로 이루어진다.

임원은 주무부처 장관의 지명에 의해 임명된다. 기관장은 법인을 대표해서 업무를 총괄하고, 감사는 법인의 업무에 대한 감사를 이행하며 감사 결과에 근거해서 기관장에 대한 의견을 주무 장관에게 건의할 수 있다. 기관장과 감사를 제외한 이사는 기관장이 임명한다. 기관장을 포함한 임원은 5년 단위의 계약으로 충원된다.

직원에 대한 임명권은 기관장이 갖고 있다. 특정독립행정법인은 상근직원의 수를 주무 장관에게 보고해야 하며, 정부는 특정독립행정법인 전체의 상근직원 수를 매년 국회에 보고해야 한다.

4) 재무관리

정부는 업무의 원활한 수행을 위해 필요 시 독립행정법인에 대해 금전 또는 토지·건물 등의 현물을 출자할 수 있다.

독립행정법인은 매 사업 연도의 대차대조표, 손익계산서, 이익의 처분 혹은 손실의 처리에 관한 서류 등을 작성해 사업 연도 종료 후 3월 이내에 주무 장관에게 제출해서 승인을 받아야 한다. 주무 장관은 재무제표의 승인 시 먼저 독립행정법인평가위원회의 권고를 들어야 한다.

5) 감독 및 성과관리

독립행정법인은 주무 장관이 제시한 중기 목표를 달성하기 위한 중기계획을 작성한다. 그 중기계획에 따라 연간계획이 작성되며 매년 그 연간계획의 성과를 주무 장관에 보고하는 업무성과보고서를 작성한다.

각 사업 연도 업무 실적에 대한 평가는 평가위원회를 통해 매년 행해져야 한다. 평가는 해당 사업 연도와 관련한 중기계획의 실시 상황을 조사해서 분석을 하고, 이러한 조사 및 분석의 결과를 고려해 해당 사업 연도의 업무 실적을 전체 중기계획에 반영해 종합적인 평가를 실시한다. 평가위원회는 평가 결과가 나오면 해당 독립행정법인과 총무성의 정책평가·독립행정법인평가위원회에 통보해야 한다. 평가 결과를 통보할 때 업무 운영의 개선 등의 권고를 할 수 있다. 해당 기관은 그 평가 결과에 근거해 사업을 재검토한다.

4 한국의 준정부기관

1) 연혁

한국에서는 통상적으로 준정부기관을 통칭하는 용어로서 정부산하기관, 정부산하단체, 준정부기관, 특수법인 등의 용어가 혼용되어 왔다. 이것은 실무적 필요성을 제외하고는 준정부기관에 관한 연구가 미흡했던 것에서 일부 기인했으나, 주로는 준정부기관의 근거가 되는 법령의 다양성에서 기인한 현상이었다.

준정부기관에 대한 체계적 관리는 1998년 출연·위탁기관 경영혁신계획과 1999년 정부보조기관 경영혁신계획에 의거해 시작되었다. 그러나 법률적 근거가 약한 상태에서 경영혁신 점검의 신뢰성을 확보하는 데에는 어려움이 있어 정부산하기관의 책임경영 체제와 성과관리 체제를 확립하기 위해 2003년 정부산하기관관리기본법이 제정되어 2004년부터 시행되었다. 그러나 정부산하기관관리기본법에 의한 제도도 정부산하기관의 범위와 관리 방식이 불분명하고, 주무부처와 산하기관 간의 유착 현상이 잔존해 있어 곧바로 제도의 개선이 논의되었다. 특히 소유권 기능을 주무부처로부터 분리해 당시 기획예산처에 둠으로써 주무부처와 준정부기관 간의 유착 관계를 통제하는 데에 초점이 맞추어졌다.

이에 따라 기존의 정부투자기관, 정부산하기관 외에 감독의 사각지대에 있던 중소 준정부기관을 추가해 그동안 문제로 지적되어 온 준정부기관의 방만경영과 도덕적 해이를 제도적으로 차단하기 위해 2006년 12월 「공공기관의 운영에 관한 법률」이 제정되었다. 이로써 공공기관의 체계적인 유형 분류(시장형 공기업, 준시장형 공기업, 기금관리형 준정부기관, 위탁집행형 준정부기관), 외부 감독평가 시스템 개선(공공기관운영위원회 설치), 내부 견제 균형장치 보강(비상임이사 및 감사의 내부 감독 기능 강화), 공정한 임원 인사 시스템 구축(모든 임원 임명 시 추천위원회 추천 의무화) 등이 가능해지게 되었다.

이 법이 2007년 4월에 시행됨으로써 정부투자기관관리기본법과 정부산하기관관리기본법은 폐지되었다.

2) 유형

기획재정부는 실무적 필요성에 의해 준정부기관을 크게 기금관리형, 위탁집행형, 강소형 기관 유형으로 나누고 있다. 2014년 1월 말 현재 87개 준정부기관의 유형별 현황은 <표 3-4>와 같다.

표 3-4 한국 준정부기관의 유형별 현황

유형	유형 구분 기준	기관명
기금관리형	국가재정법에 따라 기금을 관리하거나 기금의 관리를 위탁받은 기관 중에서 기금관리형 준정부기관으로 지정된 기관	공무원연금공단, 국민연금공단, 국민체육진흥공단, 근로복지공단, 기술보증기금, 사립학교교직원연금공단, 신용보증기금, 예금보험공사, 중소기업진흥공단, 한국무역보험공사, 한국원자력환경공단, 한국자산관리공사, 한국주택금융공사
위탁집행형	기금관리형 준정부기관이 아닌 기관 중에서 위탁집행형 준정부기관으로 지정된 기관	건강보험심사평가원, 교통안전공단, 국립공원관리공단, 국민건강보험공단, 대한무역투자진흥공사, 대한지적공사, 도로교통공단, 우체국물류지원단, 한국가스안전공사, 한국거래소, 한국농수산식품유통공사, 한국농어촌공사, 한국보훈복지의료공단, 한국산업안전보건공단, 한국산업인력공단, 한국장애인고용공단, 한국전기안전공사, 한국철도시설공단, 한국환경공단
강소형	위탁집행형 준정부기관 중에서 정원이 500인 미만인 기관과 기금관리형 준정부기관으로 지정된 기관 중에서 자산 규모가 1조 원 미만이고 정원이 500인 미만인 기관	55개 기관

자료: 기획재정부(2014).

보론 1 정부 개입의 일반적 근거로서 시장실패

정부가 민간부문의 행위에 개입하는 것은 시장에서의 왜곡으로 인해 사회후생이 감소하는 것을 최소화하기 위해서이다. 자원 배분의 효율성이라는 이상적 상태는 시장에서의 완전경쟁을 전제로 한 것이다. 상품과 서비스의 자유로운 거래가 허용되는 완전경쟁시장에서는 시장 메커니즘에 의해 자원이 가장 효율적으로 배분된다. 그러나 현실적으로 외부성, 자연독점, 일반독점, 정보의 비대칭성 등의 요인으로 인해 완전경쟁이 달성되지 못하는데 이를 시장실패(market failure)라 한다.

1 외부성

정상적인 경제활동에서는 시장 거래에 참가하는 주체가 자신이 다른 사람에게 혜택이나 손실을 주는 행위를 했을 때에는 그에 대한 대가를 받거나 반대로 지불해야 한다. 이와 같이 경제 주체들의 경제활동에 따른 편익이나 비용이 제3의 경제 주체에도 파급되지만 그것이 시장의 가격기구에 포착되지 않을 때 외부성(externality)이 존재한다고 한다. 다시 말해 외부성은 생산자 또는 소비자가 자신의 의사와는 관계없이 다른 사람의 생산이나 소비활동에 의해 유리하게 또는 불리하게 영향을 받는 것을 말한다. 외부성 문제는 시장실패의 대표적인 예로서 정부 개입이 가장 필요한 경우라 할 수 있다.

외부성에는 사회적으로 또는 다른 경제 주체에 득을 주면서도 보상을 받지 못하는 '이로운 외부 효과(positive externality)'인 외부경제(external economy)와, 반대로 제3자에게 손실을 입히면서도 보상을 지급하지 않는 '해로운 외부 효과(negative externality)'인 외부불경제(external diseconomy)가 있다. 전자의 예로는 정부가 제공하는 공공서비스와 연구개발(R&D) 및 인적 자원에 대한 투자가 대표적이며, 후자의 예로는 환경오염과 교통 혼잡이 대표적이다. 외부성이 문제가 되는 것은 제3자에 대해 피해를 끼친 경우에 대가를 지불하지 않으며, 이익을 주는 경우에도 보상을 받지 못한다는 데 있다. 외부성은 시장기구를 통하지 않고 발생하기 때문에, 불가피하게 사적 편익과 사회적 편익 또는 사적 비용과 사회적 비용 간에 괴리가 생기게 된다.

표 3-5 외부성의 유형과 특성

유형 특성	외부경제	외부불경제
편익 또는 비용의 평가	사회적 편익〈 사적 편익의 합	사회적 비용〈 사적 비용의 합
사례	국방, R&D 투자	환경오염

외부경제가 극명하게 나타나는 경우가 국방이나 치안과 같은 공공재(public goods)라 할 수 있다. 외부경제가 있을 경우 무임승차자의 문제(free rider's problem)가 발생한다. 예컨대 다른 경제 주체가 국방이나 치안과 같은 공공재를 구입한 경우에 이에 편승해 무료로 공공재를 소비하게 되는 것이다. 또한 어떤 기업의 R&D 부문에 대한 투자 효과가 다른 기업들에게 파급된다면 굳이 기업들은 R&D 투자를 하려 들지 않을 것이다. 이와 같은 경우에 정부 개입이 없다면 사회적 편익이 사적 편익의 합보다 과소 평가되어 사회적으로 필요한 것보다 과소 생산될 것이다. 만일 대부분의 경제 주체가 이러한 행동을 한다면 결국 외부경제를 주는 상품이나 서비스의 공급은 사회적으로 필요한 것보다 극히 부족한 양만 공급될 것이다.

한편 외부불경제가 있을 경우 정부 개입이 없다면 경제 주체는 사회적 해악을 무시하고 가격을 결정하므로 사회적 비용이 사적 비용의 합보다 과소 평가되어 사회적으로 적정한 양보다 과대 생산된다. 예컨대 환경오염업체가 생산하는 상품은 제조원가에 환경오염물질 제거비용이 포함되어 있지 않으므로 오염비용이 가격에 포함될 경우보다 낮은 가격에서 더 많은 수요가 이루어져 상품 생산이 과대하게 늘어나므로 자원 배분의 효율화가 이루어지지 않는 것이다.

이와 같이 외부성에 의해 시장실패가 존재할 경우 정부가 규제 조치 등을 통해 편익과 비용을 내부화할 필요가 있다. 내부화(internalization)란 가격 체계 밖에 존재하는 편익이나 비용이 가격 체계 내에서 보상을 받거나 지불되는 것을 말한다. 사회적 편익과 사적 편익의 합이나 사회적 비용과 사적 비용의 합 간의 격차를 줄임으로써 자원의 효율적 배분에 접근할 수 있다는 것이 정부 개입의 중요한 근거가 된다.

따라서 외부경제로 인해 자원의 과소 배분이 이루어지는 경우에 외부경제를 제공하는 자에게 그의 활동에 대해 보상을 해주거나 비용을 보전해 주어야 한다. 그리고 외부불경제로 인해 자원의 과다 배분이 나타나는 경우에는 환경오염비용이 생산비용에 정확히 포함되도록 하거나 외부불경제를 야기하는 자에게 사회적 비용을 부담시켜야 한다. 산업정책이 외부경제를 창출하는 상품과 서비스의 공급에 중점을 두는 정책인데 비해, 규제정책은 주로 외부불경제의 예방 및 제거에 중점을 두는 정책이라 할 수 있다.

2 자연독점

자연독점(natural monopoly)은 모든 생산 수준에서 1개 기업이 독점 생산하는 것이 2개 이상의 기업이 분할 생산하는 경우보다 생산비가 적게 소요될 때 발생한다. 자연독점 하에 있는 산업의 경우 다수 기업이 각각 따로 생산하는 것보다 단일기업이 독점적으로 생산할 때 더 낮은 평균 비용으로 생산할 수 있으며, 사회 전체의 관점에서도 좀 더 효율적이 된다. 즉, 생산을 하면 할수록 평균 생산비가 낮아지는 규모의 경제(economies of scale)[5]가 존재할 때에는 생산적 효율성(productive efficiency)[6]이 크게 개선됨으로써 가장 규모가 큰 기업이 가장 낮은 비용으로 생산을 할 수 있다.

자연독점의 경우에는 시장 경쟁의 결과가 항상 시장 지배적이다. 그런데 어떤 산업이 자연독점화된다면 생산적 효율성은 보장할 수 있으나 독점기업은 스스로 가격을 설정할 능력이 있어 독점 이익의 극대화를 추구할 가능성이 크므로 배분적 효율성(allocative efficiency)[7]이 시장 기능에 의해 성취될 수 없다. 즉, 자연독점에 따른 상품이나 서비스의 가격은 완전경쟁 하에서의 가격에 비해 높아지는 반면, 생산량은 완전경쟁 하에서의 생산량보다 작아져 사회적 비용이 증가하게 된다. 이와 같이 자연독점의 문제점은 배분적 효율성과 생산적 효율성 간에 상충이 일어난다는 점이다. 이 경우 사회적 후생손실(dead-weight loss)이 발생하므로 정부가 독점기업의 가격과 생산량을 규제해야 한다.

또한 거액의 고정 투자가 수반되는 자연독점적 산업을 그대로 시장 기능에 맡겨둘 경우 경쟁 과정에서 중복 투자가 일어날 가능성이 매우 크다. 그런데 이러한 중복 투자는 사회 전체적 차원에서 볼 때 자원의 낭비이므로 규모의 경제가

5) 규모의 경제란 공익산업에서 공급시설의 구축에 소요되는 막대한 고정자본으로 인해 생산량이 늘어남에 따라 단위당 생산비용이 줄어드는 현상을 말한다.

6) 생산적 효율성은 가장 저렴한 비용으로 투입물을 결합해 상품과 서비스를 생산했는가에 관한 것이다. 생산적 효율성은 최소의 비용으로 최대의 생산물을 생산할 때 달성되는데, 규모의 경제나 거래비용과 같은 기술적인 의미뿐만 아니라 기술 진보나 경영 개선과 같은 질적인 의미도 포함한다. 규모의 경제가 존재하는 자연독점산업은 소규모 기업들에 의한 경쟁 체제에 비해 생산적 효율성이 압도적이다.

7) 배분적 효율성은 상품과 생산 요소 등의 경제적 자원이 가격기구를 통해 가장 높은 가치를 부여하는 구매자에게 배분되었는가에 관한 것이다. 시장경제는 가격기구에 의해 그 사회의 경제적 자원 및 생산된 상품과 서비스를 적절히 배분한다. 시장이 완전경쟁적이라면 시장가격이 상품과 서비스를 교환하는 데 필요한 비용과 여기서 생기는 편익을 충분히 반영해 배분적 효율성이 달성된다.

소진되는 한도 내에서 정부가 하나의 자연독점 업체를 제외한 다른 기업의 진입을 규제하거나 기존 기업의 시설 확장을 규제함으로써 과잉 투자를 방지해야 한다.

3 일반독점

독점으로 인한 정부규제가 필요한 또 다른 상황은 독점적 사업자의 인위적 행위로 인해 시장 경쟁이 불가능한 경우이다. 완전경쟁시장에서는 공급자나 수요자 모두 가격을 주어진 것으로 보고 그것에 반응하는 가격 수용자이다. 그런데 시장에는 공급량을 변동시킴으로써 가격을 설정하는 기업이 있다. 수요가 비탄력적인 상품을 생산하는 기업이나 생활에 절대 필요한 서비스를 공급하는 기업이 여기에 해당한다. 이를 독점적 사업자라 한다. 기업들은 일방적으로 또는 공동으로 독점력을 행사할 수 있다.

일반독점(monopoly)은 공급자와 수요자의 관계가 상호 경직적이어서 실제 시장 경쟁이 제한되는 경우로서, 독점기업은 독점적 가격이나 차별가격을 부과하는 한편 생산량을 줄여 초과 이윤을 획득할 수 있으므로 배분적 효율성을 저해한다. 또한 독점기업은 경쟁 부재로 인해 흔히 경영이 방만해지거나 스스로 비용 자체를 높여 생산적 효율성을 떨어뜨린다. 예컨대 독점기업의 경영자와 종업원은 주주의 이윤극대화를 위해 노력하기보다는 비용을 부풀리려는 강한 유인을 갖게 되며 고비용의 형태로 이윤의 일부를 은폐할 수 있다. 그리고 독점 이윤을 지속하기 위해 경쟁을 의도적으로 제한하는 진입 장벽 구축에 적지 않은 자원을 낭비함으로써 그만큼의 사회후생의 감소를 초래하기도 한다. 따라서 일반독점은 자원 배분의 효율성 제고와 공공의 이익 보호라는 차원에서 독점규제정책의 전형적인 대상이 된다.

4 정보의 비대칭성

시장에서 완전경쟁이 제대로 작동하기 위해서는 생산자와 소비자 모두 시장에 대해 완전한 정보를 가지고 있어야 한다. 그러나 정보를 획득하기 위해서는 비용이 들기 때문에 이것은 현실적으로 불가능하며 정보란 항상 불완전할 수밖에 없다. 또한 거래하는 경제 주체 모두에 정보가 동일하게 분포되는 경우도 거의 없다. 정보의 비대칭성(asymmetry of information)이란 이와 같이 비싼 정보비용 때문에 사업자와 소비자 간에 또한 사용자와 근로자 간에 양과 질적인 면에서 정보의 불균형성이 존재하는 경우를 말한다. 다시 말해, 사업자나 사용자가 갖고 있는 정보의 전부 또는 일부를 소비자나 근로자가 갖지 못하는 경우에 정보의 비대칭 문제가 존재한다고 할 수 있다.

비대칭적 정보 상황은 정보를 갖지 못한 측에서 상대방이 어떤 유형을 가지고 있는지, 또는 어떤 행동을 하고 있는지를 정확하게 파악할 수 없다는 데에 문제의 본질이 있다. 경제 주체가 비대칭적 정보에 기초하여 행동하는 결과 발생할 수 있는 파행적 현상으로서 역선택과 도덕적 해이가 있다. 이들 현상은 직접적으로 시장실패를 야기한다.

역선택(adverse selection)은 정보의 비대칭성이 존재하는 경우에 오히려 가격이 비싸거나 품질이 낮은 상품이 선택되는 현상을 말한다. 거래 당사자 중 주로 사업자 또는 사용자만이 정보를 가지고 있기 때문에 발생하는 현상으로서, 결과적으로 정상 이상의 이득을 챙기거나 타인에게 정상 이상의 비용을 전가하는 행위를 가리킨다.

도덕적 해이(moral hazard)란 정보의 비대칭성이 존재하는 상황에서 주인이 대리인의 행동을 효과적으로 통제할 수 없을 때 대리인이 과업 수행에 필요한 주의와 노력을 소홀히 하거나 자신의 효용을 극대화하는 현상을 말한다. 예컨대 보험을 든 사람이 보험을 들고 나서 사고에 대비한 주의를 덜 하는 것, 의사가 건강보험금을 많이 타내기 위해 과잉 진료를 하는 것, 근로자가 사용자의 감시가 소홀할 때 일을 열심히 하지 않는 것 등이 여기에 해당한다.

비대칭정보는 귀중한 자원이 효율적으로 사용되지 못하도록 한다. 정보의 비대칭성으로 인한 시장실패는 소비자나 근로자를 위한 정부 개입의 근거가 되며, 기타 많은 사회적 규제가 여기에서 기인한다. 이와 같은 정보의 비대칭성으로 인한 시장실패를 줄이기 위해 정부는 각종 상품의 가격이나 품질 등에 관한 제반 정보가 소비자 및 근로자에게 충분히 공급되도록 규제하게 된다. 수출품 검사 등의 규제도 정보의 비대칭성을 줄이기 위한 규제에 해당한다고 할 수 있다.

보론 2 신공공관리의 이론과 적용

1 신공공관리의 이론적 배경

신공공관리의 주요 이론적 틀은 관리주의와 공공선택론과 신제도주의 경제학이다. 관리주의는 신테일러리즘(Neo-Taylorism)의 전통적인 효율성과 행정통제에의 관심을 유지함으로써 성과관리를 강화한다. 공공선택론은 상이한 동기 유발 유인구조의 결과라고 할 수 있는 상이한 제도적 상황 하에서 행위자들이 어떻게 행동하는가를 설명한다. 신제도주의 경제학은 경제학자들이 종종 무시하는 일련의 구조적 변수를 중시해 기업조직이나 형태는 결국 기업의 거래비용을 최소화하는 방향으로 작용해 효율성을 제고한다고 본다.

1) 관리주의

대부분의 신고전주의 경제학자들은 기업 성과의 요소로서 관리와 의사결정에 별 관심을 두지 않았으나 일부 경제학자는 관리에 대한 관심을 증가시켜 왔다. 이 학자들의 사고 방식은 주어진 시장 맥락 속에서 특정의 관리자가 기업의 내부 인센티브나 성과에 영향을 미칠 수 있다는 것, 즉 동일한 경쟁 상황 속에서 관리가 다른 기업보다 우월한 성과를 유발할 수 있다는 것이다. 이 가능성은 위험, 불확실성, 정보의 비대칭성, 고용계약의 불완전성, 기업 내의 이익 갈등 등 복잡한 조직의 속성에서 기인한다.

관리주의(managerialism)는 효율적 관리 개념을 공공부문에 적용한 것이다. 신공공관리의 핵심은 일반적이고 도구적 활동인 관리가 공·사 조직에 공통적으로 적용될 수 있다는 가정 하에서, 사회경제적인 많은 문제를 관리의 개선으로써 치유할 수 있다는 믿음이다. 다만 민간관리가 재산권을 행사하는 기업 소유자의 선호에 의해 지배된다면, 공공관리는 국가의 강제력을 합법적으로 행사하는 권위적 정책결정자의 선호와 법령·예산·행정지침·감시활동 등에서 나타나는 선호에 의해 지배되는 점이 다르다.

이에 따라 신공공관리의 관리구조의 기본 개념은 성과관리로 요약된다. 성과

관리는 우선 관리자에게 관리에 관한 권한을 위임하고(letting managers manage), 다음에 관리권 위임에 대한 책임성의 확보 장치로서 계약과 평가를 도입하는 것(making managers manage)이라 할 수 있다.

2) 공공선택론

신공공관리에 가장 큰 영향을 미친 이론은 공공선택론이다. 공공선택론(theory of public choice)은 비시장적 의사결정에 관한 경제학적 연구를 말한다. 즉, 공공부문과 민간부문의 구별 없이 모든 개인은 자기 이익을 극대화하려는 경향이 있기 때문에, 공공부문에서도 정치가・관료・투표자 모두 동일한 경세 논리에 의해 행위를 한다고 본다.

이에 따라 공공선택론은 미시적 측면에서 정부조직의 내부적 역동 과정에 초점을 둔다. 전통적인 관료제모형이나 관청형성모형은 조직의 집단적 이익을 극대화하는 합리주의적 선택의 결과로서 행위를 설명한다. 이에 대해 공공선택론은 공공부문에서 나타나는 행위를 미시적 차원에서 구성원 개인의 합리적 선택으로 설명한다.

공공선택론은 개인적 특권과 권력을 극대화하려는 정치인과 관료의 지대추구 행위를 최대한 방지할 수 있도록 정부개혁이 이루어져야 한다고 본다. 이 이론에 따르면 비효율적인 관료제를 개혁할 수 있는 유력한 수단은 퇴출 메커니즘(exit mechanism)인데, 이 메커니즘은 공무원들에게 시장과 유사한 압력을 행사한다. 이 퇴출 메커니즘이 작동하기 위해서는 관료적 경향에서 나타날 정치화를 제약해야 한다. 이에 따라 신공공관리는 탈관료화와 탈정치화의 이미지를 갖게 되었다.

3) 신제도주의 경제학

시장에서 완전경쟁이 이루어지고 정보가 자유롭게 유통되면 가격 메커니즘이 시장 주체의 행동을 조정하는 전반적 기준을 제공한다. 이렇게 될 경우 정보 탐색과 협상을 위한 거래비용이 발생하지 않는다. 그러나 현실적으로 개인과 환경의 제한된 합리성, 불확실성, 기회주의, 정보밀집성 때문에 시장실패가 일어나므로 이를 최소화할 수 있는 안전 장치가 필요해진다. 이러한 안전 장치를 확립하는 데 드는 비용이 거래비용이다.

신제도주의 경제학(neo-institutional economics)은 주로 대리이론을 기반으로 발전된 거래비용이론을 지칭한다. 거래비용이론(transaction cost theory)은 기업조직들이 일정한 구조를 갖는 이유를 상품이나 서비스를 구입하는 데 드는 거래비용을 최소화하려는 것에서 찾는 이론이다. 다시 말해, 거래비용이 조직적 조정비용보다 크면 거래비용을 최소화하기 위해 거래의 내부화, 즉 통합이 효과적이라는 것이 거래비용이론의 핵심이다. 거래비용은 통제비용, 거래 관계 유지비용, 정보비용 등과 같이 경제적 거래와 관련된 모든 비용을 말한다.

조직의 효율성을 기하다 보면 거래비용의 최소화를 가능하게 해 주는 거대한 조직구조의 출현이 불가피해진다. 시장실패의 관점에서 볼 때 시장에 비해 조직이 더욱 효율적인 것은 ① 조직이 적응적 · 연속적 의사결정을 용이하게 함으로써 인간의 제한된 합리성을 완화시키고, ② 구성원들의 기대를 어느 정도 수렴하므로 불확실성을 감소시키며, ③ 소수 교환 관계에서 나타나는 기회주의를 희석시키고, ④ 정보밀집성을 쉽게 극복할 수 있기 때문이다.

이와 같이 거래비용이론은 거래의 비용을 줄이고 거래의 능률성을 증진시킬 수 있는 방안을 처방하는 데 초점을 두기 때문에 경영관리나 계약 분야에서 관심을 끌었다. 나아가 거래비용이론은 공공부문에서도 마찬가지로 거래비용을 최소화할 수 있는 정부구조의 개혁을 주장한다. 예컨대 공공관리자들은 다른 조직과 합병하든지 감독하는 사람을 고용해 거래비용을 줄일 수 있다. 그러나 공공부문의 관리는 정치적 기준, 책임성, 공익성 동기가 더 중요하므로 거래비용이론의 적용에 문제가 있다는 비판도 적지 않다.

2 신공공관리의 성립 배경과 한국의 적용 여건

서구 자본주의국가의 보수주의 정권에 의해 시작된 신공공관리는 그 후 전세계적으로 보편적인 추세가 되었다. 신공공관리 개념의 성립은 ① 신자유주의의 정착, ② 경제 위기의 경험, ③ 관료기구의 비대화에서 그 배경을 찾을 수 있다. 신공공관리라는 개혁 기조가 한국에서도 적실성을 갖기 위해서는 한국의 제반 여건이 이러한 성립 맥락과 부합해야 한다.

1) 신자유주의의 정착

1980년대 서구의 자본주의 국가에서 공공관리가 등장한 데에는 1970년대 말부터 밀어닥친 신자유주의 조류가 가장 크게 작용했음은 더 말할 나위가 없다. 신자유주의는 자발적 시장질서를 통해 누리는 개인들의 경제적 자유가 정치적·사회적 자유의 진정한 기반을 구축한다는 신념이다. 시장 기능의 정상화를 추구하는 신자유주의는 자생적 질서 체계를 중시함으로써 정부는 소유권·계약권 등 기본 규칙의 준수만을 감시하며 시장에 대해서는 개입을 줄일수록 좋다는 논리를 실천전략으로 제시했다. 이에 따라 복지국가의 확대, 공익사업의 국유화, 경제적 규제의 강화는 각각 복지국가의 감축, 공기업의 민영화, 경제적 규제의 완화로 전환되었다.

한국 사회가 신자유주의적 체제를 구축하고 있는지에 대해서는 논란이 있었다. 종래에는 한국은 아직 이러한 여건이 충분히 성숙되지 않았다는 인식이 지배적이었다. 그러나 이 상황은 IMF 위기 극복을 계기로 달라졌다고 보아야 한다. 한국에서 작은 정부론이 영·미의 경우와 유사하게 신자유주의적 성격을 본격적으로 띠게 된 것은 1997년 금융 위기 발생 이후이다. 김대중 정부는 금융 위기의 극복을 위해 신자유주의를 본격적으로 도입했고, 작은 정부 등 이를 실행하기 위한 정부개혁도 주로 경제적·재정적 관점에서 추진했다.

신자유주의의 등장은 서구 복지국가의 해체를 배경으로 했지만 그것이 제3세계를 포함해 세계적으로 확산된 데에는 종래의 국가개입주의적 경제정책의 수정이 크게 작용했다. 한국 정부는 지난 수십 년간 한국의 중상주의적 산업화를 이끌어 온 발전국가를 해체하고 영·미의 경험을 수용해 시장의 자율성과 효율성을 제고하기 위한 개혁, 즉 신자유주의적 개혁을 꾸준히 추진하고 있다.

2) 경제 위기의 경험

영국, 뉴질랜드 등 신공공관리를 주도하고 있는 국가들은 거의 예외 없이 1970년대 후반부터 경제성장률 둔화, 경상수지 적자의 확대, 재정적자 증대 등 심각한 경제 위기를 겪었다. 특히 서구의 복지국가들이 직면했던 재정의 구조적 위기는 신공공관리가 채택된 중요한 배경이다. 이 때부터 세계적으로 많은 국가가 경제 및 재정 위기 상태에서 벗어나기 위해 노력하기 시작했다. 행정과 공공서비스에 대한 국민의 요구가 계속 증대함에 따라 한정된 자원으로 서비스의 질을 지속적으로 제고하기 위해서는 서비스 공급의 효율성을 높이는 길밖에 없었으며, 그 방안으로서 민간기업의 관리 방식에 관심을 갖게 되었다.

한국은 복지국가 단계를 거치면서 재정적자가 누적되는 유럽 선진국의 경험을 거치지 않았다. 이 때문에 국가 발전 단계에 비추어볼 때 한국 사회의 사회경제적 조건은 서구 사회에서 신공공관리가 등장했던 1980년대와 질적·양적으로 다르다는 것이 종전의 일반적 견해였다. 그러나 1990년대에 들어 이미 경기 침체와 저생산성이 심화되기 시작했으며, 특히 1997년 한국이 금융 위기에 봉착한 이후 이 문제에 관한 시각은 크게 달라졌다고 할 수 있다.

3) 관료기구의 비대화

1970년대까지의 큰 정부에 의한 국정 운영은 당연히 관료기구의 비대화를 초래했다. 이것은 나아가 과다한 정부 개입에 따른 민간 기능의 상대적 위축과 국가 경영의 한계 노정 등 정부실패라는 구조적 문제를 발생시켰다. 성장 패러다임에 부응해 확대지향성을 추구해 온 각국 정부는 유연성 측면에서 큰 문제점을 보였다. 이에 따라 관료기구의 규모 자체가 지양해야 할 과제로 되었고 작은 정부의 논리가 새로운 인식으로서 확산되었다. 여기에다 경제 위기에 처한 각국 정부는 민간부문의 경쟁력 제고와 관리 개선을 요구하기 위해 스스로 모범을 보일 필요도 있었다.

한국의 경우 복지국가의 재정 위기를 겪지 않았기 때문에 정부조직 감축이나 구조개혁의 필요성이 그리 크지 않았다는 주장이 있다. 그러나 한국은 복지 부문의 성장은 미미했던 반면 중상주의적 발전주의의 결과 산업정책 관련 기구는 상대적으로 크게 팽창했다. 또한 구조 개혁이 불필요하다는 일부 주장이 조직구조의 슬림화나 정보화의 진전으로 인한 감축, 불필요한 업무 폐지 등에서 생길 수 있는 감축까지 부인할 수는 없다.

제2부

공공기관의 지배구조

제 4 장

공공 거버넌스의 형성

제 1 절 공공 거버넌스의 의의

20세기 들어 행정국가화의 진행에 따라 정부-사회 관계가 형성되어 왔다는 것은 잘 알려진 바와 같다. 그러다가 전통적 행정모형의 한계가 드러나면서 1970년대 이후에는 주로 공공서비스 공급의 효율화 노력을 통해, 그리고 1980년대에는 정부개혁을 통해 행정의 한계를 극복하려는 시도가 진행되었다. 급기야 공공부문 전반에 걸쳐 의사결정 구조를 체계화하려는 시도로서 공공 거버넌스 모형이 새롭게 나타났다.

1 행정관리 시스템의 한계

1) 행정모형의 특징

대부분의 나라들은 20세기 동안 정부조직으로서 적은 수의 부처를 설치하고, 부처 내에 동일한 목적에 기여할 수 있는 여러 기능을 집중하는 방식을 채택했다. 각 부처는 종래에 분리된 기관들에 의해 수행되던 업무를 통합했다. 흔히 관료제로 지칭되는 전통적 행정모형은 법규만능주의, 계층제, 문서주의, 비정의성(impersonality), 전문지식과 기술, 직업적 보상 등을 그 특징으로 한다.

정부에서의 기능적 통합은 기업조직에서의 수직적 통합과 비교될 수 있는 것이었다. 기능적 통합이 하나의 규범으로 되자 각국 정부는 새로 요구되는 기능들을 원칙적으로 이미 존재하는 부처에 추가해 수행하도록 했다. 그렇지만 현실적으로는 부처 이외의 공공조직을 갖지 않는 국가는 거의 없었다.

특히 제2차 세계대전을 계기로 확대되기 시작한 공기업의 설립 붐은 대전 이후의 풍요로운 큰 정부 시대에 들어서면서 국방, 경제 성과, 사회보장, 보건, 안전 등과 같은 정책 분야별 수요가 증대함에 따라 최고조에 달했다. 이 시기에 공공관리는 정책이 형성되고 사업이 집행되는 과정의 일부에 불과한 것으로 간주되었다. 그러나 이와 같은 광범위한 정책 영역에서의 공기업 설립 현상은 1970년대 세계적인 경제 위기가 계속되고 관료제에 대한 인식이 부정적으로 바뀜에 따라 하향 추세에 접어들게 되었다. 공기업의 중차대한 역할은 일단 경제 위기 극복과 정상화 과정에서 20세기 중반에 국한되어 한시적으로 나타난 현상이었던 것으로 드러나고 있다.

한편 정부 내에서의 기능적 통합의 당연한 결과로서 정책 결정과 서비스 공급을 포함한 정책 집행을 동일한 조직 내에서 수행했다. 기능적 통합은 집행의 결과가 결정에 환류되어야 하기 때문에 두 기능의 연계가 조직 운영상 유리하다는 것을 전제로 한다. 기능의 원활한 연계를 위해 도입된 계층제적 명령 체계는 관리비용과 조직 갈등을 감소시키고, 조직 상층부에 의한 감독을 원활히 하며, 활동 간의 조정과 통일성을 향상시킨다고 생각되었다.

다만 수직적이고 중앙통제적인 조직은 업무 수행에 선제적이지 못하고, 환경 변화에 대한 적응이 느리며, 그들이 봉사하는 집단의 이익에 적정하게 대응하지 못한다는 본질적 한계에서 벗어나지 못했다. 또한 결정과 집행 기능이 동일한 부처에 속할지라도 양자가 상호 분리될 필요성이 여전히 존재했다. 이에 따라 통합된 부처 내에서 두 기능을 분리하기 위해 몇 가지 방법이 고안되었다. 하나는 고위직급은 정무직으로 임명하고 나머지 직급은 직업공무원으로 임명하는 것이고, 다른 하나는 정치적 영향력으로부터 중립적인 행정절차를 확립하기 위해 인사,

예산, 구매 등에 관한 절차적 규칙을 마련하는 것이었다.

2) 행정모형에 대한 인식의 변화

전통적 행정모형은 어떤 지적 원칙에 기초해서 성립되었다기보다는 다양한 관행을 통해 발전된 것이다. 그럼에도 불구하고 전통모형은 공공부문이 어떻게 조직되어야 하는가에 대한 나름대로의 답을 제공해 주었다. 어느 정도의 정부활동이 수용 가능한지 확인할 수 있게 해 주는 측정지표도 나름대로 확립되었다.

그러나 많은 정치인과 학자들은 전통모형의 장점에 대해 의문을 제기했다. 특히 1980년대 들어 대중들의 마음에 변화가 일어났으며, 이로 인해 좋은 정부와 좋은 행정을 구성하는 것이 무엇인가에 대한 생각이 다양하게 나타났다. 전술한 바와 같이 전통적 행정모형은 단일 개념이 아니라 많은 상이한 개념의 집합체인데 여기서는 전통모형의 한계를 세 가지 측면으로 한정해서 살펴보기로 한다.

계층제: 전통적 행정모형에서 가장 중요한 변화는 공무원사회의 계층제와 규정에 근거하는 권한에 대한 전제가 무너지고 있다는 것이다. 베버(Max Weber)의 순수한 관리모형은 과거와는 달리 현재의 공공조직에 적용하기에는 많은 한계가 있음이 지적되었으며, 그에 따라 조직의 권력과 권위에 대한 많은 대안이 제시되었다. 그 대표적인 예가 시장이 정부조직의 구조와 성과를 비교할 수 있는 기준이 되고 있다는 사실이다.

전통적 관료제 모형에 대한 대안의 하나는 참여적 조직(participatory organization)이다. 이 조직 원리에 의해 정부는 점차 정책 과정, 즉 정책의 형성, 집행 및 평가 과정에 시민과 하위 공무원의 이해를 수용해야 한다는 실질적 압력을 받게 된다. 따라서 참여의 긍·부정적인 측면을 떠나 이제는 참여 가치를 추구하는 정부라면 더 이상 하위 공무원과 시민의 개입과 접근을 거부하기가 어려워졌다.

또한 오늘날의 정부조직은 권위적 수단을 통해 공공사업을 직접 집행하는 대신 정책 결정과 서비스 전달에 대한 사회적 순응을 좀 더 빨리 확보해야 하기 때문에 영향력 있는 이익집단들에 대한 설득과 합의도 중요해졌다. 결국 오늘날의 국정관리는 그 이해의 중점이 정해진 규정의 적용에서 협상과 중재의 과정으로 이동했다고 볼 수 있다.

직업공무원제: 전통적 행정에서 또 하나의 기본 가정은 집합적으로 관리되는 제도화된 공무원집단이 존재해야 한다는 것이다. 그러나 공무원제도 그 자체가 문제시되는 것은 아니라 할지라도 전통적인 관리 방식은 공무원집단의 폐쇄성 등 많은 부문에 걸쳐 의문의 대상이 되었다. 심지어는 민간부문과 구별되는 전문적인 공무원제의 개념 자체가 근본적으로 의문시되기도 한다.

이와 관련해 정부 인력의 상당 부분을 한시적으로 고용함으로써 영구적으로 신분 보장이 되는 공직자가 가질 수 있는 무관심 등의 부정적 요인을 회피할 수 있다. 다만 공익에의 헌신이 결여된 공무원들을 상대해야 하는 경우가 나타나는 등 일반 시민에게 다른 어려움을 주는 경우가 생길 수 있다. 그리고 임시직 공무원에게는 그들의 업무를 적절히 처리하는 데 필요한 훈련과 정보가 결여될 수 있다는 문제가 있다.

획일성: 전통적 행정모형의 또 하나의 특징은 행정 산출이 가능한 한 동일해야 한다는 것이다. 예를 들면 시민과 관련된 공무원의 결정은 유사해야 한다는 강력한 규범이 있다. 객관적으로 동일한 특징을 가진 시민들은 동일한 편익을 받아야 하는 것이다. 이와 같은 베버의 관료제 개념으로부터 "공무원은 모든 시민에게 공평한 결과를 산출하기 위해 몰인격적으로 업무를 수행해야 한다"는 원칙이 적용된다.

그러나 서비스의 획일성을 보장하기 위해 마련된 관료구조의 경직성은 공무원이 자아를 실현할 수 있는 기회뿐만 아니라 시민사회를 위해 창의적이고 인본주의적인 결정을 할 수 있는 기회까지도 앗아간다. 그리고 사회 변화에 대한 대응이 부족해지고 변화에 저항할 뿐만 아니라 목표와 수단의 뒤바뀜 현상이 나타나기도 한다. 만일 경직성의 족쇄가 제거된다면 공무원들은 더 행복한 마음으로 시민을 위해 더 나은 서비스를 제공할지 모른다.

2 공공 거버넌스 개념의 대두

1) 논의의 배경

전통적인 행정모형은 수십 년 동안 지속되어 왔으며 대체로 성공적이었다. 그러나 1980년대와 1990년대를 지나는 동안 행정관리에 대한 새로운 반성이 일어나기 시작했다. 특히 다음의 몇 가지 사건이 기존 모형에 대한 근본적인 재검토와 더불어 행정을 그 기원으로부터 탈피시키려는 시도를 하게 하는 배경이 되었다.

첫째, 심각한 경제 불황에 정부가 적극적으로 대응할 수밖에 없었다. 세계적으로 경제 성장이 저조하고 경제적 불확실성이 증가함에 따라 각국 정부는 더 이상 재정 수요를 충당할 수가 없었다. 또한 행정을 좀 더 효율적으로 운영함으로써 정부 지출을 줄일 수 있다면 모든 수단을 동원해서라도 이를 실현해야만 했다. 이에 따라 조세 감면이나 규제 완화 등 공공부문의 비효율성을 줄이려는 조치들이 환영받게 되었다.

둘째, 신자유주의로 대표되는 정치적 이념에 의해 세금 부과, 공공 지출, 기업에 대한 규제 등이 감축되었다. 정부의 규모에 대한 부정적 생각은 정부의 역할이 단순히 축소되어야 한다는 주장과 함께 보편적인 현상이 되었다. 즉, 정부는 가능한 한 작고 한정된 역할을 담당해야 한다는 작은 정부론이 지배적인 가정이 되었다.

셋째, 정부가 통제해 온 사회가 점점 더 관리하기 어렵게 되고 있다는 점도 기존의 행정모형에 대한 반성을 가져온 또 다른 배경이다. 예컨대 이민의 증가 등으로 각국 내에서 사회적·정치적 이질성이 증가하면서 대부분의 산업화된 사회에서 불평등 현상이 심화되었다. 인종, 성, 참여 등의 탈물질주의적 가치(post-materialist values)는 전통적 행정모형을 포함해 기존의 경제적 갈등 해결을 위한 메커니즘으로는 다루기 어려운 것들이다. 또한 정부가 탈물질주의적 문제의 해결을 시도하자 국정관리 투입의 원천이 되는 이익집단군의 안정성이 약화되어 정책 결정의 안정성도 현저히 낮아졌다.

오늘날 행정환경은 행정 시스템의 부문화, 조직화된 행위자의 출현, 정책 영역의 증가, 국가 권력의 분권화, 국가와 사회 간의 경계 모호 등 복잡화와 다양화를 특징으로 한다. 사회 현상들은 서로 연관되어 있으므로 고립된 작은 부문으로 분리하여 다룰 수 없다. 나아가 신자유주의적 세계화 추세는 각국의 정부가 전통적인 정책 수단을 사용하는 방식에 많은 제약을 가하고 있다. 경제·사회 문제의 해결을 위해 정부가 재정 및 규제 정책을 통해 개입하는 종래의 정책 영역은 점차 축소되고 있다. 이 같은 정책환경의 변화에 따라 정책 운용의 방식도 변화하게 되었다.

2) 공공 거버넌스의 개념화

21세기의 변화하는 환경 속에서 정부가 직접적으로 민간부문에 개입하는 것은 점점 어려워진다. 그렇다고 해서 정부가 민간부문의 경제·사회문제에 전혀 개입하지 말아야 한다는 것은 아니다. 다만 변화하는 여건 하에서 어떻게 더 효과적이고 효율적으로 정책문제를 다루어야 하는가가 과제가 된다. 따라서 정부는 직접적인 개입이 아니더라도 정책문제를 해결할 수 있는 정책 네트워크를 갖추고 있어야 한다.

거버넌스에 관해서는 다양한 차원의 논의가 이루어졌으나,[1] 거시사회적 차원에서 거버넌스를 정의한다면 "한 사회 부문의 집합적 활동을 규율하는 공식적 및 비공식적 절차와 제도"라 할 수 있다. 거버넌스의 구체적 전략은 매우 다양한 형태로 나타날 수 있지만 공공과 민간 소유권의 극단적 형태를 배제한다면 크게 비영리기관과 공공기관으로 대별된다. 정부와 시장 모두 비판을 받고 있고 비영리 부문의 한계가 논의되는 현실에서 새로운 거버넌스는 급변하는 환경 속에서 발생하는 사회문제의 해결 기제로서 정부와 공공기관을 포함한 광의의 공공부문이 행정을 수행하는 모습으로 나타나고 있다.

여기서 정부 범위를 확장해 공공부문을 창출하는 것은 국가를 각각의 이해관계, 권력 기초, 재정적 자원을 가진 개별적으로 독립된 조직들로 분할하는 과정이 된다. 이것은 새로운 공공 거버넌스(public governance)의 구축을 의미한다. 공공 거버넌스는 "공공부문의 지시, 통제, 관리, 정책 형성의 내적 및 외적 실행"이라 할 수 있다. 이와 같이 과거에 중앙정부에 집중되었던 정책 운용과 공공서비스의 공급 체계가 분화되면서 공공부문의 활동이 매우 복잡해졌다. 이에 국가 전체적으로 조정이 이루어지지 않으면 공공부문 내에서의 갈등이 심화되고 정책

---

1) 거버넌스를 국가사회 차원에서 파악할 경우 "자율적이고 상호의존적이며 안정적인 협력관계를 바탕으로 정부, 시장, 시민사회가 조직 간의 네트워크를 활용해 공공의 문제를 해결하는 조정양식"으로 볼 수 있다. 그러나 이 책에서 거버넌스는 사회 부문 또는 기관 차원에서의 지배구조를 의미하는 것으로 그 개념 범위를 한정한다.

의 일관성이 유지되지 못하는 문제점이 발생하게 되었다.

공공 거버넌스 개념은 두 개의 핵심적인 원칙을 가진다. 하나는 운영자원의 사용에 대해 자율성을 부여함으로써 공공기관 스스로에 의한 관리를 허용하는 것이고(letting managers manage), 다른 하나는 그들에게 무엇이 기대되는지를 명료히 하고, 이러한 기대에 대한 성과를 측정함으로써 공공기관을 관리하는 것이다(making managers manage). 성과는 결정과 집행, 정치가와 관리자, 계획과 결과 사이의 연계를 요구한다. 성과는 부처와 공공기관 간의 공유된 관심 사항이므로 무엇이 기대되고 무엇이 성취되었는지에 대한 지속적인 정보의 흐름이 중요하다.

제 2 절 공공 거버넌스와 공공기관

1 공공 거버넌스의 분산화와 책임성

1) 공공 거버넌스의 분산화

행정모형에 대한 인식의 변화에 따라 근래의 정부 개혁을 위한 노력은 정부부처의 분권화와 분산화를 지향하고 관리자에게 많은 자율권을 부여하는 방향으로 나아가고 있다. 그리고 공공서비스 공급에 관해 다양한 유형이 나타남에 따라 준시장 체제가 형성됨으로써 시민들이 정부로부터 무엇을 그리고 어떻게 받을 수 있는지를 명확히 알 수 있게 된다.

정부는 헌법으로부터 부여받은 국가 권력을 통해 공공 업무를 수행하기 위해 다양한 조직을 구축한다. 공공 거버넌스의 주체는 입법부, 행정부, 사법부와 지방자치단체를 중심으로 한 행정기관이 주축이 되지만 반드시 여기에 한정될 필요는 없다. 공공 업무의 성질이나 내용에 따라 별도의 기관을 설치해 업무를 위탁 수행하게 할 수 있다. 수평적 자기 조정을 포함하는 공공 거버넌스 모형은 특유의 지배구조와 공공부문 내 기관 간의 역할 조정으로 인해 모두에게 이익이 되는 결과를 가져올 수 있다. 그리고 가치와 신뢰의 공유에 기초해 빈번한 상호작용으로 인해 문제 해결 능력이 증대한다.

이와 같이 20세기 말 이후 많은 국가에서 최선의 행정 및 관리 관행을 흡수하려는 복합구조가 출현하는 정부 기능의 수평적 분산화가 이루어지고 있다. 공공 거버넌스의 분산화(deconcentration, devolution)란 "광범위한 관할 범위 내에서 협조를 위한 복합적 체계가 형성되는 것"을 의미한다. 공공서비스가 분산화됨에 따라 종래에 중앙정부가 맡았던 기능들이 관련 공공기관으로 분산 이양되는 현상이 나타나는데, 이것은 중앙정부 관리 능력의 비효율성을 극복하기 위한 목적에서 기인한다.

다만, 수평적 공공 거버넌스의 구축이 중요해지고 있음에도 불구하고 아직 많은 나라에서 거대 부처가 중요한 활동을 수행하기 때문에 공공부문에서 통합의 해체는 크게 진전되지 못하고 있다. 또한 많은 국가에서 얼마가 되었건 공공기관을 운영하고 있지만 그 공공기관은 단지 편의의 산물인 경우가 대부분이다. 이들 나라는 전체적인 계획에 의해서가 아니라 특정한 문제를 풀기 위한 단기적인 목적에서 공공기관을 설립했다. 그러나 일부 국가에서는 공공기관이 새롭고 혁신적인 개념에 의해 뿌리내리고 있다. 이 경우 공공기관의 출현은 단순히 새로운 행정구조를 도입하는 것에 그치는 것이 아니라 정부의 운영 방식에 커다란 변화를 초래하게 된다.

2) 공공 거버넌스와 책임성

정부부처와 공공기관 간의 관계에서는 거의 항상 책임성 문제가 제기된다. 책임성은 법적, 행정적, 정치적, 전문적 등 다양한 측면에서 나타난다. 전통적 관료제 모형 하에서 정부는 주로 엄격한 감사 및 통제 기제를 통해 하부기관의 책임성에 관한 쟁점을 다루었다. 이 방식이 도움이 되기는 했으나 책임성 구조의 대부분을 망라할 수는 없었다. 통제와 규칙에 대한 지나친 의존은 오류의 적발에 집중함으로써 하부기관과의 관계를 협력적이기보다는 대립적으로 만들었다. 하급기관은 강압적이고 빈번한 감사에 대응해 소극적이고 위험 회피적으로 적응해 갔다.

이에 비해 새로운 공공 거버넌스 체제 하에서 정부는 공공부문 내에서 정치적 기관과 행정적 기관을 연결시킴과 동시에 분리했다. 우선 정부는 집행기관들이 정치권에 의해 결정된 정책과 규칙을 따르도록 하기 위해 그들을 연계했다. 동시에 집행기관이 정치적 고려 없이 효과적이고 능률적인 방법으로 행동할 수 있도록 하기 위해 집행 문제를 정치적 개입으로부터 분리했다. 결국 공공부문 내에서도 공공기관화를 통해 정책 운용에 경쟁 체제를 활용하고 성과관리 체제를 도입함으로써 효율성을 제고할 수 있게 되었다.

공공 거버넌스 모형은 공공서비스 공급을 설명하는 데 적합한 모형이다. 공공부문은 종래의 관료제 모형과는 대조적으로 공공서비스 공급에 관해 명확히 정의된 책임을 부여받기 때문이다. 정부는 다양한 책임을 수행하도록 되어 있고, 행성기관을 제외한 공공기관은 특정화된 책임을 진다. 정부부처는 그 산하에 각각의 특정한 기능을 수행하는 공공기관을 반독립적으로 거느린다.[2] 정부부처와 공공기관 간의 이와 같은 관계가 공공기관의 수를 증가시킨다. 행정기관의 수를 최소로 유지해야 하는 동시에 정부의 어느 기능도 소홀히 다루어서는 안 되기 때문이다.

20세기 후반 이후의 공공부문의 범위 확대는 정부와 민간 간의 관계에서의 근본적인 변화를 의미한다. 종래 이 관계가 시민의 권리와 의무라는 관점에서 정의되었다면 지금은 공공부문에 대한 고객(customer)으로서의 자격으로 특징지어진다. 이것은 정부를 포함한 공공부문의 성과가 정치적 관계보다는 상업적 관계에 더 적합한 조건과 개념으로 정의되는 것을 의미한다. 시민으로서의 지위는 일정한 발언권을 주지만 고객으로서의 지위는 서비스의 선택과 퇴출의 권한을 준다. 21세기 각국의 공공부문은 대부분 공공서비스를 공급하는 것에 중점을 두기 때문에 이 범위 내에서 주권자는 고객이라 할 수 있다.

공공 거버넌스 구축에 따른 정부 기능의 공공기관 이양의 경우에도 불가피하게 기능 수행 결과에 대한 책임성 문제를 발생시킨다(<표 4-1>). 정책의 목표와 내용에 관한 사항이 공공기관에게 분명하게 주지되지 않는다면 정책실패에 대한 책임을 묻기가 어려워진다. 그리고 성과 지향적 운용은 자칫 시민의 권리 침해를

2) 공공기관을 정부의 부티크(boutique)로 비유할 수 있다. 백화점이 개별적으로 독립한 시장적 특성을 가진 부티크로 구성되어 있는 것과 마찬가지로, 공공부문도 각각 특정한 기능을 수행하는 부티크와 같은 공공기관으로 나뉘어 있다. 부티크가 백화점에서 각각의 이익센터인 것처럼 각각의 공공기관은 공공부문에서 각각의 공공서비스 공급센터이다.

표 4-1 공공부문의 책임성 모형

책임성 유형	재무	형평/질	성과	신뢰	인센티브
관료제	표준화 · 처방 · 기록 유지	규칙 순응	투입 · 기록에 대한 순응	낮음	비용에 추가 가산
거버넌스	성과의 실증	서비스 수준의 동의	산출	높음	결과에 대한 제재와 보상

자료: Goldsmith & Eggers(2004)를 수정 · 발췌했음.

야기할 수 있으며, 효율성의 지나친 강조는 형평성 문제를 초래할 수 있다. 이에 따라 분산화는 이양된 기능과 책임을 어떻게 명확히 규정하고 성과를 측정하는가 하는 과제를 던진다.

2 공공부문의 역할과 공공기관

시장과 정부와의 관계는 자본주의 경제 체제가 등장한 이래 시장실패를 강조하는 정부 개입의 논리와 정부실패를 강조하는 시장 자율의 논리가 상충하면서 다양한 논의의 주제가 되어 왔다. 16세기와 17세기의 중상주의, 18세기와 19세기의 자유방임주의, 20세기 들어 강화된 국가개입주의, 그리고 20세기 말 신자유주의 등 양 주장의 논리는 반전을 거듭해 오고 있다. 이러한 시장과 정부 간의 관계 변화에 따라 공공부문의 성격이 서로 교차되는 방향으로 변화되었다. 그리고 공공기관은 공적 개입의 확대 및 신공공관리의 실행이라는 상이한 역할을 수행하기 위한 수단으로서 자리매김했다.

1) 공적 개입의 확대와 공기업

시장경제는 수요와 공급에 의해 가격이 결정되며 그 가격에 의해 생산, 분배 등 경제적 결정이 이루어지는 틀을 말한다. 가격에 따라 소비자나 생산자 등 경제 주체들이 경제활동을 하고 그 과정에서 가격이 자원 배분의 역할을 수행하는 것을 가격기구(price mechanism)라 한다. 가격기구가 제대로 작동될 경우 명령기구가 개입하지 않아도 소비자와 생산자를 모두 만족시키는 자원 배분을 이룩할 수 있다. 이처럼 눈에 보이지 않는 가격이 자원을 적절히 배분해 주는 손의 역할을 수행하는 결과가 되므로 가격을 '보이지 않는 손'이라 한다.

시장경제와 반대되는 개념이 계획경제이다. 계획경제 체제에서는 국가의 계획과 명령에 의해 경제적 의사결정이 이루어지며, 가격도 시장에서 결정되는 것이 아니라 정부가 임의로 결정한다. 여기서 경제를 움직이는 것은 가격이 아니라 정부이므로 보이지 않는 손과 대비해 '보이는 손'이라 한다.

자본주의 경제는 기본적으로 시장경제이므로 개인·기업·정부 등 경제 주체들의 상호작용에 의한 경제활동을 통해 여러 경제문제가 자연스럽게 해결된다. 특히 시장경제는 상품이나 생산 요소와 같은 자원을 가장 효율적으로 배분할 수 있으며, 계획경제의 경우보다 신축성이 높아 시장환경의 변화에 좀 더 잘 적응한다는 장점이 있다. 그러나 시장경제가 반드시 바람직한 시장 성과를 가져오는 것은 아니다. 인간의 효율적 경제활동을 위해 시장기구가 도입된 이래 여러 문제가 지속적이고 보편적으로 존재해 왔다. 시장의 구조와 시장 내에서의 기업의 행동이 시장이 기대한 성과를 충분히 달성하지 못할 때 이를 시장실패라 한다. 시장실패는 공적 개입의 확대를 정당화해 주는 근거가 된다.

공적 개입은 정부가 규제정책을 통해 시장에 관여하는 경우도 있으나 공공 거버넌스의 관점에서 볼 때 시장실패를 교정하기 위한 가장 유력한 수단은 공기업의 활용이다.[3)]

2) 신공공관리의 실행과 준정부기관

공공부문 운영의 논리는 공익의 추구에서 찾을 수 있다. 그런데 정부도 인간의 조직인 이상 정책문제의 인식, 정책의 결정 및 집행, 관련 조직의 운영, 정책의 평가, 개선 방안의 모색 등 모든 과정에서 한계를 갖게 마련이다. 정부가 공익의 관점에서 효율적이지 않는 한 시장 등 민간부문에서 충분히 해결하지 못하는 문제가 정부 개입에 의해 자동적으로 해소될 수는 없다. 정부 개입으로 인해 사회문제가 해소되기는커녕 오히려 각종 문제를 심화시키는 경우도 발생한다.

이와 같이 공공부문 운영의 폐해가 민간 자율의 폐해를 능가할 때 공공부문이라는 반시장적 개입의 현실적 정당성이 소멸된다. 나아가 공공부문 활동이 용인

3) 공기업의 운영과 그 근거로서의 시장실패에 관해서는 제1부 제2장 및 보론 1에서 살펴보았다.

되었던 가정들이 비현실적임이 판명되고, 민간부문의 한계만으로는 공공부문 개입의 정당성이 보장되지 않는다는 것을 깨닫게 됨에 따라 정부실패를 논하게 되었다.

세계대공황의 극복 이후 세계적으로 지속되었던 정부기구의 확대 및 정부 기능의 강화는 정부실패의 가능성을 더욱 높여 주었다. 여기에는 정부 영역의 확대와 더불어 정부 예산이 팽창하면서 정치인과 관료의 개인적 또는 집단적 이익추구 행위가 강화되었던 경험의 영향이 크게 작용했다. 나아가 공공정책이 특정 이익집단의 이익을 위해 왜곡되어 시행되는 경우도 나타나게 되었다. 정부실패는 신공공관리의 실행을 정당화해 주는 근거가 된다.

신공공관리는 정부기구 내부에서 활용되는 부분도 적지 않으나, 공공 거버넌스의 관점에서 볼 때 정부실패를 교정하기 위한 가장 유력한 수단은 준정부기관의 활용이다.[4]

표 4-2 공공부문의 역할과 공공기관

근거	역할	공공기관
시장실패	공적 개입의 확대	공기업
정부실패	신공공관리의 실행	준정부기관

3 공공기관의 지배구조

1) 기업 지배구조의 개념

자본주의 사회의 회사는 일반적으로 주주총회-이사회-경영진으로 이루어지는 지배구조를 취하고 있다. 즉, 자본 소유와 기업 경영의 인적·기능적 분리 또는 전문화를 회사 지배구조상의 특징으로 한다. 회사의 이윤은 단기적으로는 배당금의 형태로, 장기적으로는 자본 소득의 형태로 소유주의 이익과 직결되어 있으므로 주주들은 기업이 이윤극대화의 목표를 성공적으로 수행하도록 자신들의 소유권을 최대한 행사한다. 그러나 광범위한 주식 소유의 분산으로 인해 현실적으

4) 준정부기관의 운영과 그 근거로서의 정부실패에 관해서는 제1부 제3장 및 보론 2에서 살펴보았다.

로 기업은 주주가 아닌 전문경영인에 의해 지배될 가능성이 높다. 이처럼 소유와 경영이 분리되어 소유주가 명확히 설정되기 어려운 경우 '주인-대리인모형(principal-agent model)'을 통해 기업의 행동과 성과를 분석하게 된다.

기업 지배구조(corporate governance)[5]에 관해서는 다양한 논의가 있으나 대체로 "조직이 이해되고 통제되는 체제 또는 조직 내 의사결정과 통제와 결부된 구조" 또는 "기업의 각 이해관계자들 간의 상호작용 관계를 규정하는 메커니즘"으로 이해된다. 흔히 기업 지배구조는 내부 지배구조와 외부 지배구조로 구분해 설명한다. 내부 지배구조는 주주총회, 이사회, 감사 등 내부조직을 통해 견제 기능이 이루어지는 기업 내부적 시스템을 말하며, 외부 지배구조는 투자자, 채권자 등 시상기구를 통해 감시 기능이 이루어지는 기업 외부적 시스템을 말한다. 따라서 기업 지배구조에 관한 논의에서는 이사회의 구성 및 기능, 관리자・이사회・주주・이해관계자 간의 상호작용(이상 내부 지배구조), 기관의 자율성과 책임성, 감시, 평가(이상 외부 지배구조)에 초점이 맞추어진다.

표 4-3 기업 지배구조의 유형

구분	내용
내부 지배구조	주주총회, 이사회, CEO 등 경영진, 감사 상호간의 견제와 균형
외부 지배구조	투자자, 자본시장, 채권단, 다른 기업 등의 감시와 감독

자료: 유훈 외(2010).

경영조직의 효율성 달성에 대한 접근 방법으로서의 대리인모형은 정부조직에도 적용될 여지가 있다. 다만 기업의 주주총회에 해당하는 것으로 '소유자로서의 정부기관'이 있으며, 투자자나 채권단의 역할을 이론적으로는 국회나 시민단체가 수행할 수 있겠으나 현실적으로는 '감독자로서의 정부기관'이 수행하는 것으로 볼 수 있다. 따라서 대리인모형은 공공부문의 거버넌스적 특성을 파악하기 위해서도 유용하게 사용될 수 있다.

대리인으로서의 정부조직은 다시 여러 단계의 주인-대리인 관계로 이루어진다. 즉, 시민은 선거에 의해 정치인을 선출하고 정치인에 의해 정책기구가 결정

5) 기업 거버넌스로 표현하기도 하지만, 이 책에서는 일반적 용례에 따라 사회 부문과 같은 거시적 차원의 제도와 절차는 거버넌스로, 기관 차원의 구조와 메커니즘은 지배구조로 구별해 표기하기로 한다.

되며, 필요할 경우 행정조직 외에 특정 집행 업무를 담당하는 공공기관이 설립된다. 이와 같이 하여 공공기관을 둘러싸고 최종 지배자로서 시민과 대리인으로서의 정부, 그리고 공공기관의 감독을 담당하는 공무원 및 공공기관의 경영자로써 이루어지는 다단계 계층구조(multiple hierarchy)와 다수의 주인 및 대리인(multiple principals and agents)이라는 구조적으로 복잡한 대리 관계가 형성된다.

다만 공공기관은 시장의 견제와 감시가 없고 주인-대리인 관계가 복잡하므로 효과적인 지배구조를 구축하지 않으면 경영이 비효율적이 되고 도덕적 해이에 빠지기 쉽다. 이와 같은 공공기관 지배구조의 특성은 경영, 통제, 평가가 분리되는 문제를 야기한다. 따라서 경영과 통제, 경영과 평가 사이의 불일치 문제를 해결하는 것이 공공기관 경영 개선에 중요한 정책과제가 되고 있다.

2) 공공기관 지배구조의 특징과 중요성

공공기관은 정부가 간접적으로 운영하는 조직 형태이다. 따라서 공공기관의 특징은 기관의 통제권이 정부에 있다는 데 있다. 그러나 정부는 시민으로부터 공공기관의 운영에 관한 책임과 권한을 위임받은 일종의 대리인에 불과하므로 최종 소유자는 시민이라고 보는 것이 타당하다. 즉, 공공기관의 소유권이 시민 전체에 있다는 점이 공공기관과 민간기관을 구별하는 가장 큰 특징이 되는 것이다.

공공기관 지배구조(corporate governance of public institutions)는 "공공기관의 의사결정, 경영활동 그리고 통제가 이루어지는 구조 및 절차"로 정의할 수 있다. 기업 지배구조의 핵심은 이사회, 기관장, 감사 상호 간의 견제와 균형이라 할 수 있다. 공공기관의 내부 지배구조를 구성하는 인자는 주주총회, 이사회, 기관장, 감사 등 민간기업의 그것과 거의 동일하다. 다만 공공기관의 경우 민간기업의 주주총회에 해당하는 기관이 없으므로 소유권 행사 정부기관이 그 역할을 담당하게 된다. 따라서 정부기관은 공공기관의 내부 지배구조와 외부 지배구조 모두와 관련된다(<표 4-4>).

이러한 공공부문의 특성에 의해 공공기관 지배구조는 다음과 같은 특징을 갖게 되었다.

첫째, 공공기관의 내부 지배구조는 대부분 법령에 명시되어 있으므로 비교적 명확하다는 특징이 있다. 그렇지만 기관장과 감사를 포함한 경영진의 구성조차

표 4-4 공공기관 지배구조의 유형

내부 지배구조	소유권 정부기관, 이사회, 기관장, 감사
외부 지배구조	감독권 정부기관, 의회

도 상당 부분 정치 과정을 통해 이루어지므로 기업에 비해 상대적으로 내부 지배구조에 대한 관심도가 저조한 형편이다.

둘째, 회사의 이해관계가 '투자자 및 채권단-경영자'의 비교적 단순한 외부 지배구조로 특징지어지는 데 반해, 공공기관은 '국민-국회-정부기관(지배자)-공공기관'이라는 다층적인 외부 지배구조 구조를 갖는다. 따라서 공공기관에서는 외부 지배구조로서 시장 기능을 통한 감시가 크게 미흡한 대신 정부가 그 역할을 담당하고 있다.[6] 공공기관의 외부 지배구조는 대체로 정부의 감독에 관해 논의가 이루어진다.

공공기관 지배구조는 민간기업과 달리 소유와 지배의 주체가 동일하다는 점에서 가장 큰 차이를 보인다. 이것은 주로 공공성을 추구해야 하는 공공기관의 특

표 4-5 민간기업과 공공기관의 지배구조 비교

구분	민간기업	공공기관
통제 원리	독립성	독립성
기본 성격	내부기구(조직 규율)	내부기구(법령, 규정)
통제기구	이사회, 감사, 주주총회, 공시	이사회, 감사, 정부기관, 공시
이해관계자	주주, 경영자, 종업원	정부기관, 경영자, 직원
하부구조	사적 소유권, 사적 재산	공적 소유권, 공적 재산
소유자의 목적	이윤 극대화	사회후생 극대화
소유와 지배의 관계	분리	일치
소유와 경영의 관계	분리	분리
정부의 역할	규제자	소유자, 감독자, 규제자

자료: 이희섭・최진현(2011)을 수정했음.

6) 기업의 외부 지배구조의 구성 인자로서 투자자, 자본시장, 채권단, 다른 기업 등을 든다. 공공기관의 경우 외부 지배구조를 논하는 의의는 정부가 공공기관을 감독할 수 있는 시스템을 구축하는 데에 있다. 대표적인 외부 지배구조 작동 기제로는 관련 정부부처의 감독과 감사원 감사를 들 수 있다.

성으로 인해 지배구조가 법령에 의해 규정되는 데에서 기인한다. 그리고 정부기관은 민간기업에 대해 내부 지배구조와의 관련성은 없는 대신 규제자로서의 역할만 담당하는 데 비해, 공공기관에 대해서는 소유자, 감독자, 규제자로서 내부 및 외부 이해관계를 포괄적으로 담당한다는 특징이 있다.

제 5 장

공공기관의 내부 지배구조

일반적으로 기업의 내부 지배구조는 "경영진, 이사회, 감사기구, 주주총회 등 통제기구 상호 간의 관계와 책임에 관한 구조"로 정의할 수 있다. 간혹 내부 지배구조를 협의로 보아 회사의 경영 및 통제 체계로 파악하는 경우도 있다. 기업의 경우에도 내부 지배구조의 개념과 범위에 대해서는 기업의 사회적 책임성과 국민 경제에 미치는 영향, 필요성 등을 고려해 이해관계자의 범위의 증가와 맞물려 확대하는 경향이 있다. 공공기관의 경우에는 내부의 의사결정과 집행 과정에서 효율성을 달성하는 것이 주안점이다. 따라서 조직 내부의 경영 과정에서 계획, 집행 시스템을 개선하고 도덕적 해이를 제어하는 방안의 마련이 중요하다.

제 1 절 구성 주체

공공기관이 설립 목적을 달성하기 위해서는 기본적으로 전략의 수립과 실행을 기하기 위한 의사결정 구조가 마련되어 있어야 한다. 이를 위해 기관장이 책임경영을 실현하고, 이사회가 전문성과 독립성을 보유해 경영통제 기능을 원활히 수행해야 한다. 그리고 감사가 기관 이익을 과도하게 고려하거나 대정부 역할 수행에 치중하는 등 본연의 역할 수행에서 이탈하지 않도록 제도화해야 한다.

1 소유권 정부기구

1) 의의

민간기업에서 주주총회는 "주주로써 구성되는 회사의 최고 의사결정기관"이다. 정부는 공공기관의 궁극적 주주인 국민을 대리해 공공기관에 대한 소유권을 행사한다. 각국에서 민간기업의 주주총회의 역할을 담당하는 정부의 소유권 행사기관은 관련 정부부처, 공공기관관리위원회, 국가지주회사 등이다. 우리나라의 경우에도 인천국제공항공사, 한국가스공사, 한국전력공사 등 일부 시장형 공기업을 제외하면 대부분의 공공기관에 주주총회가 없다. 공공기관운영위원회(공운위)가 소유권 기구로서 주주총회의 역할을 수행하며, 이 밖에 국가지주회사가 이 역할을 일부 분담하고 있다.

기업의 주주총회가 회사의 기본 조직과 경영에 관한 중요 사항에 대해 주주들이 의사를 표시함으로써 회사의 의사를 결정하는 필요적 기관임에 반해, 공운위는 공공기관의 운영에 관한 중요 사항을 심의·의결하기 위해 법에 의해 권능이 부여된 기관이다. 주주총회의 의장은 주주총회의 보통 결의에 의해 선출되지만, 공공기관에 대한 소유권 행사기관으로서의 공운위 의장은 기획재정부 장관이 된다.

2) 소유권 기구 모형

근래에 들어 공공기관 경영개선 문제를 해결하기 위한 방편으로 민영화 등 공공기관 소유권에서 기인하는 구조조정의 문제는 통일된 정부의 한 부서에서 다루고, 기타 산업정책과 규제적 문제는 관련 주무부처에서 다루는 방향으로 나아가고 있다. 그 방안은 2005년 OECD에서 제시한 「공기업 지배구조에 관한 가이드라인(OECD Guideline on Corporate Governance of State Owned Enterprises)」[1)]

1) OECD 가이드라인의 주요 내용은 다음 세 가지이다.

에서 잘 나타나 있다. 이와 같은 공공기관 소유권 구조에서의 근본 문제는 경영의 독립성과 공적 책임성을 어떻게 조화시키는가에 있다. 특히 민간 영역인 분야에 최소한의 공공성을 확보하기 위해 설치되는 공기업은 경영상의 자율성이 최대한 보장되어야 한다. OECD(2011)에 의하면 정부가 공공기관에 대해 소유권을 행사하는 방식에는 크게 세 가지가 있다.

분산모형(sectoral model)은 공공기관이 주무부처의 책임 하에 통제·관리되는 형태이다. 그러나 이 모형은 정부가 공공기관의 경영에 지나치게 간섭하기 쉽다는 문제점이 지적되고 있다. 현재는 독일, 영국, 캐나다, 덴마크, 그리스 등에서 채택하고 있다.

이중모형(dual model)은 해당 부문을 담당하는 주무부처와 공통부처(common ministry)가 공공기관의 관리 책임을 공유하는 형태이다. 이중모형에서는 공통부처가 이사회 구성원의 임명, 총괄적 보고 등의 관리 업무를 수행하고 주무부처는 산업정책적 측면을 관리한다. 이 모형은 체코, 스위스, 헝가리 등에서 채택하고 있다.

집권모형(central model)은 공공기관을 하나의 부처의 관리 하에 두는 형태이다. 이 모형에서는 소유권 기능과 산업정책 기능을 명확히 구분하고 소유권 기능을 일관성 있고 통합적으로 수행한다. 프랑스, 스웨덴, 핀란드, 뉴질랜드, 싱가포르 등이 이 모형에 해당한다.

3) 주요국의 실태

1990년대 말 이후 선진 각국은 소유권 행사 기능을 중심으로 공공기관 관리·감독 체계를 정비했다. 공공기관의 소유권 행사가 각 부처로 분산되어 있던 종래의 관리 체계는 통일성과 전문성 측면에서 문제가 있는 것으로 판단되었기 때문

---

① 소유주로서의 정부(the State Acting as an Owner): 정부는 공기업 소유권 정책을 개발·공포하고, 공기업의 경영자율성을 보장하며, 공기업 이사회의 독립성을 존중해야 한다.
② 공기업 이사회의 책무(the Responsibilities of the Boards of State-Owned Enterprises): 공기업 이사회는 전략적 지도 및 경영감시를 하는 데에 필요한 권한과 역량, 그리고 객관성을 보유하고 있어야 하며, 이사들은 청렴해야 하고 자신들의 활동에 대해 책임을 져야 한다.
③ 투명성과 공시(Transparency and Disclosure): 공기업은 내부감사 기능을 확립해야 하고, 매년 독립된 외부회계감사를 받아야 하며, 국제적으로 공인된 기준에 따라 정보를 공개해야 한다.

이다. 공공기관에 대한 소유권 행사 기능을 일원화하는 것은 OECD에서 권고하는 사항이었으므로 많은 나라에서 채택하는 흐름으로 자리 잡았다.

특히 공공기관의 설립 시에 주무부처와 국회 상임위원회 등 관련 주체들 간의 이해관계에 의해 공공기관이 증설될 우려가 크다. 이에 각국에서는 공공기관의 설립에 관해 범정부 차원의 종합심사 및 사전분석 등 일련의 절차에 관해 규정하고 있다. 미국의 관리예산처(Office of Management and Budget: OMB), 영국의 재무성(Her Majesty Treasury), 캐나다의 국가재정위원회(Treasury Board of Canada), 한국의 기획재정부 등의 재정부처가 공공기관의 소유권 행사 기능을 담당하고 있다.

4) 한국의 공공기관운영위원회

한국에서도 기획 및 재정부처를 중심으로 공공기관의 지배구조 혁신에 관한 논의를 진행해 오던 차에 OECD 가이드라인을 받아들여 2007년 4월부터 「공공기관의 운영에 관한 법률」(공운법)을 시행하고 있다. 공운법은 기존의 정부투자기관관리기본법과 정부산하기관관리기본법을 대체하는 것으로 공공기관의 범위 및 유형, 외부 감독·평가 시스템, 내부 견제 장치, 임원 채용 등에서 많은 개혁 장치를 도입했다.

한국의 공공기관 소유권 구조에 관해 가장 큰 특징은 기획재정부 장관 소속하에 공공기관운영위원회(공운위)를 설치·운영하고 있다는 점이다. 정부는 공운위로 하여금 공공기관에 대한 소유권 행사의 핵심 역할을 하도록 하는 동시에, 공공기관의 책임경영을 담보하기 위해 정치권 등 외부 간섭으로부터 해당 기관을 보호하는 역할도 부여한 것으로 보인다. 공운위는 공공기관의 지정 및 지정해제, 경영 공시, 기능 조정, 혁신 지원, 임원 임명, 임원 해임 및 해임 건의, 임원 직무 수행 실적 평가, 경영실적 평가, 경영지침, 감독 점검 및 개선 등에 관한 사항을 심의·의결한다.

공운위는 기획재정부 장관이 위원장이 되고 국무총리실 및 관계 행정기관의 차관급 공무원과 법조계·경제계·언론계·학계·노동계 등에서 위촉되는 민간위원으로써 구성된다. 공무원인 위원 중 회의에 참석하는 위원은 위원장이 안건별로 지명하되, 민간위원의 수가 회의 구성원의 과반수가 되도록 하고 있어 민간위원의 위상이 강화되었다. 감사원장과 관계 행정기관의 장은 필요한 경우 위원회에 의견을 제출할 수 있고, 위원장이 요청 또는 위원회가 의결할 경우 소속 공무원으로 하여금 위원회에 출석해 발언하게 할 수 있다.

소유권 행사 내용 중 대표적인 것은 공공기관의 기능 조정과 공공기관의 혁신에 관한 것이다. 기획재정부 장관은 주무기관의 장과 협의한 후 공운위의 심의·의결을 거쳐 공공기관이 수행하는 기능의 적정성을 점검하고 기관 통·폐합, 기능 재조정 및 민영화 등에 관한 계획을 수립한다. 그리고 주무기관의 장이 제출한 기능조정실적보고서의 내용을 분석해 집행 실태를 확인·점검한 후 필요한 조치를 주무기관의 장에게 요구할 수 있다. 또한 공공기관의 경영혁신을 지원하기 위해 공운위의 심의·의결을 거쳐 혁신 진단 등의 조치를 취할 수 있다.

2 이사회

1) 의의

이사회는 "이사들로써 구성되어 기업의 업무 집행 사항을 결정하는 기관"이다. 공공기관의 이사회도 지배구조 내에서 중요한 역할을 하는 점은 민간기업과 동일하지만, 민간기업에 비해 소유권자(정부)의 영향력이 크다는 점이 다르다. 특히 현재와 같이 책임경영을 중시하는 경영환경에서는 투명성, 독립성, 경쟁성, 책임성을 확보하기 위한 내부통제가 필수적이 된다. 따라서 공공기관 지배구조에서는 정부와 공공기관의 장 사이에서 대리인 문제를 통제하는 이사회의 구성과 운영이 핵심 과제로 인식된다.

특히 비상임이사는 공공기관의 공공성을 대변하고 감시하는 역할을 수행하며, 책임성 면에서는 공공기관의 독립적 경영을 보장하기 위해 정부가 아닌 국민에 대해 책임을 진다. 다만, 회사의 이사회가 CEO의 경영권이 적성하게 행사되고 있는가를 견제·통제함으로써 주주의 이익과 회사의 이익을 극대화하는 역할을 수행하고 있는데 반해, 공공기관의 이사회는 상임이사 중심으로 운영되면서 비상임이사의 역할이 약화되고 있다는 한계를 보이고 있다.

2) 이론적 관점

이사회에 관한 주요 이론적 관점으로 세 가지가 있다(<표 5-1>). 각 관점은 이사회의 역할이나 관심사에서 차이를 보인다.

첫째, 법률적 관점(legalistic perspective)은 회사법이 이사회로 하여금 일정 역할을 수행할 수 있도록 권한을 부여한다고 본다. 따라서 이사회는 법적으로 위임된 책임을 수행함으로써 조직 성과에 공헌하게 된다. 이 관점에 의하면 이사회의 주된 역할은 경영진을 선발하고, 주주의 이익을 대표하며, 경영진이나 조직의 성과를 통제하는 데 집중된다.

둘째, 자원의존적 관점(resource dependence perspective)은 조직이 급속도로 변화하는 외부 환경에 적응하고 환경과 상호작용하는 다양한 방법을 모색한다는 전제를 가진다. 이 때 이사회는 조직과 외부 환경을 연결하고 조직이 외부 환경에 잘 대처할 수 있도록 돕는 역할을 담당한다. 이사회는 조직의 성공적인 운영을 위해 필요한 재정적 · 인적 자원을 외부로부터 유입하고, 사회에서의 조직의 정당성을 강화하며, 조직의 목표 달성과 성과 향상에 기여한다.

셋째, 대리인이론(agency theory)은 본래 대리인으로서의 경영진이 주주들의 이익극대화를 위해 최선을 다하지 않는다는 전제를 갖고 출발했다. 따라서 주주들이 경영진의 경영활동을 모니터링하기 위해 이사회를 활용한다는 것이다. 이 관점에서는 이사회의 역할을 실무진의 활동이나 조직의 성과를 모니터링하는

표 5-1 이사회에 대한 이론적 관점

	법률적 관점	자원의존적 관점	대리인이론
이론적 배경	회사법	조직이론	경제학, 경영학
이사회 역할	주주의 이익 대변 · 보호 기업 경영	성과에 중요 자원 유입 경계관리 조직의 합법성 강화	경영진 활동 모니터 이해당사자 이익 보호 경영진의 효율성 제고
주요 관심사	이사회의 구성 이사회의 특성 이사회의 절차	이사회의 구성 이사회의 특성	이사회의 특성 이사회의 절차 전략적 공헌
실증적 지지	보통	높음	보통

자료: 김정린(1999: 21)을 수정했음.

것 외에 대리비용의 절감, 주주의 목표 명확화, 조직 성과에의 공헌 등으로 보고 있다.

3) 역할

이사회의 역할에 관한 전통적 인식은 주주를 대리해 사업예산을 확정하고 조직의 정관이나 규정을 승인하는 등 운영 차원의 의사결정 기능에 초점을 두고 있다. 이 밖에도 이사회는 다음과 같은 다양한 역할을 수행한다(<표 5-2>).

첫째, 서비스 역할(service role)은 이사회가 조직 내적으로는 실무진에게 필요한 조언이나 상담 등을 제공하는 한편, 외부로부터 조직이 필요로 하는 자원을 내부로 유입하고 환경 변화에 대한 기관의 위상을 제고하는 역할을 수행한다.

둘째, 통제적 역할(control role)은 주주의 이익을 대변하고 권익을 보호하는 것과 관련된다. 경영진의 임면, 성과평가 및 보상이 이 역할에 포함된다.

셋째, 전략적 역할(strategic role)은 이사회가 분석과 대안 제시 등 조직의 전략적 판단에 적극적으로 참여하는 것을 뜻한다. 예컨대 조직의 목표나 방향 설정, 사업계획 수립, 투자 결정, 조직의 경쟁적 입지 강화 등이 여기에 속한다.

표 5-2 이사회의 역할

역할 / 영역	서비스	통제	전략
조직 내부	실무진에게 조언 · 상담	경영진 임면 성과평가 및 보상	목표 · 방향 설정 사업계획, 투자 결정
대외 환경	필요 자원 유입 기관 위상 제고	주주권익 보호	경쟁적 입지 강화

자료: Pearce & Zahra(1991). 〈표 1〉을 수정했음.

4) 유형

공공기관과 같이 정부 지원을 받는 조직은 정부의 의사결정자에게 영향력을 미칠 수 있는 이사를 적극적으로 충원한다. 이사회의 활동 수준이 높은 경우 이사회는 강력한 지배력을 행사하려 할 것이므로, 경영진과의 권력 배분에서 일정한 관계가 형성된다. 이사회와 경영진의 관계는 조직 성과에 중요한 영향을 미치

그림 5-1 이사회와 경영진 간의 관계에 따른 이사회의 유형

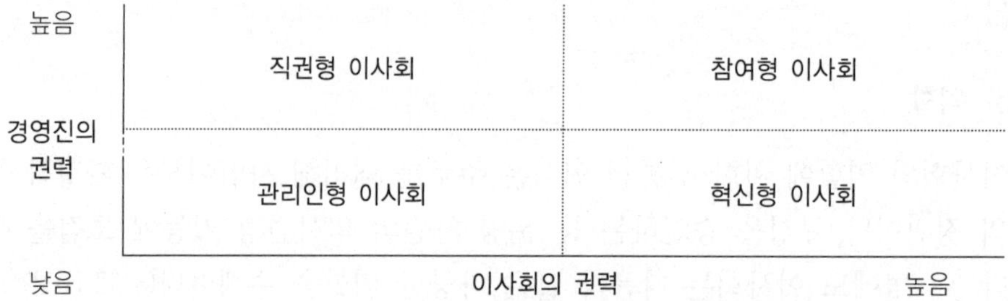

자료: Saidel & Harlan(1998).

는데, 양 집단 간의 권력의 크기에 따라 이사회를 네 개의 유형으로 구분할 수 있다([그림 5-1]).

첫째, 관리인형 이사회(caretaker board)는 이사회와 경영진의 권력이 모두 약한 경우에 나타나는 유형이다. 이것은 법적 요건을 충족하는 것에 불과하므로 의사결정을 수행할 능력이 미약한 경우이다. 이러한 경우는 대부분 조직이 정체되어 있거나 지도자가 없이 운영되는 경우에 해당한다. 그 결과 이사회의 절차와 세부 사항이 비공식적이고 피상적으로 진행되는 경향이 있고, 의사결정도 대체로 요식행위에 불과하다.

둘째, 직권형 이사회(statutory board)는 이사회의 권력이 약하고 경영진의 권력이 강한 경우이다. 이사들은 주로 경영진에 의해 선출되기 때문에 권력을 발휘하지 못한다. 조직이 의사결정을 할 때 경영진이 중요한 역할을 하지만 이사회는 전문성이나 관심이 부족해 경영진의 의견에 대해 거수기 역할만을 담당한다. 이사회는 법적 강제성에 근거해 존립한다.

셋째, 혁신형 이사회(proactive board)는 이사회의 권력이 강하고 경영진의 권력이 약한 경우이다. 이사들의 전문성이 높고, 이사회가 경영진으로부터 독립적으로 존재하며, 이사회의 절차와 의사결정이 객관적인 경우에 가능한 유형이다. 이 유형의 이사회는 전문성, 책임성, 의사결정 과정의 적절성 등을 통해 조직 성과에 긍정적으로 기여한다.

넷째, 참여형 이사회(participatory board)는 이사회와 경영진 모두 권력이 강

한 유형이다. 이 경우 이사회와 경영진 간의 논쟁과 의견의 불일치가 빈번히 나타나고 결국 다수결 원리에 의한 투표로 결정에 도달한다. 이 유형은 절차와 합의를 중시하며, 공식적 및 비공식적 의사소통 채널이 활발히 가동된다. 또한 양 집단이 동등한 권력을 가지므로 협상과 타협이 효과적인 지배구조를 위해 필수적이다.

네 가지 이사회 유형 중 참여형 이사회 유형이 조직 성과에 가장 긍정적이라는 연구 결과가 대다수이다. 따라서 이사회와 경영진은 서로 적절한 이해관계 영역을 발견하고 이사회 운영을 위해 바람직한 방법을 찾기 위해 노력해야 한다. 특히 경영진은 이사회의 발전이 조직 발전의 도구라는 인식을 갖도록 노력해야 한다.

3 기관장

민간기업의 최고책임자를 의미하는 CEO는 주로 법률상의 대표권을 가진 대표이사를 가리킨다. CEO의 기능은 이사회의 일원으로서 회사의 의사결정에 참여하는 한편 집행부의 최고책임자로서 외부에 대해 회사를 대표한다. 다시 말해, 결정과 집행의 연결 기능을 수행한다고 할 수 있다.

우리나라 공공기관의 장은 기관의 조직 형태나 업무 성격에 따라 사장, 이사장, 원장 등 다양한 명칭을 갖는다. 공운법에서는 기관장이라는 명칭 이외에는 특별한 규정을 두고 있지 않으나 기관장의 역할은 민간기업의 CEO와 같다고 할 수 있다.

4 감사

감사란 "법인의 내부에서 법인의 재산 상태와 이사의 업무 집행을 감사하는 기관"이므로, 재산 상황이나 업무 집행에 관해 부정·불비한 것이 있음을 발견한 때에는 이를 주무관청에 보고해야 한다. 공공기관의 감사제도도 본질적으로 민간기업의 감사제도와 유사하다. 다만, 공공기관 감사의 임명은 기관장과 유사한 절차를 거치게 함으로써 선임에 신중을 기하도록 되어 있다. 감사는 독립성을 유지해야 하며, 감사 직무 수행 시에 독자적인 판단에 따라 엄격하게 감사를 실시해야 한다.

한편 근래에 들어 그 필요성이 강조되고 있는 감사위원회제도는 감사위원의 전문성을 활용할 수 있고 감사의 신중성이 제고되므로 기존의 감사제도보다 이사회에 대한 견제 기능을 강화할 수 있는 장점이 있는 것으로 받아들여진다.

제 2 절 의사결정 구조

공공기관의 내부 거버넌스에 관한 논의는 주로 기관 운영에 직·간접적으로 관여하는 최고관리층의 의사결정 구조에 집중되고 있다. 특히 공공기관의 특성에서 기인하는 정부 및 기관 임원 간의 권한 위임과 역할 분담이 이루어지는 방식에 따라 다양한 형태로 나뉜다. 이에 따라 공공기관의 의사결정 구조는 <표 5-3>과 같이 권한과 책임의 귀속, 이사회 역할의 분리 여부, 이사의 부서장 겸직 여부, 감사 기능의 기구화에 따라 각각의 유형으로 분류해 볼 수 있다.

표 5-3 공공기관 의사결정 구조

분류의 기준	의사결정 구조
권한과 책임의 귀속	단독제와 합의제
이사회 역할의 분리 여부	단일기관제와 이중기관제
이사의 부서장 겸직 여부	정책위원회제와 기능위원회제
감사 기능의 기구화	감사제와 감사위원회제

1 단독제와 합의제

조직 내에서 경영 권한과 책임이 한 사람에게 집중되어 귀속되는가, 아니면 여러 사람에게 분산되어 귀속되는가에 따라 단독제와 합의제로 분류할 수 있다.

1) 단독제

단독제(single management system)는 경영을 담당하는 책임자가 하나인 조직형태인데, 대체로 최고관리자를 정점으로 하는 피라미드형 조직을 이룬다. 실제적으로 최고관리자가 법적으로 조직의 중요한 의사결정을 할 권한이 있을 때 단독제라 할 수 있다. 따라서 이사회의 의견을 참고한다 해도 법적으로 최고관리자에게 의사결정에 관한 전권이 있을 경우에는 단독제라고 할 수 있다.

단독제는 권한과 책임이 부합하고, 명령 계통을 명확히 할 수 있으며, 최고관리자 밑에 전 직원을 통합하는 것이 용이하다. 또 하위 계층으로부터 보고가 신속히 상달될 수 있고, 분업과 전문화를 촉진할 수 있어서 행정의 능률을 보장할 수 있다. 그러나 단독제는 조직의 경직화, 인간관계의 저해, 관료적 문서주의(red tape)의 팽배, 의사 전달 왜곡 등의 한계가 있다.

2) 합의제

합의제(collegiate management system)는 경영상의 의사결정을 최고관리자 단독으로 하지 않고 이사회의 다수결로 하는 형태의 조직구조를 말한다. 모든 이사는 평등한 권한과 책임을 지며 기관장도 이사회 구성원으로서 다른 이사와 동등한 권한만을 행사한다. 다만 이사회라는 기관이 존재해도 실질적인 의사결정을 담당하지 않으면 실질적인 합의제라 할 수 없다. 독일과 일본의 다수 공공기관에는 최고관리기관으로서 합의제의 관리위원회가 설치되어 있다.

합의제는 경영의 책임과 권한이 복수의 경영자에게 분할되므로, 독재적 최고관리자의 출현을 막고 민주적 경영 체제를 확립할 수 있다. 그리고 다양한 경험을 가진 사람을 영입함으로써 각 경영 부문에 대해 전문성을 제고하고 경영 기능 간의 균형을 유지할 수 있다. 그러나 경영자 간 의견 대립 심화, 경영의 통일성 훼손, 환경 변화에 대한 탄력적 대응 저해 등의 단점이 있다.

3) 한국의 실태

위와 같은 장·단점으로 인해 한국의 공공기관은 단독제와 합의제의 장점을 혼합해서 운영하고 있다. 즉, 기관장은 이사회를 소집하고, 그 이사회의 의장이 되며, 기관의 업무를 총괄하고, 경영 성과에 대해 책임을 지며, 이사 임면에서 지대한 역할을 한다는 점에서 단독제라 할 수 있다. 그러나 한편 공공기관은 대부분 복수의 이사로써 이사회가 구성되고, 이사회는 구성원 과반수의 찬성으로써 의결한다는 점에서는 합의제로 볼 수 있다.

이사는 상임이사와 비상임이사로 구분된다. 공공기관의 비상임이사제도는 상임이사가 일을 제대로 하도록 통제하고 견제하기 위한 것이다. 비상임이사의 설치는 ① 공익의 대표로서 집행부를 통제함으로써 공기업의 자율경영 체제를 확립하고, ② 경영의 투명성을 확보하는 데서 그 의의를 찾을 수 있다. 특히 기관장이 이사회 의장을 겸직할 경우 비상임이사만으로는 경영진에 대한 견제에 한계가 있고, 비상임이사 중에서 이사장을 선임하면 경영진의 자율성이 훼손될 우려가 있다. 선임 비상임이사는 이와 같은 두 가지 방식의 절충 형태로서 경영진의 자율성을 보장하면서 적절한 견제를 할 수 있게 하는 제도이다. 선임 비상임이사는 이사회 안건이나 기관 운영에 관한 사항을 논의하기 위해 비상임이사 회의를 소집·주재한다.

2 단일기관제와 이중기관제

합의제를 채택하는 경우라도 법률상의 경영조직이 하나의 기관으로 통합되어 있는지, 아니면 두 개의 기관으로 분리되어 있는지에 따라 단일기관제와 이중기관제로 분류할 수 있다. 단일기관제와 이중기관제는 이사회의 정책 결정·감시 기능과 집행 기능이 통합되는가 또는 분리되는가에 따라 나뉜다.

1) 단일기관제

단일기관제(single board system)는 각 공공기관의 설립법에 의해 이사회라는 단일의 경영조직이 설치되는 경우이다. 이사회는 집행부의 구성, 직원의 채용, 재무적 시책의 실행 등 경영상의 주요 사항을 심의·결정하는 의결기관이며 동시에 총괄적 집행기관이므로, 결정적 경영과 집행적 경영이 명확히 구분되어 있지 않다. 대부분의 공공기관에서는 이사회라는 단일의 경영조직을 지니고 있다.

단일기관제는 결정 기능과 집행 기능 간의 갈등이 내재적으로 방지되고, 사업 추진이 신속하다는 장점이 있다. 그러나 결정 기능과 집행 기능이 분리되어 있지 않으므로 결정 부문(이사회)의 의장이 집행 부문의 장(기관장)을 겸임하는 데 따르는 자의성의 위험이 내포되어 있다.

2) 이중기관제

이중기관제(double board system)는 경영상 결정 부문과 집행 부문을 분리하는 제도이다. 현실적으로 현대적 대규모 기업의 상층부 경영조직이 결정적 기능과 집행적 기능을 함께 수행하는 것이 쉽지 않은 것이 일반적이다. 따라서 결정기관으로서의 성격을 지니고 있는 관리위원회와 집행기관 성격의 이사회를 양립시키는 것이다. 관리위원회는 원칙적 문제 및 일반적으로 중요한 문제에 대해 결정하는 한편 경영에 대한 감시 기능까지 수행하는 결정기관이다. 이사회는 집행기관으로서 이사는 관리위원회에 의해 임명되며 경영의 집행을 주된 임무로 하고 관리위원회에 대해 책임을 진다. 이중기관제를 채택하는 경우에도 많은 경우 집행 책임을 지는 기관장에게 관리위원회에 출석해서 집행기관의 입장을 개진할 수 있도록 위원 자격을 부여하고 있다.

이중기관제는 현대적 대규모 기업의 상층부 경영조직 내에서 동시에 복잡해지고 있는 결정적 기능과 집행적 기능을 분리할 수 있다는 점에서 장점이 있다. 다만 이중기관제는 결정 부문과 집행 부문 간에 갈등이 야기될 가능성이 있고, 사업 추진이 상대적으로 더디어지는 문제점이 있다.

3) 한국의 실태

우리나라의 공공기관 이사회는 기금운용위원회를 설치하고 있는 기금관리형 기관을 제외하고는 단일기관제를 채택하고 있다. 즉, 이사회는 경영의 결정기관일 뿐이고 경영 집행권은 사실상 모두 기관장에게 이양되어 있다. 소수의 기관장과 상임이사는 지배인의 지위에 있으며, 기타의 이사는 모두 비상임으로서 결정에 참여하는 정도에 그친다. 따라서 경영 결과에 대해서는 기관장 등 상임이사가 책임을 지는 동시에, 이들이 이사회에 참석해 비상임이사와 동일하게 의사를 개진하고 투표권을 행사할 수 있게 하고 있다.

다만 이사회 구성 시 비상임이사의 수가 과반수가 되도록 함으로써 비상임이사로 하여금 경영통제와 견제의 역할을 할 수 있도록 제도화하고 있다. 나아가 시장형 공기업의 경우 선임 비상임이사가 이사회의 의장이 되도록 하고 있다. 이와 같이 우리나라의 공공기관은 비록 동일한 이사회 소속의 이사라 하더라도 상임이사와 비상임이사의 성격과 역할을 구분해서 이중기관제의 장점을 도입하고 있는 셈이다.

3 정책위원회제와 기능위원회제

1) 정책위원회제

정책위원회제는 관리위원회의 위원이나 이사회의 이사가 부장과 같은 특정 부서의 장을 겸직하지 않는 것을 말한다. 정책위원회제에서는 위원이나 이사가 개인적으로 특정 분야의 업무 수행에 대한 책임을 지지 않는다. 경영상의 기능적 분업은 집행부서에서 이루어지며, 일상적인 의사결정 권한도 광범위하게 집행부서에 위임된다.

2) 기능위원회제

기능위원회제는 관리위원회나 이사회 구성원 전원이 상임으로서 특정 부서의 장을 겸하는 것을 말한다. 이사 또는 위원은 특정 산업 분야의 전문가로서 충원되며, 이들은 전원 또는 대부분 각 집행부서의 책임자를 겸한다. 이 제도는 복잡하고 기술적인 산업 분야에서 효용성이 있다고 볼 수 있으나, 이사들이 각자의 분야에 매몰되기 쉬우므로 넓은 시야를 가지고 기관의 전반적인 문제를 다루기에는 일정한 한계가 있다.

3) 한국의 실태

우리나라 공공기관 이사회는 정책위원회제와 기능위원회제를 병용하고 있다고 할 수 있다. 우선 기관 내에서 자신의 고유 업무를 수행하도록 되어 있는 상임이사의 역할을 고려하면 기능위원회제에 가깝다. 그러나 오로지 이사회의 의사결정에만 참여하는 비상임이사를 보면 오히려 정책위원회제에 가깝다고 할 수 있다.

우리나라 공공기관의 이사회는 기관장을 포함한 15인 이내의 이사로 구성된다. 이사는 상임과 비상임으로 구분하며, 상임이사 정수는 기관장을 포함한 이사 정수의 2분의 1 미만으로 하여 비상임이사의 경영 통제권을 제도적으로 강화하고 있다.

4 감사제와 감사위원회제

1) 감사제

모든 경영조직 내에서 자체 감사기구는 경영진의 방만경영을 시정하도록 요구하는 등 견제 기능을 수행해야 한다. 공공기관의 경우 감사의 권한과 책임을 강화하는 것은 전 세계적인 추세인데, 이것은 공공기관의 방만경영, 도덕적 해이 등에 대해 감사가 적극적으로 경영 견제의 역할을 할 수 있도록 하기 위한 것이다. 따라서 감사에게는 객관성과 공정성의 의무가 부여되며, 이를 보장하기 위해 감사의 독립성이 강조된다.

감사는 상임감사와 비상임감사로 구분되지만 양자는 출근 형태에 차이가 있을 뿐 그 권한, 의무, 책임에서는 별 차이가 없다. 다만 공공기관의 상임감사제는 경영진에 대한 견제 기능을 제대로 수행하기보다는 기관 이익을 우선시하는 경우가 있다는 지적을 받는다.

또한 기관의 규모에 따라 2인 이상의 감사가 존재할 수 있는데 이 때 각자의 권한과 의무는 분할되지 않는다. 즉, 감사들은 각자가 전권을 행사하는 독임제가 적용된다. 따라서 모든 감사는 감사의 권한을 스스로 행사할 뿐 합의에 의해 이를 행사할 필요가 없으며 각자가 스스로의 의무와 책임을 부담한다.

2) 감사위원회제

감사제의 한계가 지적됨에 따라 감사와 회계 등 다양한 분야의 전문가로 구성되는 감사위원회제가 도입되고 있다. 감사위원회제는 감사위원으로 선임되기 위해서는 엄격한 자격 요건을 갖춰야 하므로 감사위원의 전문성이 강화되는 장점이 있다. 그리고 감사위원 간에 분업과 협력을 통해 1인 감사가 갖는 한계를 보완하고 감사 기능을 활성화할 수 있다는 긍정적인 측면도 있다. 따라서 감사위원회는 1인 감사보다는 경영진에 대한 견제 기능이 강화되고 안건 검토의 신중성 및 전문성 확보가 용이하다고 평가된다.

여기서의 감사위원회는 이사회 내의 위원회로서 이사로 구성된 감사기구이다. 따라서 감사위원은 모두 이사이며, 이사회의 지명에 의해 이사로서의 직책 외에 감사위원회 위원으로서의 직책을 공유한다. 위원은 이사회에 참여해 의결권을 행사함으로써 사전적 예방 기능이 확보될 수 있다는 장점이 있는 반면, 이사회의 하부기관인 점에서 독립성이 부족하다는 단점이 있다.

표 5-4 감사제와 감사위원회제의 비교

구분	감사제	감사위원회제
이사회와의 관계	이사회와 분리 - 이사회에 대한 중립적 비판 의견진술권	이사회의 하위기구 - 이사회 운영에 적극적 참여 의결권
의사결정	독임제 - 책임 소재 명확	합의제 - 다수의 합리적 결정
업무 특징	내부 견제 기능 수행	전문성 보장에 유리
감사(위원) 신분	단일 신분(감사)	이중 신분(이사, 감사위원)

자료: 기획재정부(2009).

3) 한국의 실태

공공기관에서는 흔히 1인 감사제가 채택되고 있다. 새로운 제도에 따라 공공기관 유형 중 시장형 공기업에는 감사위원회의 설치가 의무화되어 있고, 준시장형 공기업에도 다른 법률의 규정에 따라 감사위원회를 설치할 수 있다. 다만 상업성이 상대적으로 미약하고 규모도 크지 않은 준정부기관의 경우 기존의 감사제를 유지하도록 했다.

공공기관 감사의 권한과 책임은 다소 강화되었다. 우선 감사는 이사회에 출석해 의견을 진술할 수 있고, 감사 의견을 이사회에 제출할 수 있다. 또한 감사의 임무 수행에 필요한 직원의 채용과 배치를 요구할 수 있는 권한을 갖는다. 반면에 감사에게는 사기업에 준하는 책임이 있음을 명시했다. 예컨대 감사가 직무를 이행하지 않거나 게을리한 경우에는 기획재정부 장관이 공공기관운영위원회의 심의·의결을 거쳐 손해 배상을 청구하거나 해임 건의를 할 수 있도록 했다.

우리나라 공공기관의 감사위원회제는 상법 및 증권거래법상에 규정된 감사위원회제를 도입한 것이다. 따라서 감사위원회는 3인 이상의 위원으로 구성하되 감사위원 수의 2/3 이상은 사외이사로 구성되는 합의제 조직이다. 위원 중 1인 이상은 회계 또는 재무 전문가여야 하고, 감사위원회 대표는 사외이사여야 한다.

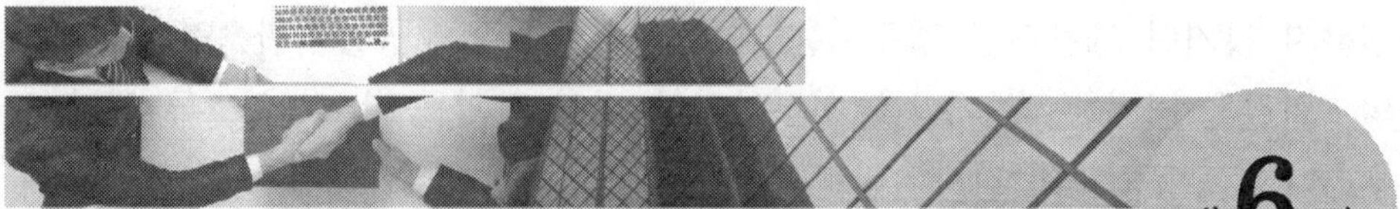

제 6 장

공공기관의 외부 지배구조

외부 지배구조는 공공기관으로 하여금 외부의 이해관계자에 대한 책임을 다하도록 하는 구조를 말한다. 따라서 외부의 이해관계자에 대한 책임을 담보하기 위한 다양한 장치가 논의되고 있으나, 가장 대표적인 장치는 정부기관의 감독이다. 공공기관에 대한 정부의 감독은 그 사업이 공익과 밀접하게 관련될 뿐만 아니라 자본이 정부에 의해 출자된 것이며 결국 시민의 공적 소유에 속하기 때문에 그 실효성 있는 운용을 기하기 위해 필요한 것이다. 또한 정부의 감독 장치로서 우리나라에서 활성화된 제도가 기획재정부에 의한 경영평가제도이다.

제 1 절 정부의 감독

과거 공공기관에 대한 감독은 흔히 통제 개념으로 설명되었는데, 공공기관 통제의 유형에 관해 종래에 많은 학자들이 여러 가지로 분류한 바 있다. 예를 들면 핸슨(Hanson, 1959)은 ① 주무 장관에 의한 통제, ② 재정상의 통제, ③ 입법부에 의한 통제로 분류했고, 유훈(2000)은 ① 업무상의 통제, ② 조직 및 인사에 관한 통제, ③ 재정상의 통제, ④ 평가 · 보고 및 검사로 분류했다. 그러나 공공기관에 대한 직접적인 감독은 행정부에 의해 행해지는 것이 일반적이다.[1] 따라서 이 책에서는 기획재정부와 각 주무부처의 권한을 중심으로 하여 공공기관에 대한 감독을 ① 설립에 관한 감독, ② 경영 목표의 수립에 관한 감독, ③ 조직 및 인사에 관한 감독, ④ 재정에 관한 감독, ⑤ 업무에 관한 감독, ⑥ 외부감사로 나누어 살펴보기로 한다.

1 설립에 관한 감독

1) 개요

공공기관은 설립 근거의 확고함, 시장 경쟁의 미약, 정부의 재정 지원 등으로 인해 본질적으로 독점적 지위를 가진다. 또한 민간기업의 주주, 채권자 등 직접적 이해관계인이 없으므로 시장에 의한 감시와 견제가 크게 제약된다. 따라서 공공기관의 설립은 목적과 필요성에 대해 객관적인 기준을 적용하는 등 매우 신중하게 이루어져야 한다.

공공기관의 설립에 대한 심사는 대체로 다음과 같은 단계를 거쳐 이루어진다.

첫째, 공공기관의 사업 목적과 내용의 공익성 여부를 검토한다. 공익성은 공공부문의 기능 및 활동의 정당성의 근거이기 때문이다. 다만 공익성의 규정은 쉽지 않으므로 공익성 여부는 정치인, 관료, 전문가, 여론 등으로 이루어지는 정책 형성 과정을 거쳐 판단한다.

둘째, 공익은 공공부문의 개입 없이도 실현될 수 있으므로, 공익 실현을 반드시 공공부문의 개입에 의해 달성해야 하는지 검토한다. 공공재의 과소 공급 등 정책문제가 크다고 판단하는 경우 공공 개입의 필요성이 크다고 할 수 있다.

셋째, 공익의 필요성 때문에 공공부문이 수행해야 하는 경우라도 중앙정부가

---

1) 공공기관에 대한 의회의 감시는 각국 정부의 형태나 공공기관 설립법에 따라 방법과 범위가 크게 다르지만, 시민에 대한 경영의 책임성을 보장하기 위한 정치적 성격을 갖는다는 점에서 공통성을 띤다. 대체로 공공기관 예산에 대한 입법부 심의형 국가에서는 의회의 감시가 강하고 자율적 확정형 국가에서는 그 감시가 약하다. 한국의 국회는 개별 공공기관의 설립법이나 공운법의 개폐를 통한 설립 관여, 결산서류의 수령을 통한 재정 관여, 경영실적평가보고서의 수령을 통한 관여 등 공공기관의 운영에 대한 감시 기능을 수행한다.

나서서 해결해야 하는가, 또는 지방자치단체에 위임하는 것이 나은가를 검토한다.

넷째, 중앙정부가 나서는 것이 나은 경우라도 중앙정부가 직접 수행하는 것이 적합한지 아니면 공공기관으로 하여금 대행케 하는 것이 적합한지 여부를 검토한다. 정부가 공익 기능을 권위적 방법으로 직접 정책을 집행하거나 공공서비스를 전달하는 것이 적절한 경우 공공기관 설치는 불필요하다. 따라서 사전에 중앙정부가 기능을 수행하는 데 필요한 제도화 및 정책 수단을 총괄적으로 검토해야 한다.

다섯째, 중앙정부가 직접 수행하지 않더라도 민간부문에 공익적 서비스를 효율적으로 전달할 수 있는 대안이 존재한다면 민간위탁을 추진한다. 이 경우 공공기관을 설치할 필요가 없다. 그러나 경쟁적인 민간시장이 존재하지 않다면 민간위탁이 공공부문보다 더 높은 효율성을 보장할 수 없다. 또한 위탁 행정기관에 상당한 수준의 전문성이 없는 경우 민간기관의 부도덕한 행태를 통제하지 못하는 등 심각한 대리문제를 유발할 수 있으므로 공공기관의 설치가 용인된다.

여섯째, 공공기관에 의한 대행이 적합할 경우에도 기존에 설치되어 있는 기관 기능과의 중복성 여부를 검토한다. 공공기관의 기능이 기존 기관과 중복되거나 밀접하게 관련되어 있다면 신설의 필요성이 인정되지 않는다. 기능의 중복은 예산 낭비, 기관 간 업무의 일관성 결여, 고객 혼란 등을 유발할 수 있다.

일곱째, 사업의 지속성 여부를 검토한다. 해당 사업이 한시적인 경우 기존의 공공기관에서 병행 수행하게 하거나 민간기관에 위탁하는 방안을 강구해야 한다. 사업이 영속적으로 시행될 수 있을 경우 공공기관 설립을 허용한다.

2) 한국의 실태

공공기관의 설립은 원칙적으로 해당 법률의 제정에 의한다. 주무부처의 장이 새로운 공공기관을 신설하고자 할 때에는 그 타당성에 대해 기획재정부 장관의 심사를 거쳐야 한다.

한국의 경우 설립과 별도로 공공기관 지정제도가 있다. 기획재정부 장관은 국가·지방자치단체가 아닌 법인·단체 또는 기관으로서 소정의 요건에 해당하는 기관을 공공기관으로 지정할 수 있다. 공공기관으로 지정할 수 있는 대상 기관은 원칙적으로 「공공기관의 운영에 관한 법률」에서 직접 지배구조를 규율하고 있는 기관은 물론이고, 「공기업의 경영구조 개선 및 민영화에 관한 법률」을 적용받는 공기업, 「방송법」을 적용받는 언론공기업, 「은행법」 등을 적용받는 금융공기업, 「정부출연연구기관 등의 설립·운영 및 육성에 관한 법률」과 「과학기술 분야 정부출연연구기관 등의 설립·운영 및 육성에 관한 법률」을 적용받는 정부출연연구기관 등 거의 모든 공공기관이 망라된다.

기획재정부 장관은 주무기관과의 협의와 공공기관운영위원회(공운위)의 심의·의결을 거쳐 매년 1월 말까지 공공기관을 새로 지정한다. 그리고 기존에 운영되고 있는 공공기관 중 필요할 경우 동일한 절차를 거쳐 그 지정을 해제하거나 유형을 변경해 지정한다. 기획재정부 장관이 공공기관을 지정 또는 지정 해제할 경우 공운위의 심의·의결을 거쳐야 한다. 주무부처의 장은 지정된 공공기관의 정관에 대해 인가한다.

표 6-1 공공기관의 지정 요건

호	내용
1	다른 법률에 따라 직접 설립되고 정부가 출연한 기관
2	정부지원액이 총수입액의 2분의 1을 초과하는 기관
3	정부가 50% 이상의 지분을 가지고 있거나, 30% 이상의 지분을 가지고 임원 임명 권한 행사 등을 통해 당해 기관의 정책 결정에 사실상 지배력을 확보하고 있는 기관
4	정부가 제1호~제3호의 기관을 합하여 50% 이상의 지분을 가지고 있거나, 30% 이상의 지분을 가지고 임원 임명 권한 행사 등을 통해 당해 기관의 정책 결정에 사실상 지배력을 확보하고 있는 기관
5	제1호~제4호의 기관이 단독으로 또는 2 이상의 기관이 합하여 50% 이상의 지분을 가지고 있거나, 30% 이상의 지분을 가지고 임원 임명 권한 행사 등을 통해 당해 기관의 정책 결정에 사실상 지배력을 확보하고 있는 기관
6	제1호~제4호의 어느 하나에 해당하는 기관이 설립하고, 정부 또는 설립기관이 출연한 기관

자료: 공공기관의 운영에 관한 법률.

2 경영 목표의 수립에 관한 감독

1) 개요

공공기관의 경영 목표는 사기업에 비해 더욱 중요시되어야 한다. 사기업에는 이윤극대화라는 절대적 목표가 존재하여 기업 성과를 측정하고 평가하는 데 객관적 기준이 된다. 이에 비해 공공기관에는 이와 같은 절대적인 목표가 존재하지 않으므로 경영 목표에 의해 경영 성과를 측정하고 평가할 수밖에 없다. 따라서 경영 목표는 사기업의 이윤과 같은 지표의 역할을 하므로, 경영 목표는 공공기관이 어떤 목적으로 설립되었는지를 고려해 구체적으로 결정해야 한다.

경영 목표는 구체성 있고 실현 가능하도록 설정되어야 하고, 목표들이 상충되지 않도록 우선순위가 정해져야 하며, 경영평가가 가능하도록 수립되어야 한다. 경영 목표는 객관적으로 설정되어야 하지만 공공기관의 업무가 대부분 공공성을 강하게 띠므로 모든 목표가 계량화되어 제시될 필요는 없다. 무리하게 경영 목표의 계량화를 시도함으로써 부적절한 경영 목표가 채택되는 것은 바람직하지 않기 때문이다. 다만 비계량 경영 목표는 경영평가 시에 신중하고 공정하게 다루어짐으로써 객관성의 결여 가능성을 최소화해야 한다.

공공기관의 경영 목표의 수립은 해당 기관에 위임되어 있는 것이 원칙이다. 그러나 공공기관 자체가 공공성을 본질로 하고 있고, 공공기관의 사업들이 정부의 정책적 수단으로도 활용되는 것이 현실이므로 경영 목표의 수립에 대해 각국 정부는 다소간의 개입을 하고 있다. 공공기관의 자율에 지나치게 의존하면 공공기관은 성과 향상에 유리한 경영 목표를 설정할 우려가 있기 때문이다.

2) 한국의 실태

기획재정부 장관과 주무부처의 장은 경영 목표 제출요구권을 갖는다. 이에 따라 공공기관의 장은 사업 내용, 경영환경, 기관장 계약의 내용 등을 고려해 3개년 이상의 중장기 경영 목표를 설정하고 이사회의 의결을 거쳐 확정한 후 10월 31일까지 기획재정부 장관과 주무부처의 장에게 제출해야 한다. 이미 수립된 경영 목표를 변경하는 경우에도 이사회 의결 직후 그 내용을 기획재정부 장관과 주무부처의 장에게 제출해야 한다. 한편 공공기관 경영환경·경영 여건 및 국가 정책 방향을 고려해 기획재정부 장관은 공기업의 장에게, 주무부처의 장은 준정부기관의 장에게 각각 경영 목표의 변경을 요구할 수 있다.

한국의 경우 공공기관의 경영 목표 수립에 대한 이사회의 역할은 다른 나라에 비해 상대적으로 작은 편이다. 한국 공공기관의 이사회는 경영 목표를 의결하지만 사실상 주무부처에 건의하는 경영목표안을 제시하는 정도에 그치는 수준이다.

3 조직 및 인사에 관한 감독

1) 개요

공공기관의 조직에 관해서는 설립 시를 제외하고는 직접적인 개입은 거의 이루어지지 않는다. 다만 사업계획서 작성을 위해서는 주무부처 장관과 협의를 해야 하기 때문에 그 한도에서 경영조직의 규모나 역할에 관한 감독을 받는다고 할 수 있다.

공공기관의 장의 임면에 관해 정부가 직접적으로 개입하는 것은 각국에서 흔히 발견되는 현상이다. 영국과 일본에서는 주무부처의 장이 기관장을 임명한다. 미국에서는 상원의 동의를 얻어 대통령이 임명하는 경우가 많으며, 일본에서도 일부 기관장의 임명 시 양원의 동의를 얻어야 한다.

2) 한국의 실태

한국의 공공기관의 경우 조직 및 인사관리에 관해 대통령, 기획재정부 장관 및 주무부처의 장의 개입이 광범위하게 이루어진다. 우선 한국의 공공기관은 기획재정부 지침에 의해 업무의 성질과 업무량을 정확히 분석해 조직과 인력의 적정규모를 유지해야 한다. 기획재정부 장관은 공운위의 심의·의결을 거쳐 공공기관의 조직 운영과 정원·인사관리에 관한 사항을 포함하는 경영지침을 작성·통보하며, 공공기관의 경영지침 이행에 관한 사항을 감독한다. 조직 확대, 자회사 설치, 인력 증원을 하고자 할 때에 공기업은 주무부처의 장을 거쳐 기획재정부 장관과 사전 협의를 해야 하며, 준정부기관은 주무부처의 장과 사전 협의를 해야 한다.

대통령은 공기업의 장과 감사, 규모가 큰 준정부기관의 감사에 대한 임명권을 갖는다. 기획재정부 장관은 공기업의 장 계약안 협의권, 공기업 비상임이사 임명권, 공기업 감사 임명 제청권, 준정부기관 감사 임명권, 시장형 공기업 선임 비상임이사 임명권, 비상임이사 및 감사 해임 또는 해임건의권을 갖는다. 주무부처의 장은 공기업의 장의 임명 제청권, 준정부기관의 장의 임명권, 준정부기관 비상임 이사 임명권을 갖는다.

한편 기획재정부 장관은 필요하다고 인정하는 경우 공공기관의 비상임이사와 감사나 감사위원회 감사위원의 직무 수행 실적을 평가할 수 있다. 평가 결과 그 실적이 저조한 비상임이사와 감사 또는 감사위원에 대해 공운위의 심의·의결을 거쳐 해임하거나 그 임명권자에게 해임을 건의할 수 있다.

4 예산 및 회계에 관한 감독

1) 개요

공공기관은 재정상 자기책임의 원칙에 따라 운영되므로 원칙적으로 정부가 책임을 지지 않는다. 다만 자본금의 전부 또는 일부를 정부가 출자하고 있으므로 재정 관련 정부부처의 적절한 감독이 필요하다.

예산의 편성 및 의결 과정에서의 공공기관에 대한 감독 유형은 국가별로 상이하다. 미국과 일본에서는 의회의 의결로써 예산이 확정되며, 영국에서는 의회의 심의를 받을 필요 없이 이사회의 의결만으로 예산이 성립한다. 예산 결정 시 행정부의 심의를 받도록 하는 경우는 거의 없다.

대부분의 국가에서 공공기관에 대한 회계검사 결과는 의회에 보고하도록 하고 있다. 영국의 경우 공공기관 회계검사를 회계검사원이 아닌 주무부처의 장이 임명하는 공인회계사에 의해 받도록 하고 있으나, 회계보고서는 연례보고서에 첨부되어 최종적으로 의회에 제출된다.

2) 한국의 실태

기획재정부 장관과 주무부처의 장은 예산의 편성, 집행, 결산에 관해 약간의 감독 권한을 갖는다. 기획재정부 장관과 주무부처의 장은 공공기관 예산 내용과 운영계획을 보고받을 수 있으며, 결산승인권을 갖고 있다.

5 업무에 관한 감독

1) 개요

대부분의 나라에서 업무에 관한 중요한 사항은 이사회의 권한에 속하며, 경미한 사항은 사장 등 임원에게 위임되고 있다. 다만 영국, 미국, 일본 등 대부분의 나라에서는 의회가 질의권을 통해 공공기관의 업무 집행을 간접적으로 감독하는 방법을 채택한다. 그러나 주무부처나 중앙예산기관이 일반적 수준의 감독을 행하는 경우도 적지 않다.

정부부처가 공공기관에 대해 행하는 업무 감독 방식은 그 정도를 보면 다양하다. 주무부처를 중심으로 공공기관의 업무를 포괄적으로 감독하는 경우가 있는데, 이 경우 정부가 공공기관의 경영에 지나치게 관여한다는 비판을 받는다. 따라서 최근에는 공공기관에 경영 자율성을 부여하고 정부의 불필요한 간섭을 방지하기 위해 법적으로 부여된 사항에 대해서만 감독하는 열거식 감독 방식이 일반적으로 채택되고 있다.

2) 한국의 실태

한국의 경우 기획재정부와 주무부처의 장에 의한 감독이 주요 내용이 된다. 따라서 정부의 공공기관에 대한 감독권 행사 방식 중에서 우리나라는 이중모형에 가깝다고 할 수 있다. 모든 공공기관에 대한 총괄적인 감독은 기획재정부로 일원화된 반면, 개별 공공기관에 대한 감독은 주무부처가 담당한다.

기획재정부 장관과 주무부처의 장은 공공기관의 자율적 운영이 침해되지 않는 범위 안에서 공공기관을 감독한다. 특히 기획재정부 장관은 경영방침 등 일반적인 사항을 지시하는 방식으로 감독을 행하며, 주무부처의 장은 주무부처가 위탁한 사업이나 소관 업무와 직접 관련되는 사업의 적정한 수행에 관한 감독이 일반적이다.

기획재정부 장관은 공공기관의 운영에 관한 일상적 사항과 관련해 예산과 자금 운영에 관한 사항, 재무건전성 확보에 관한 사항 등을 포함하는 경영지침을 작성하고 이를 공공기관에 통보한다. 그리고 공공기관의 경영지침 이행에 관한 사항을 감독한다. 주무부처의 장은 공공기관에 위탁한 사업이나 관련 사업의 적정한 수행에 관한 사항, 준정부기관의 경영지침 이행에 관한 사항을 감독한다.

6 외부감사

1) 개요

공공기관에 대한 감사는 내부감사와 외부감사로 구분된다는 점에서 기본적으로 민간기업의 그것과 큰 차이가 없다. 공공기관의 외부감사는 정부의 감독권을 간접 행사하는 수단이 된다는 점이 특징이다. 즉, 공공기관에 대한 소유권을 가지는 정부가 중요한 감독 수단으로 감사를 활용하기 때문에 정부가 외부감사의 중요한 주체가 된다.

2) 한국의 실태

한국 공공기관에 대한 외부감사로는 감사원 감사와 주무부처 감사가 있다. 공공기관의 외부감사는 주로 감사원에 의해 수행된다. 감사원은 공공기관의 업무와 회계에 관해 감사를 실시할 수 있으며, 이러한 감사를 관계 행정기관의 장 등에게 위탁하거나 대행하게 할 수 있다. 또한 기획재정부 장관(공기업의 경우) 또는 주무기관의 장(준정부기관의 경우)으로부터 공공기관의 결산서를 제출받은 감사원은 결산서를 검사하고 그 결과를 기획재정부 장관에게 제출한다.

제 2 절 경영평가

1 공공부문의 경영평가

1) 경영평가의 개념

경영평가란 기업이 달성해야 할 목표나 나아가야 할 방향을 통상 사전에 지표로써 설정하고 사후에 이에 관한 결과를 확인하는 것을 말한다. 그리고 경영평가의 목적은 좋은 성과에 대해서는 이에 상응하는 보상을 하고, 부진한 성과에 대해서는 책임을 묻는 등 사후관리를 함으로써 궁극적으로는 기업의 총체적인 경영 개선을 유도하기 위한 것이다. 경영평가가 반드시 경제적 인센티브와 연결되어야 할 이유는 없으나 경영 개선을 유도하는 환류의 기능과 구성원들에 대한 동기 부여의 기능을 살리기 위해 인센티브와 연계되는 경우가 많다.

경영평가는 흔히 기관평가 업무에 관해 전문지식이 있는 자에 의해 수행된다. 그리고 평가 대상 기관은 경영평가 담당자의 임명 및 평가 업무에 대해 영향을 미치지 못함이 일반적이다. 경영평가의 시기는 경영평가의 종류에 따라 달라질 수 있으나, 총체적 경영 실적을 평가하는 경우에는 적어도 1년 이상을 평가 대상 기간으로 설정하고 동 평가 기간 중 결산 완료 등 경영 실적이 통계적으로 정리되는 시점을 평가 시기로 정한다.

2) 공공부문 경영평가의 특징

공공부문은 설립의 목적에서의 공익성과 지배구조상의 공동 소유를 가장 큰 특징으로 하고 있다. 따라서 경영평가에서 공공부문은 민간부문과는 다른 취급을 필요로 하게 된다.

대부분의 공공기관은 공익성을 증진시키는 것을 설립 목적으로 하거나 기본사업으로 정하고 있다. 공공기관의 장은 특정 사업을 할 것인가를 선택하는 것이 아니라 정부에 의해 결정된 사업을 효율적으로 추진하는 것에 그 역할이 있다. 그러므로 사업 자체가 적자를 유발한다 해도 그것으로 인해 그 사업을 단순히 집행한 기관장을 문책할 이유는 없고 다만 사업이 얼마나 효율적으로 집행되었는가를 평가할 수 있을 뿐이다.

따라서 공공기관의 공익성을 평가하기 위해서는 사기업 경영평가와는 다른 평가모델을 개발해 적용할 필요성이 있다. 우선 공공기관의 정치적·사회적 역할을 감안해 적절한 평가 방법을 개발하고 평가계획을 수립해야 한다. 공공기관 경영평가지표 중 비계량지표의 비중이 상대적으로 높은 것도 이러한 이유에서이다. 다만 이러한 특성상 공공기관이 경영 성과의 부진이나 일반적 비효율성을 공익성 증진 때문에 불가피한 것으로 돌리는 경향이 발생할 우려가 있다.

한편 공공기관의 지배구조상의 특성으로 인해 경영 목표가 다양하고 모호하다는 사실과 목표들 간의 불일치를 해소하기가 어렵다는 사실은 곧 공공기관에 대한 평가가 어렵다는 것을 의미한다. 즉, 사기업의 경우에는 주식시장이나 전문경영인 시장을 통해 기업과 경영자에 대한 평가가 가능하나, 공공기관의 경우 이러한 시장이 없거나 매우 불완전하므로 시장을 통한 자동적인 경영평가가 이루어지지 못하는 실정이다. 또한 사기업의 경우에는 기업의 성과가 소유주의 이해에 직결되므로 주주들은 경영에 대한 감독을 행할 충분한 유인이 존재하지만, 공공기관의 경우에는 기업의 경영 성과가 공공기관을 감독하는 관료나 국민들의 이해에 직접적으로 영향을 주지 않으므로 민간 주주들에 비해 감독에의 유인이 약할 수밖에 없는 것이다. 이것은 공공기관 경영평가의 중요성과 특수성을 강조하는 결과로 이어진다.

3) 공공기관 경영평가 대상 영역

국민은 공공기관들이 정부를 대신해 무슨 기능을 수행하며 예산이 어떻게 쓰이는지 알고 싶어하므로 공공기관의 책임경영이 이루어지는지에 관해 객관적으로 감시를 할 필요가 있다. 경영평가 및 감독의 목적은 공공기관이 경제, 사회, 과학기술 등 거시적 환경 변화나 수요자들의 수요 변화에 부응하고 목표와의 부합도나 경영관리의 효율성 등을 점검함으로써 궁극적으로 장기적인 기관 발전에 기여하도록 하기 위함이다.

또한 공공기관 경영평가는 책임성의 토대 위에 성과를 향상함을 지향한다. 더구나 서로 다른 기능을 수행하는 기관들에게 기관별 특성을 반영할 수 있도록 자율성을 보장하는 것은 기관들의 설립 목적을 달성하는 데에 불가결하다. 이와 같은 성과관리 시스템을 정착하기 위해서는 사전 규제를 최소화하여 기관들이 책임성과 자율성의 조화 원리에 따라 활동하도록 허용하고 사후에 경영 성과를 평가하는 체계가 정착하도록 해야 한다.

이상과 같은 실제적 필요성을 반영해 미국 등 주요국의 경영평가 모델을 분석해 보면 경영평가의 주요 대상 영역은 고객 만족, 전략계획, 인사 및 조직관리, 프로세스, 사업 성과 등인 것으로 나타나고 있다(<표 6-2>).

표 6-2 주요국 경영평가 모델의 주요 대상 영역

항 목	미국			영국	유럽 (EFQM)	캐나다
	MB	PAQ	BSC			
리더십	○	○			○	○
고객 만족	○	○	○	○	○	○
전략계획	○	○	○	○	○	○
인사/조직	○	○	○	○	○	○
프로세스	○	○	○	○	○	○
사업 성과	○	○	○	○	○	○
정보와 분석	○	○				
예산				○		
재무/자금			○	○	○	
IT			○			
경영혁신			○	○	○	

자료: 최천규(2004).

2 경영평가 지표

1) 평가지표의 구비 조건

공공기관은 각각의 특징이 다를 뿐만 아니라 경영 행태에 미치는 요인들이 상이하므로 평가지표의 보편적 기준을 정하는 것이 매우 어렵다고 할 수 있으나, 일반적인 경영평가지표가 구비해야 할 조건으로는 측정가능성(measurability), 개선가능성(improvability), 관리가능성(controllability), 상대적 중요성(relative materiality), 충분성(sufficiency), 비교가능성(comparability)을 들 수 있다.

첫째, 평가지표는 평가 대상을 객관적으로 측정할 수 있어야 한다. 따라서 계량지표이든 비계량지표이든 평가의 객관성을 확보할 수 있도록 각 지표의 개발 방법에 대한 분석이 이루어져야 한다.

둘째, 평가지표는 평가를 통해 경영 개선을 가져올 수 있어야 한다. 따라서 평가지표는 가능한 한 평가 분야의 경영 개선 잠재력을 자극할 수 있도록 설정되어야 한다.

셋째, 평가지표는 해당 공공기관의 관리가 가능한 순수한 경영 노력을 측정 대상으로 해야 한다. 즉, 기업이 통제할 수 없는 정부정책의 변화 등과 같은 경영 외적인 요인은 지표 설정 시 가급적 제외 또는 조정되어야 한다.

넷째, 평가지표의 적정한 종류와 수는 평가의 목적, 대상 등에 따라 상이하겠지만 지표관리 및 평가의 합목적성 측면에서 볼 때 지표의 종류 및 수는 어느 정도 제한하는 것이 바람직하다. 따라서 지표 상호간의 상대적 중요도에 따라 지표의 선정이 이루어져야 한다.

다섯째, 평가지표는 기업이 달성한 경영 성과를 충분히 평가할 수 있도록 지표의 내용이 분명하고 지표 항목 간의 구분이 명확해야 한다. 그러나 동일한 경영 성과가 상이한 지표로 중복 평가되는 것은 배제되어야 한다.

여섯째, 평가지표는 평가 및 경영의 안정성을 확보하고 연도별 경영 성과와 개선 정도를 비교할 수 있어야 한다. 따라서 정책 변화, 경영환경의 급격한 변동 등의 경우를 제외하고는 평가지표의 계속성을 유지하는 것이 중요하다.

2) 계량지표와 비계량지표

경영평가지표는 크게 계량지표와 비계량지표로 나뉘는데 계량지표는 공공기관의 경영활동 중 주로 기업성을 강조하는 반면 비계량지표는 공공성을 강조한다. 그리고 계량지표에 의한 평가는 경영 성과에 대한 사후적 평가의 성격이 강한 반면 비계량지표에 의한 평가는 실적을 산출하기 위한 경영 시스템 또는 기관 전략에 대한 평가의 성격이 강하다. 계량지표의 예로는 노동생산성, 자본생산성, 계량 인건비, 계량 관리업무비, 고객만족도 등이 있고, 비계량지표의 예로는 경영층 리더십, 비전 및 전략 개발, 인사관리, 재무예산관리 등이 있다.

한편 계량지표는 평가자의 주관적 개입의 여지가 적고 상대적으로 관리가 용이하며 수용성이 높은 장점을 지니고 있으나, 계량화의 어려움이 존재하고 지표의 내용이 복잡하며 지나치게 기술적일 경우 경영평가의 의의를 상실할 우려가 있다. 반면, 비계량지표는 실적의 계량화가 불가능하거나 평가 대상의 질적 측면을 평가하기 위한 지표로서 계량지표의 한계를 극복할 수 있으나, 평가자의 주관적 판단이 개입될 경우 평가의 신뢰성을 저하시킬 우려가 있다. 따라서 양자는 상호 보완 관계에 있다고 할 수 있다.

표 6-3 경영평가지표의 유형

특성 \ 유형	계량지표	비계량지표
강조점	기업성	공공성
성격	사후적 성과평가	과정적 시스템 평가
장점	객관적, 관리 용이, 수용성 높음	계량화 불능 경우, 질적 평가
단점	계량화 어려움, 복잡, 기술적 치중	주관적, 신뢰성 저하 우려
사례	노동생산성, 자본생산성, 계량관리업무비, 고객만족도	리더십, 비전 및 전략, 인사관리, 재무 · 예산관리

3 한국의 공공기관 경영평가제도

1) 개요

한국의 공공기관 경영평가제도는 정부투자기관관리기본법에 의거해 1984년에 정부투자기관에 먼저 도입되었고, 다시 정부산하기관관리기본법이 제정됨에 따라 2004년부터 정부산하기관에도 경영평가제도가 도입되었다. 이어서 2007년 「공공기관의 운영에 관한 법률」이 시행되면서 정부투자기관과 정부산하기관으로 이원화되었던 경영평가시스템이 공기업 · 준정부기관 경영평가로 통합되었고, 2008년부터 평가 기준과 평가 방법이 일원화되었다.

공공기관 경영평가제도는 공기업과 준정부기관의 자율적 책임경영 체제를 확립하기 위해 사전적 관여를 최소화하고 공기업과 준정부기관에 자율 경영을 보장하는 가운데 성과평가를 통해 경영 실적에 대한 책임을 묻는 제도적 장치이다. 이를 위해 우선 법률에 근거해 공기업과 준정부기관이 달성한 경영 실적을 사전에 설정한 기준에 따라 평가한다. 그리고 평가 결과를 차등 성과급 지급 등 임 · 직원들을 대상으로 한 인센티브와 페널티 적용에 활용하고 공공기관에 환류해 경영 개선을 유도한다.

이와 같이 경영평가제도는 공공기관의 경영성과 관리 및 자율적 책임경영 체제를 구축하기 위한 핵심 장치이다. 경영평가를 통해 공공기관의 자율성과 효율성 및 투명성을 제고할 수 있고, 경영 성과에 대한 책임을 담보할 수 있게 된다. 기획재정부(2009)에 의하면 공공기관 경영평가제도의 구체적 기능은 다음과 같다.

첫째, 경영평가제도는 성과계약을 통해 정부와 공공기관 간의 관계를 바람직한 방향으로 설정해 준다. 정부와 공공기관의 역할을 명확하게 정의하고 명문화함으로써 행정기관의 무분별한 개입에 따른 문제를 해소할 수 있으며, 특히 정부와 공공기관 관계의 탈정치화를 가능하게 할 수 있다.

둘째, 공기업 경영 및 준정부기관 관리에서 핵심적 요소의 하나인 창의성과 기업가 정신이 발휘되기 위해서는 책임경영 체제가 구축되어야 한다. 공공기관 경영 평가제도는 공공기관의 경영 자율성을 확대하는 대신 경영 성과에 대한 사후적 평가 기능을 강화함으로써 자율적 책임경영 체제를 구축하는 기능을 수행한다.

셋째, 경영평가제도는 기관의 성과를 평가함으로써 공공기관의 장에게 경영성과를 제고하도록 하는 동기를 부여할 수 있다. 또한 평가제도를 통해 조직구성원들에게 목표 달성에 대한 책임 의식 및 동기 부여를 좀 더 강화할 수 있다.

넷째, 공공기관은 종종 자유재량적 행동에 의한 자기 목적의 추구, 위험 회피적 행동, 동기 유발 요인의 상실 등 대리인 문제를 노정한다. 경영평가제도는 공공기관별로 경영 목표를 부여하고 이를 사후에 평가해 그 성과 수준에 따라 인센티브를 차등적으로 부여함으로써 대리인 문제를 상당 부분 극복하게 해 준다.

다섯째, 공공기관이 비효율적으로 운영되는 원인 중의 하나가 기관 내·외부로부터 경쟁 압력이 결여되어 있다는 점이다. 따라서 공공기관의 경영 성과를 제고하기 위해서는 경쟁 요소 또는 압력을 작동시키는 것이 필요한데, 공공기관에 대해 경쟁 원리를 촉발하기 위한 제도적 장치가 경영평가제도이다.

여섯째, 경영평가 결과가 공공기관의 경영에 환류되므로 경영 개선을 유도하는 관리순환(management cycle)을 가능케 한다. 조직 목표 추진 과정에서 나타난 문제점을 진단해 수정할 수 있을 뿐 아니라 차기 목표를 수립할 때 중요한 기준을 설정할 수 있다. 경영관리 과정에 관한 평가는 해당 기관으로 하여금 어떻게 관리 능력을 향상시킬 수 있는지에 대한 지침을 제공해 줄 수 있다. 경영평가 과정에서 경영 현안에 대한 진단과 개선 방안이 도출될 수 있으며, 다른 기관의 우수한 제도나 관리 시스템을 벤치마킹하는 노력을 촉진할 수 있다.

일곱째, 경영평가제도를 통해 공공기관의 경영 실태를 분석해 그 결과를 국회에 보고하고 언론을 통해 국민에게 알림으로써 공공기관의 경영에 대한 공개성 및 투명성을 제고할 수 있다.

2) 평가절차

공공기관의 경영평가는 3년을 한 주기로 하여 평가 준비, 사업 시행, 평가 실시의 3단계 과정이 반복적으로 이어지고 있다.

① 평가 준비

평가 준비 연도에는 경영 목표를 설정하고 경영평가편람을 확정한다. 공공기관의 장은 사업 내용과 경영환경, 기관장 계약 등을 고려해 매년 중장기 경영 목표를 설정하고 이사회의 의결을 거쳐 확정한 후 10월 31일까지 기획재정부 장관과 주무부처의 장에게 제출해야 한다. 공공기관의 경영환경·경제 여건 및 국가 정책 방향 등을 고려해 기획재정부 장관은 공기업의 장에게, 주무부처의 장은 준정부기관의 장에게 각각 경영 목표의 변경을 요구할 수 있다. 경영 실적의 평가 기준과 방법은 공공기관운영위원회(공운위)의 심의·의결을 거쳐 기획재정부 장관이 정하되, 해당 기관의 사업 내용, 특성, 경영 목표의 달성 정도와 능률성을 객관적으로 측정할 수 있도록 정해야 한다. 공운위가 의결한 경영 실적 평가의 기준과 방법에 따라 매 회계연도 개시 전까지 경영 실적 평가에 관한 편람을 작성해야 한다.

② 사업 시행

사업 시행 연도에는 중장기 경영 목표와 경영평가편람을 통해 제시된 경영 목표에 따라 경영관리 또는 사업활동을 수행한다. 공공기관의 임·직원들은 평가 대상 연도 평가편람에 나타난 경영 목표와 각종 지표를 달성하기 위한 여러 활동을 수행하게 된다.

③ 평가 실시

평가 실시 연도에는 각 기관별로 전년도 경영실적보고서를 작성해 3월 20일까지 기획재정부에 제출한다. 각 기관은 경영실적보고서 중 계량지표 관련 실적에 대해서는 결산감사를 담당했던 회계법인 또는 감사(감사위원회)로부터 그 정확성에 대한 확인을 받아야 한다. 기획재정부 장관은 경영 목표와 경영실적보고서를 기초로 하여 공공기관의 경영 실적을 평가한다. 경영 실적의 평가 기준과 방법은 공운위의 심의·의결을 거쳐 기획재정부 장관이 정한다.

기획재정부 장관은 공운위의 심의·의결을 거쳐 매년 6월 20일까지 공공기관의 경영 실적 평가를 마치고, 그 결과를 국회와 대통령에게 보고한다. 기획재정부장관은 매년 경영실적보고서와 경영 실적 평가 결과를 기초로 하여 공공기관의 경영 상황에 대한 연차보고서를 작성하고 이를 공표할 수 있다.

3) 경영평가 지표

현재 기획재정부는 경영평가의 지표 체계로서 먼저 경영관리, 주요 사업의 2개 평가 범주로 대별했다. 각 평가 범주는 여러 개의 단위 평가지표로 구분해 평가하며, 단위 평가지표는 다시 복수의 세부 평가지표로 구성할 수 있다. 첫째, 경영관리 범주는 경영전략 및 사회 공헌, 업무 효율, 조직·인적 자원 및 성과관리, 재무예산 관리 및 성과, 보수 및 복리후생 관리를 평가한다. 둘째, 주요 사업 범주는 주요 사업별로 구분해 비계량 또는 계량 세부 평가지표를 활용해 해당 주요 사업의 계획·활동·성과를 종합적으로 평가한다(<표 6-4>).

표 6-4 공공기관 경영평가 지표 체계

평가 범주	단위 평가지표	세부 평가지표
경영관리	경영전략 및 사회 공헌	전략기획
		국민평가
		정부 권장정책
	업무 효율	
	조직, 인적 자원 및 성과 관리	
	재무·예산관리 및 성과	재무예산 관리
		자구 노력 이행 성과
		재무예산 성과(부채 감축 달성도)
		계량관리 업무비
	보수 및 복리후생 관리	보수 및 복리후생
		총인건비 인상률
		노사관리
주요 사업	주요 사업 계획·활동·성과를 종합 평가	

자료: 기획재정부(2014).

4) 결과 조치

공공기관의 경영평가 결과는 일차적으로 임·직원들에게 성과급 차등 지급을 위한 기준으로 활용되고 있다. 또한 평가 결과에 따라 우수기관은 표창하고, 부진기관에는 경고 등의 후속 조치를 취한다.

경영평가 결과에 따라 예산에 편성된 범위 내에서 경영평가 성과급을 지급한다. 기관별 임·직원 및 기관장 성과급 지급률은 경영 실적 평가 결과 확정 시 공운위의 의결을 거쳐 결정한다. 경영평가 결과에 따라 우수기관 및 관련 유공자에 대해서는 기획재정부 장관 표창 등을 수여할 수 있다.

기획재정부 장관은 경영 실적이 부진한 기관에 대해 공운위의 심의·의결을 거쳐 임명권자에게 해당 임원의 해임을 요구하거나 건의할 수 있다. 기획재정부 장관은 경영 실적 평가 결과 인건비 과다 편성 및 경영지침 위반으로 경영 부실을 초래한 기관에 대해서는 공운위의 심의·의결을 거쳐 향후 경영책임성 확보 및 경영 개선을 위해 필요한 인사상 또는 예산상의 조치 등을 취하도록 요청할 수 있다. 그리고 기획재정부 장관 또는 주무부처의 장은 경영평가 결과 부진기관에 대해서는 경영개선계획을 제출받아 그 이행 사항을 점검할 수 있다.

보론 공공부문이 지향하는 가치

어떤 형태의 사회 조류 또는 정책을 고찰할 때 우선 중요시되어야 할 것이 그 사회가 구현하고자 하는 기본적 가치를 명확히 제시하는 것이다. 가치는 그 개념 범주와 차원을 기준으로 할 때 목적적 가치인 이념과 수단적 가치인 규범으로 이루어지는 체계로 구성된다.[2]

2) 이념이란 "인간과 사회의 가치에 관한 인식적·도덕적 신념과 가정의 포괄적 형태"를 지칭한다. 요약하면 목적적 가치, 이상적 미래상을 말하는 것으로서 쉽게 변할 수 있는 것은 아니다. 이 이념에 기초하여 설정된 "가까운 미래에 실현하고자 하는 사실의 바람직한 상태"가 바로 목표이다. 여기서 이념이라는 신념적 형태를 목표라는 현실적 형태로 전환하기 위해서는 수단적 가치, 즉 규범이 필요하게 된다. 규범이란 "바람직한 행동지침" 또는 "목적적 가치의 배분 원리"이다.

1 이념

공공기관은 그 용어가 나타내는 바와 같이 공공성과 기업성을 그 이념으로 한다고 할 수 있다.

1) 공공성

공공성(publicness)은 공공기관과 민간기관을 본질적으로 구별하는 특성이라 할 수 있다. 여기서의 공공성은 목적 면에서의 공익과 소유 주체 면에서의 공동소유를 동시에 포함한다.

시장과 정부는 경제 체제 내에서 서로 대체적 관계에 있으나 규모의 경제나 외부 효과 등으로 인한 시장의 실패가 나타날 경우 공공성의 확보를 위해 양자의 보완성이 강조된다. 정부가 공공 및 민간의 중간 영역에 공공기관을 설립·운영하기 위해서는 그 설립을 통한 이익이 공적인 것이어야 한다. 다시 말해 정부가 공공기관을 운영하기 위해서는 운영을 통한 이익이 특정 이익집단에 국한되는 사익이 아니라 공익이라는 근거에서만 정당성을 갖게 된다는 것이다. 이와 같이 공익이론의 전통에 따르면 공공기관의 존립 목적을 공익에서 찾게 되며, 이념으로서의 공공성은 공익 목적의 달성을 의미하게 된다.

공익 개념은 역사적으로 볼 때 주로 경제적 이념 체계에 따라 변해 왔다. 현대적 의미에서의 공익은 대체로 개인의 사적 행동의 결과로서 실현되는 것으로 파악된다. 여기서 공익이 사회적 정책 형성의 과정과 분리되어 선험적으로 존재하는 것이 아니라 토론이나 조정의 과정을 통해 사후적으로 결정된다고 볼 때, 공익은 바로 사회적 합의라고도 할 수 있다. 정책 형성 과정에 현저한 영향을 미칠 정도로 다수가 일치된 견해를 가질 때 사회적 합의가 성립했다고 볼 수 있다. 물론 다수라는 것이 어느 정도를 의미하는 것인지 경계가 불명확하며, 좀 더 본질적으로 과연 다수의 견해가 항상 공익과 일치하는지에 대해서는 의문이 있는 것이 사실이다.

공공기관에서의 공익이라는 개념은 주로 공적 목적이라는 의미로 사용된다. 즉, 공공기관의 공익성은 사적 이윤 추구가 아닌 공공복리 추구를 목적으로 한다는 점에서 인식될 수 있다는 것이다. 여기서 공공복리가 무엇을 의미하는가에 관해서는 논란의 여지가 있으나 대체로 두 가지 측면에서 이해할 수 있다.

첫째, 공공기관이 제공하는 서비스가 저렴해야 한다는 것이다. 그러나 이것은 원가 절감을 통해 가격 인하를 도모하고 독점 이윤이 아니라 적정 이윤을 추구함으로써 소비자의 부담을 경감시켜야 한다는 것으로 손실을 보면서까지 반드시 염가로 제공하라는 의미는 아니다.

둘째, 경우에 따라서는 사회정책적인 차원에서 채산이 맞지 않더라도 공공서비스를 제공해야 한다는 것이다. 예를 들면 고지대에 대한 상수의 공급이나 지하철의 운영을 들 수 있다. 이러한 서비스는 상대적으로 원가가 높아서 민간기업에 맡기면 서비스의 공급이 제대로 이루어지지 않는 것들이다.

공익의 증진을 위해 공공기관, 특히 공기업이 설립되기 위한 구체적 조건에 관해서는 다양한 견해가 있다. 선진국의 경우 공공기관이 설립되는 조건은 주로 사회주의적 정치 이념, 독점적 사업, 경제적 위기, 국방상의 이유 등이며, 후진국의 경우는 민간자본의 부족, 독점적 사업, 재정적 수요의 충족 등이다. 따라서 선·후진국 간에 공통적인 설립 조건은 자연독점사업과 공공 수요의 충족이라 할 수 있다. 즉, 독점적 성격이 큰 사업 중 그 서비스가 국민생활에 필수불가결한 경우 공공기관이 설립될 수 있다는 것이다.

그러나 공익성 개념의 추상성으로 인해 적지 않은 문제점이 지적되고 있다. 그 중 하나가 "공공기관은 누구를 위해 공익을 실현하려 하는가, 그리고 과연 공익을 실현하기 위해 노력하는가"에 관한 것이다. 즉, 자본주의 체제 하의 공공기관은 국민 또는 지역주민에의 서비스 제공을 목적으로 하고 있으면서도 실질적으로 정치집단, 관료집단, 또는 대기업에 더 많은 봉사를 하는 경우가 있기 때문이다.

이러한 경향이 나타나는 것은 공공기관이 시민 또는 민간기업을 위한 것이기는 하나 현실적으로 관료나 전문경영인에 의한 대리경영이 불가피하다는 데에서 주로 기인한다. 따라서 이 문제는 공공기관의 지배권이 과연 국민에게 있는가와 그러한 지배구조상의 특징은 무엇인가 하는 지배구조의 문제로 다시 귀착된다.[3]

3) 공공성의 지배구조적 특성은 결국 민주적 책임성의 문제로 귀결되는데, 이에 관해서는 이 책 제4부 제1장 제1절에서 살펴보기로 한다.

2) 기업성

여기서의 기업성(enterpreneurship)이란 공공기관의 기업으로서의 성격, 즉 상품 또는 서비스 생산의 계속적 주체로서의 성격을 말한다. 이러한 기업성은 근본적으로 사기업의 기업성과 동일한 것이라 할 수 있겠으나, 공공기관에서는 공공성의 제약을 받으며 공공성과 조화되어야 한다는 점이 다르다고 하겠다. 예컨대 민간기업은 소유 및 경영의 주체가 개인 또는 사법적 단체로서 궁극의 목적은 이윤의 획득에 있다. 그리고 그 이윤은 주주 등 특정의 개인에게 배당된다. 이에 대해 공공기관은 소유 및 경영의 주체가 정부 및 공공법인으로서 궁극의 목적은 고객의 편의, 공공복리의 증진이며 사업행위 자체가 목적성을 갖고 있다. 그리고 이익은 시설 개량, 서비스 향상 등에 의해 결국 이용자인 기업 또는 시민에게 다시 환원된다.

따라서 공공기관에서의 기업성에는 다음과 같은 두 가지 의미가 있다고 할 수 있다.

첫째, 가능한 한 사업비용을 절감해야 한다는 것이다. 그러나 공공서비스의 질을 저하시키면서까지 비용을 절감해야 하는 것은 아니다. 비용 절감의 기본 목적은 동일한 예산으로 좀 더 양질의 공공서비스를 제공하는 데 있는 것이다.

둘째, 공공기관의 기업성이란 수지 균형의 의미를 가진다. 물론 적자가 불가피한 공공기관이 더 많겠지만 가능한 한 수입의 범위 내에서 지출하거나 지출한 만큼 수입되는 것이 바람직하다.

이와 같이 공공기관이 기업적으로 운영되어야 한다고 할 때 그것은 우선 형식적인 면에서 독립채산적 회계 처리를 한다든지 사용자 부담 원칙에 따라 요금 수익으로 소요비용을 충당하는 것을 의미한다고 볼 수 있다. 그러나 기업성은 기업적 형태를 갖는데 그치는 것이 아니라 기업적 내용으로 운영되는데 그 의의가 있다고 할 것이다. 즉, 공공기관의 운영상의 본질은 회계적 독립에 있다기보다는 창의적이고 신축적으로 조직이 운영되어 사업 효율을 높이는 데 있다고 할 수 있다.

3) 공공성과 기업성 간의 관계

지금까지 살펴본 공공성과 기업성의 관계를 검토해 볼 때 양자는 보완 관계에 있을 수도 있고 대립 관계에 있을 수도 있다. 우선 재원의 확충이 공공기관 설립의 목적일 경우 양자는 양립할 수 있으며, 기업성이 높을수록 공공성에 대한 기여도가 높아진다고 하겠다. 그러나 서민주택 건설과 같은 공공서비스 수요의 충족이나 낙후지역의 개발과 같은 것이 목적일 경우에는 공공성의 증진이 기업성의 악화를 초래할 수 있다.

공공성과 기업성이 상호 보완 관계에 있을 때에는 물론이고 양자가 상호 대립 관계에 있을 때에도, 어느 한쪽의 희생 하에 다른 쪽을 지나치게 강조하는 것은 바람직하지 않다. 기업성의 희생 하에 공공성을 추구해야 할 때에는 정부가 소요 경비를 부담하는 관행도 이런 의미에서 이해될 수 있다.

2 규범

앞에서 본 바와 같이 공공부문의 이념은 매우 추상적이고 또 다양하므로 그 자체로써 공공기관 환경을 직접 평가하거나 기관 운영의 적합성을 판단할 수 있는 지침의 역할을 수행할 수는 없다. 따라서 실제적으로는 구체적인 규범적 기준을 대상으로 하여 기관 운영의 논거를 제시하게 된다. 조직의 규범이 명확하지 못할 때 정책의 구체적 목표와 정책 수단이 합리적으로 선택될 수 없다. 공공성과 기업성의 핵심적인 구성 요소로서 대표적인 행정규범은 효율성, 형평성, 효과성, 민주성이다.

1) 효율성

효율성(efficiency)은 최소 비용의 최대 성과를 의미하기도 하고, 자원의 최적 배분을 의미하기도 한다. 일반적으로 공공기관의 근거와 평가를 위한 기준으로는 전자, 즉 생산적 효율성을 든다. 생산적 효율성(productive efficiency)은 가장 저렴한 비용으로 투입물을 결합해 상품과 서비스를 생산했는가에 관한 것이다.

생산적 효율성은 최소의 비용으로 최대의 생산물을 생산할 때 달성되는데, 규모의 경제나 거래비용과 같은 기술적인 의미뿐만 아니라 기술 진보나 경영 개선과 같은 질적인 의미도 포함된다. 효율성은 정부가 반드시 공공기관을 설립해야 하는가 또 그 방식이 적정한가를 판단해 주는 기준으로서의 역할을 한다.

2) 형평성

형평성(equity)은 각자의 공헌과 능력에 비례해 가치를 배분하는 것을 말하는 것으로서, 묵시적·명시적으로 배분적 정의와 동의어로 이해하는 것이 일반적이다. 본래 형평성은 현대 복지국가에서 시장경제의 불공정성을 보상하기 위한 정책의 기본적 가치였다. 이 목적을 달성하기 위한 가장 대표적인 수단이 조세이전기구(tax-transfer scheme)이다.

이 형평성 개념이 공공기관에서 사용될 때에는 공공서비스의 적정 배분의 의미로 받아들여진다. 미국의 경우 공공서비스 배분상의 형평성에 대한 관심은 1970년대 재정 위기가 표면화되면서 더욱 확대되었다. 이는 공공서비스 배분에서 형평성의 강조가 기본적으로 자원의 희소성에서 기인하기 때문이다. 즉, 자원이 한정되어 있을수록 그의 배분에 대한 갈등은 더욱 첨예해질 수밖에 없는 것이며, 이에 따라 서비스 배분상의 형평성 확보가 중요한 정책과제로 되는 것이다.

예를 들어, 공공기관이 공공서비스를 제공하는 경우 고객이 다른 사람들과 동일한 서비스를 제공받고 있는지, 지불 능력에 관계없이 필요한 최소한의 서비스를 받을 수 있는지, 고객의 의견이 적절하게 처리되고 있는지 등의 여부가 중요한 규범이 되는 것이다. 다만 형평성을 타당성 있게 측정하기 위해서는 계량지표 이외에 질적인 측정지표의 적용이 불가피해지는데, 이를 위해 인터뷰나 만족도 조사가 활용된다.

한편 공공기관의 서비스 배분에서 형평성을 특히 강조해야 할 이유는 공공기관 경영이 효율성을 최우선적으로 추구하기 때문이다. 공공기관이 지나치게 수익성이나 편익/비용 비율이 높은 사업만을 추진한다면 복지, 문화 등 비수익적 사업은 경시 또는 무시될 수밖에 없다. 이 때 형평성 기준은 경제적으로는 비효율적이지만 사회적으로 반드시 필요한 공공서비스의 최소한의 공급을 가능케 한다. 나아가 서비스의 차등 배분을 정당화할 수 있는 특수한 수요가 있을 경우 공공서비스는 그 수요의 차이를 고려해 차등적으로 배분되어야 한다. 따라서 능력과 수요를 최대한 감안한 수익자 부담 원칙의 적용은 대중 과세적 요금의 부과를 피함으로써 효율성뿐만 아니라 형평성 기준을 동시에 충족시키게 된다.

3) 효과성

효과성(effectiveness)이란 목표의 달성도를 의미한다. 즉, 조직의 성과가 미리 설정해 놓은 목표의 내용과 얼마나 부합하는지를 나타낸다. 행정에서 효과성 개념은 1960년대 발전행정 사고가 강조되고 행정 목표를 사전적·계획적·의도적으로 달성하려는 데 최대의 관심을 두면서 중요시되었다. 근래에는 정책 결정이나 정책평가 분야에서 효과성을 강조한다.

효과성에는 효율성과는 달리 비용 내지 투입의 관념이 들어가 있지 않다. 효과성은 비용과 같은 투입 문제가 아니라 정해진 목표를 얼마나 달성했느냐 하는 것에만 관심을 갖는다. 효과성 측정을 통해 조직의 목적 달성을 위해 인적·물적 자원을 체계적으로 사용했는지 여부를 알 수 있다.

4) 민주성

민주성(democracy)이란 많은 사람에 의해 여러 방식으로 정의되어 왔으나 대체로 대표성, 구성원의 욕구, 분권화 등 민주적 방식이라는 그 절차에 더 많은 관심이 집중되어 왔다. 이 때의 절차는 결정권과 같은 권한의 배분 절차로 볼 수 있으므로 사회적 가치의 배분 원리를 그 핵심으로 하는 다른 규범과 본질적으로 다를 바 없다. 단지 민주성은 권력이나 권한의 배분 원리를 중심 내용으로 한다는 점에서 차이가 있다고 하겠다.

공공기관에서의 민주성이란 소비자 등 고객의 의사를 최대한 반영하고 정책결정 과정에서 고객을 참여시키며 고객을 위한 서비스를 공급하는 것을 말한다. 즉, 공공기관의 사업 내용과 의사결정 절차가 민주적이어서 고객에게 더 많은 선택권과 권한을 부여하는 것이다. 공공기관의 민주성을 확보하기 위해서는 경영계획의 수립, 집행, 사후평가, 통제 등 모든 과정에서의 고객 참여가 필요하다.

이에 따라 최근에는 시민단체, 전문가집단 등 비공식적 고객 대표에 의한 사후통제의 필요성이 강조되고 있다. 그러나 현실적으로 의사결정 과정에 고객의 참여가 쉽지 않다는 점을 감안하면 실제로 민주성 확보는 감독기관의 역할에 의해 크게 좌우된다.

제3부

공공기관의 관리

제 7 장

전략 과정의 관리

사회 전 부문에 걸쳐 다양성과 복잡성이 증가하고 있어 시장과 공공부문 간에도 경쟁이 나타나고 있고, 공공부문 내에서도 새로운 공공기관의 출현으로 시장 못지않게 경쟁이 치열해지고 있다. 공공기관의 관리 과정은 전략 과정의 관리, 실행 과정의 관리, 통제 과정의 관리로 나누어 살펴볼 수 있다. 공공성과 기업성의 조화를 기하고 경쟁적 환경에 적절히 대응하기 위해서는 공공기관도 전략 과정에서부터 치밀한 관리를 기해야 한다. 전략 과정의 관리는 세부적으로 사명관리와 계획관리로 구분해 볼 수 있다.

제 1 절 조직의 관리 과정

1 공공기관 관리의 필요성

모든 조직은 그 나름대로의 목적을 달성하기 위해 존속하는 목적 지향적인 실체이다. 다만, 조직은 목적을 달성하기 위해 자원을 소비해야 하는 경제적 측면을 가진다. 자원을 소비하는 모든 조직은 값비싼 자원을 아껴서 사용해야 한다는 현실적 제약에서 벗어날 수 없다. 즉, 한정된 자원을 효율적으로 사용해 조직의 목적을 효과적으로 달성해야 하는 것이다.

다시 말해, 조직의 운영 시에 필연적으로 준수해야 할 규범인 효과성과 효율성의 달성은 관리 개념에서 찾을 수 있다. 관리라는 용어는 조직이 가진 각각의 성격이나 목적의 특수성에 관계없이 모든 조직에 공통적으로 적용할 수 있는 요소를 추출한 개념이다. 요약하면 관리(management, administration)란 "효과적이고도 효율적으로 조직의 목적을 달성하는 방법"이다.[1)]

이와 같이 조직의 운영에서 가장 기본적인 제약은 다른 조직과의 경쟁과 자원의 희소성이다. 최소한의 효과성과 효율성을 달성하지 못하는 조직은 생존할 수 없다는 것은 모든 조직에 똑같이 적용된다. 따라서 조직의 하나인 공공기관에서도 관리는 민간기관과 마찬가지로 중요하다.

오히려 공공기관에는 기업에서의 이익과 같이 명확한 목표 측정치가 없기 때문에 조직 운영 전 과정에서의 관리가 철저하지 않으면 목표의 달성이 어려워질 수 있기 때문에 관리의 중요성이 더욱 강조된다. 더욱이 사회가 복잡해지고 서비스 수요가 다양해짐에 따라 공공기관의 역할이 크게 증대되었으며, 복지사회의 성숙을 과제로 하는 경우 공공기관 관리의 중요성이 더욱 커질 수 있다. 따라서 사기업의 경쟁력 강화의 수단으로 활용되었던 관리기법이 공공기관의 운영에도 많은 도움을 줄 수 있다는 인식이 일반화되었다.

2 관리 과정

조직이 관리를 체계적으로 수행하기 위해서는 일정한 과정을 준수하는 것이 필요하다. 흔히 관리는 계획(plan)하고, 실행(do)하고, 확인(see)하는 과정을 거침으로써 완성된다고 한다. 이것을 관리 과정(management process)이라 하며 약칭 PDS 과정이라 한다. 때로는 관리 과정을 계획화(planning)-조직화(organizing)-

1) 관리와 관련된 용어로 management와 administration이 혼용되어 사용되는데, 관행적으로 public administration은 행정으로, private administration은 경영으로 통용되고 있다. 이 책에서는 관리가 행정과 경영을 포괄하는 광의의 개념을 의미하는 것으로 보고자 한다.

통제(controlling) 과정으로 파악해 POC 과정이라 부르기도 한다. 관리 과정은 환류를 통해 반복되므로 관리순환(management cycle)이라고도 한다.

계획화는 무엇을 달성해야 하고 어떻게 달성해야 할 것인지를 사전에 정하는 과정이다. 조직화는 조직의 목적을 달성하기 위해 인적 요소와 물적 요소 간의 관계를 설정하고 결합하는 과정이다. 통제는 계획과 실적을 비교·평가하고 그 원인을 분석하며 필요한 시정 조치를 하는 과정이다.

그러나 현대의 조직은 매우 급격한 환경 변화와 경쟁의 소용돌이 속에서 생존과 목표의 달성을 추구해야 하는 절박한 처지에 놓여 있는 경우가 많다. 다시 말해, 중장기적으로 미래를 예견하면서 단기적인 행동계획을 수립해야 하므로 단순한 계획이라고 하기보다는 전략이라는 용어가 더 적절할 것이다. 따라서 이 책에서는 조직의 관리 과정을 크게 전략-실행-통제 과정으로 구성되는 것으로 파악하고자 한다.

그림 7-1 조직의 관리 과정

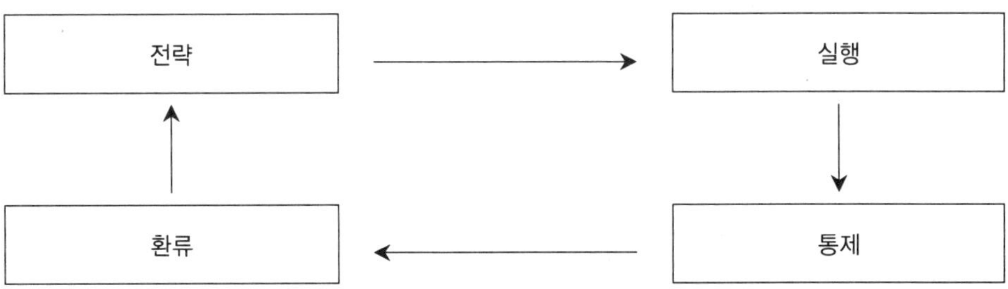

관리의 첫 번째 과정으로서 전략 과정은 조직의 미래 상황을 예측해 조직의 사회적 역할에 따라 목적을 설정하고, 이를 달성하기 위한 대안들을 분석하며, 최선의 방안을 선택해 구체화하기 위한 계획을 마련하는 과정이다. 전략은 "기대된 결과를 성취하기 위해 취할 수 있는 구체적이고 세부적인 행동"이라 정의된다. 주로 이사회에 의해 결정되는 전략은 경영자와 구성원에게 명확한 지침을 제공하기 위해 구체적 용어로 표현된다.

제 2 절 사명관리

1 사명의 의의

1) 사명의 개념

사명(mission)이란 조직의 항구적인 존재 이유, 즉 설립 목적을 말한다. 사명은 전략 수립의 최상위에 있으므로 사명이 결정되어야 계획 등 전략 과정이 진행될 수 있다. 특히 공공기관은 사기업에 비해 감시 및 평가 기능이 약하다는 본질적 취약성을 갖고 있으므로 정부와 고객의 신뢰와 이해를 확보하기 위해서는 명확한 사명의 설정이 중요하다.

조직의 목적에 대한 이해와 해석은 조직의 관리에 커다란 영향을 미칠 수 있다. 조직들은 그들의 사명에 대해 묵시적 합의에서 그치는 것이 아니라 명확하고 간결한 용어로 명문화해야 할 필요가 있다. 사명선언문(mission statement)은 조

표 7-1 공공기관 사명의 사례

공공기관	사명
대한무역투자진흥공사	글로벌 비즈니스 지원활동을 통해 고객의 경쟁력을 높이고, 국민 경제 발전과 국가 위상 제고에 기여함으로써 국민의 삶을 풍요롭게 한다.
한국광해관리공단	자연친화적 광해관리와 지속 가능한 지역 발전으로 경제 부흥과 국민 행복 증진에 기여한다.
한국교육학술정보원	교육 및 학술연구 정보화를 통해 국가 교육 발전에 기여한다.
한국농어촌공사	농어촌 자원의 효율적 이용·관리와 가치 증진을 통해 농어업의 경쟁력 강화와 농어촌의 경제·사회 발전에 기여한다.
한국도로공사	길을 열어 사람과 문화를 연결하고 새로운 세상을 넓혀간다.
한국산업인력공단	인적 자원 개발을 지원하는 다양한 사업을 수행함으로써 능력 중심사회 구현에 기여한다.
한국수자원공사	물로 더 행복한 세상을 만든다.
한국연구재단	창의적 연구와 인재 양성 지원

자료: 해당 공공기관 홈페이지(2014년 현재).

직이 왜 존재하는지, 그리고 무엇을 하는지를 문언으로 표현한 진술이다. 흔히 사명선언문에서는 조직의 존재 이유와 조직이 추구하는 이상과 가치를 기술하나 간혹 조직의 활동 주체, 대상, 사업 등을 구체적으로 명시하기도 한다.

이에 대해 조직의 비전(vision)이란 전략을 통해 상당한 기간 후에 구현할 수 있는 조직의 미래상으로서, 조직이 되고자 하는 소망스러운 모습을 나타내는 진술이라 할 수 있다. 비전은 구성원에게 조직이 미래에 바라는 것이 무엇인지를 알려 줌으로써 그들에게 동기를 부여해 준다. 비전은 조직의 꿈이라 할 수 있으므로 조직의 장기적 방향을 제시하는 나침반 역할을 한다.

요컨대 비전은 조직의 꿈으로서 "미래에 어떤 조직이 되어야 하는가"를 나타낸다면, 사명은 조직의 존재 이유로서 "현재 무엇을 추구해야 하는가"를 나타낸다고 할 수 있다.

2) 조직의 가치와 사명

사명은 조직의 존재 이유와 다른 조직과의 차이점을 기술하며 조직이 추구하는 가치와 이상을 명시한다. 조직이 달성해야 하는 목적과 나가야 할 방향, 그리고 구성원들이 준수해야 할 행동은 조직의 가치 체계에서 제시된다. 가치는 조직이 지향하는 바를 구현하기 위해 조직이나 구성원을 이끄는 규범이라 할 수 있다. 조직의 가치는 크게 존재가치, 경영가치, 행동가치로 구분된다.

존재가치는 조직의 사회적 존재 이유를 말하며 흔히 사명을 뜻한다. 사명의 구체성은 경영가치에 의해 표현된다. 경영가치는 경영자가 조직 운영에 관해 갖는 기본적인 태도, 신념, 행동 기준을 말한다. 기관의 관리 실무에서 사훈(社訓), 사시(社是), 기본 방침 등으로 명문화되는데, 고객 만족 · 혁신 추구 · 인간 존중 등이 흔히 쓰이는 경영가치이다. 행동가치는 구성원들의 행동의 근간이 되는 정신자세를 말하며, 창의 · 협동 · 혁신 등이 그 예에 속한다.

사명은 조식이 지향하는 목적을 제시하고 그 목적을 달성하기 위해 구성원의 역량을 결집한다는 점에서는 비전과 역할이 비슷하다. 그러나 사명에서 언급하는 목적이 비전에서 제시되는 조직의 미래상보다는 구체적인 성과의 형태로 나타난다는 점에서 다르다.

2 사명의 기능

사명은 현실적으로 구성원, 고객, 정부기관 등 관련되는 집단에 대해 다양한 기능을 수행한다. 우선 조직의 영역을 획정해 줌으로써 조직의 실체에 관한 이해력을 제고하게 하고, 구성원에게 명확한 목표를 제시하며, 고객을 식별하게 한다. 또한 구성원의 동기부여를 가능하게 하며, 평가를 통해 임직원과 정부에 대해 조직의 정확한 실태를 알려 준다.

1) 영역 기능

사명은 그 조직의 사업 영역 또는 활동 범위를 획정한다. 다른 조직과의 차이점을 기술하고 조직의 존재 의의를 명시해 조직의 방만한 운영을 방지하는 한편 환경의 변화에 맞추어 조직이 적응하도록 하는 기능을 한다.

이와 같은 영역 기능(boundary function)은 조직의 정체성을 명확히 하기 위한 방도로서도 중요하다. 조직이 추구하는 이상과 가치를 명시해 조직은 물론 구성원의 정체성을 내재화하는 역할을 담당한다. 그 결과 조직의 역량을 한 방향으로 집중하게 하여 조직의 성과를 극대화하는 기능을 수행한다.

2) 동기부여

사명은 조직의 이사회, 직원, 정부기관 등에게 동기부여(motivation)의 역할을 한다. 사명선언문은 조직의 이념을 표현하는 것이므로 조직 결집을 위해 좀 더 중요하다. 특히 공공기관의 경우 물질적 보상 이외에 기관의 공공적 가치로부터 얻을 수 있는 비물질적 보상을 통해 상당한 동기부여를 얻게 한다.

3) 평가 기능

사명은 평가 기능(evaluation function)에 도움을 준다. 공공기관은 사기업과 달리 평가의 기준이 명확하지 않은 경우가 흔히 있다. 주로 준공공재를 공급하는 공공기관은 사기업과 같이 수익성이 가장 중요한 평가 기준이 될 수는 없다. 이 경우 사명이 공공기관의 운영 시에 목표 달성의 기준으로서 수익성을 대체할 수 있는 기준으로서의 역할을 수행할 수 있다.

3 사명관리의 과정

공공기관이 설립되어 존속한다는 것은 공공기관이 영리기업이나 비영리조직 등 민간기관에 비해 그 어떤 장점을 갖고 있다는 증거이다. 따라서 사명을 관리할 때 공공기관은 조직의 장점을 어떻게 부각할 것인지를 충분히 고려해야 한다.

1) 사명의 인식

모든 기관은 해당 조직의 사명을 처음 인식한 설립자의 움직임에서 출발한다. 따라서 초창기의 사명선언문은 설립자의 인식을 표현한 것이라 해도 과언이 아니다. 그러나 조직의 사명은 설립자의 인식을 넘어서야 하는데, 그것은 기관이 설립된 후 존속하기 위해서는 구성원, 고객, 정부기관 등 관련 집단을 설득할 수 있어야 하기 때문이다.

2) 사명의 입안

초기의 사명선언문은 새로운 임・직원을 충원하고, 정부 지원을 확보하며, 고객집단을 식별하는 데 지침의 역할을 한다. 따라서 설립자는 모든 구성원을 염두에 두고 사명선언문을 입안하게 된다. 다만, 사명 입안 단계에서 구성원, 정부기관, 고객들은 설립자의 사명에 대해 수동적인 역할을 하는 데 그치는 경우가 많다.

사명선언문은 쉽고 간결하며 실행 가능한 것이어야 한다. 지나치게 추상적이고 모호한 표현은 동기부여와 평가 기능에서 문제가 될 수 있다. 표현이 구체적일수록 관련 이해당사자 간의 오해와 불일치가 축소되며 평가도 용이해진다.

3) 사명의 수정

사명의 수정은 환경 변화 또는 관련 집단의 수정 필요성의 인식에서 초래된다. 조직의 사명은 불변의 것이 아니므로 조직 환경 및 조직 자체의 변화에 따라 지속적으로 적응하고 수정되면서 발전해 간다. 경우에 따라서는 조직 설립 당시의 사명이 달성되어 사명을 전면적으로 수정해 조직의 존재 이유를 새로이 정립하게 된다.

구성원이나 정부기관은 조직의 정착 단계가 지나면 해당 공공기관의 사명의 수정에 대해 적극적으로 관여하려 한다. 따라서 공공기관의 사명선언문의 수정은 임원, 직원, 정부기관 관계자들의 합동 작업으로 진행된다.

다만 흔하지는 않지만 일부 기관의 경우 조직의 비효율성이나 업무의 취약성을 은폐하기 위해 사명의 수정을 기도하기도 한다. 반대로 환경의 급격한 변화에도 불구하고 구태의연한 사명의 장막 안에서 안주하려는 경우도 볼 수 있다.

제 3 절 계획관리

1 계획의 의의

1) 계획의 개념

계획(plan)은 목적을 달성하기 위한 미래의 행동 과정으로서, 목적을 성취하기 위한 수단을 결정하는 체계적인 방법을 말한다. 흔히 기획을 "계획을 세워가는 활동 과정"으로, 계획을 "기획으로부터 도출된 행동노선"으로 구분하기도 하지만, 여기에서는 양자를 구분하지 않고 과정과 결과물을 포괄하는 개념으로서 계획이라는 용어를 사용하기로 한다.

조직의 사명, 비전, 가치가 누가 그리고 왜 하려고 하는지를 나타내는 것이라면, 계획은 이것을 어떻게 가능하게 할지를 나타내는 것이다.

한편 계획과 통제는 관리 과정에서 다른 단계에 속하는 활동이지만 불가분의 관계에 있기 때문에 샴쌍둥이(siamese twin)라고 불리운다. 계획은 무엇을 해야 하는지 그리고 어떻게 해야 하는지를 결정하는 것이고, 통제는 목적이 달성되고 있는지 그리고 계획한 대로 옳은 방향으로 나가고 있는지를 확인하는 것이기 때문이다.

여기에서 계획과 통제 중 어떤 것이 더 중요한가 하는 것에 관해 논의가 있을 수 있다. 공공기관의 경우 비용의 대부분이 소비성 지출이고 일부 공기업을 제외하고는 기업에서와 같은 이익 개념이 희박하기 때문에 정밀한 통제 장치를 적용할 수 없으므로 상대적으로 계획 기능이 강조된다고 할 수 있다.

2) 계획의 수준별 유형

계획은 조직이 목적을 달성하기 위해 설정하는 계획의 수준에 따라 크게 목표, 전략계획, 사업계획, 운영계획으로 구분할 수 있다.

목표(objectives)는 조직의 설립 목적(purpose)을 달성하기 위한 구체적 계획을 수립한 것을 말한다. 목표는 현실적으로 사업 목표 또는 프로그램 목표 등으로 나타나며, 특정의 문제와 욕구를 해결하기 위한 실천적 계획을 의미한다.

전략계획(strategic plans)은 새로운 전략을 결정하고 그 전략을 이행하는 방법을 결정하는 과정을 말한다. 다시 말해 목표를 설정한 후 행동의 방침 내지는 방향을 채택하여 목표 달성에 필요한 자원을 배분하는 과정이다.

사업계획(program)은 목표를 달성하기 위해 필요한 사업계획의 대안들을 수집·분석하고 최종 대안을 결정하는 과정을 말한다. 다시 말하면, 전략계획을 실행하여 구체적 결과물의 산출에 도달하는 과정이라 할 수 있다.

운영계획(operational plans)은 상위 계획에 의해 만들어진 방침과 체계 속에서 조직 운영에 대해 효과적이고 효율적인 업무가 이루어지도록 하기 위한 실행적 계획이다. 즉, 전략계획과 사업계획을 달성하는 데 필요한 인력, 설비, 기술, 자재, 자금 등을 조달하고 운영하는 것이 여기에 속한다.

2 계획관리의 단계

수준별 계획의 관리 단계는 [그림 7-2]와 같다.

그림 7-2 계획관리의 단계

목표의 수립	→	전략계획의 수립	→	사업계획의 수립	→	운영계획의 수립

1) 목표의 수립

계획의 첫 단계는 적정한 목표를 수립하는 것이다. 여기서의 목표는 조직 전체의 목표와 조직 및 사업 부문별 목표를 포함한다. 목표 수립의 단계는 우선 조직의 비전과 사명을 점검하고, 사명을 바탕으로 조직의 경영 이념을 명확히 하며, 경영 이념을 바탕으로 조직이 지향하는 목표를 구체화한다. 실제적으로 목표는 사명을 현실적 정책 방향으로 조작화해 놓은 문장들로 이루어진다.

목표의 요건은 <표 7-2>에서 SMART로 요약된 바와 같이 실행으로 옮겨져 주어진 기간 내에 달성될 수 있도록 구체적이고, 계량적이며, 도전적이면서도 현실적이고, 결과가 명시되며, 시간이 명시되도록 표현되는 것이 바람직하다.

표 7-2 목표의 요건 - SMART

S(specific)	구체적인 현실 언어로 표현되어야 하며 목표를 달성하는 방법이 아닌 성과를 나타내어야 한다.
M(measurable)	목표가 얼마나 달성되었고 언제 달성되었는지를 측정할 수 있어야 한다.
A(aggressive & attainable)	가장 좋은 목표는 조직의 능력을 최대한 활용할 경우에 달성될 수 있어야 한다.
R(result-oriented)	활동이 아닌 결과를 구체화해야 한다.
T(time-bound)	목적으로 가기 위한 진행 정도를 모니터할 수 있게 완성 시점이 제시되어야 한다.

자료: Weiner(1990).

2) 전략계획의 수립

전략계획은 조직이 외부의 환경에 적극적으로 대응하면서 사명을 성공적으로 달성하는 데 필요한 전략의 우선순위에 대해 합의하고 구성원들로부터 헌신과 몰입을 이끌어 내는 체계적 과정을 의미한다. 따라서 조직은 전략계획의 수립 단계에서 조직 내부와 외부 환경을 검토하고 조직의 미래와 관련해 중점이 되는 이슈가 무엇인지, 그리고 이 이슈가 조직에 어떤 영향을 미칠 것인지 예측해, 이미 설정된 조직의 목표 달성을 위해 조직이 나아가야 할 방향을 제시한다.

우선 조직은 내부 조직분석을 통해 현재 가지고 있는 역량과 미래에 요구되는 역량을 예측해서 그 차이를 파악한다. 그리고 각각의 역량이 조직에 강점으로 작용할지 아니면 약점으로 작용할지를 분석한다. 강점(strength)이란 다른 조직과 달리 우리 조직만이 가지고 있는 이점을 말하며, 약점(weakness)은 사명을 성취하기 위해 반드시 극복되어야 하는 또는 개선되어야 하는 것을 말한다. 조직의 강점과 약점은 대체로 구성원들의 지식과 기술, 조직구조, 서비스 질, 기관 평판, 시설 및 장비, 조직문화, 재정 능력, 의사소통, 가치 등에서 발생한다.

다음에 정치, 경제, 사회, 기술, 환경, 법령 등 외부 환경분석을 통해 환경의 주요한 변화와 향후 전망을 파악하고,[2] 이 변화들이 현재와 미래의 조직활동에 어떠한 영향을 끼칠 것이며, 이것이 조직에 새로운 기회를 제공할지 아니면 위협하는 요인으로 작용할지를 분석한다. 기회(opportunity)란 환경 변화가 조직에 주는 긍정적 요소를 의미하고, 위협(threat)은 기회의 반대로서 조직의 능력을 잠재적으로 방해하는 요소를 의미한다. 기회와 위협은 일반적인 환경의 변화 이외에 인구통계학적 변화와 고객의 욕구 변화 등에서도 나타난다.

이것이 SWOT분석의 기본틀이다. SWOT분석 결과를 가지고 조직의 강점은 살리고 약점은 없애거나 줄이며, 환경의 기회는 적극 활용하고 위협은 억제하거나 회피하는 전략을 수립한다(<표 7-3>).

표 7-3 SWOT분석에 의한 전략계획의 방향

내부조직 / 외부환경	강점(strength)	약점(weakness)
기회 (opportunity)	SO(강점-기회) 전략	WO(약점-기회) 전략
	기회를 활용하기 위해 강점 이용	기회를 활용하기 위해 약점 극복
위협 (threat)	ST(강점-위협) 전략	WT(약점-위협) 전략
	위협을 회피하기 위해 강점 이용	위협을 회피하기 위해 약점 극복

자료: Weihrich(1982); Bryson(2004).

이와 같이 전략계획 연구의 주요 흐름은 내부 조직분석을 통한 강점과 약점의 식별을 파악하려는 핵심 역량(core competence)에 관한 연구와 외부 환경분석을 통한 기회와 위험 요인의 식별을 파악하려는 경쟁 우위(competitive advantage)

2) 조직의 대표적 환경 요소로는 정치(politics), 경제(economy), 사회(society), 기술(technology), 환경(environment), 법령(legality)이 있는데 용어의 첫 글자를 따서 PESTEL이라 부르기도 한다.

에 관한 연구로 수렴된다. SWOT분석의 관점에서 파악한 전략계획은 "경영자가 환경에서 나타난 기회와 위협의 관점에서 기업의 강점과 약점을 평가하고 기업의 역량을 환경적 기회에 맞추어 전략을 결정하는 과정"으로 정의된다.

그림 7-3 SWOT분석에 의한 전략계획 수립의 개념도

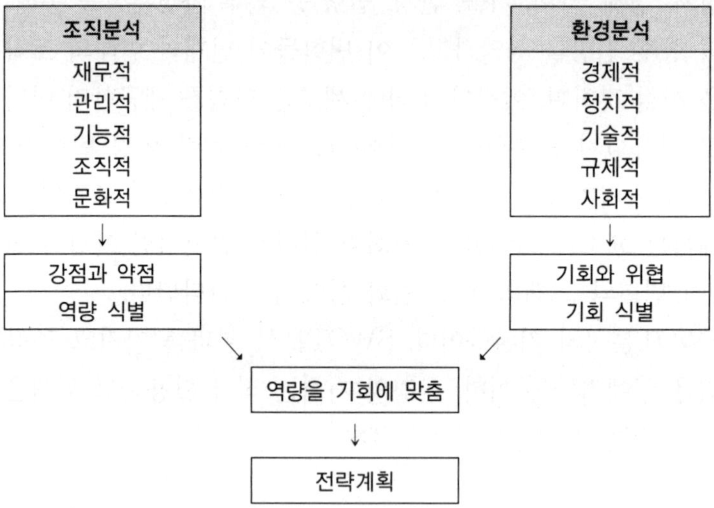

자료: Anthony & Govindarajan(1995).

3) 사업계획의 수립

계획관리의 세 번째 단계가 사업계획, 즉 프로그램의 수립이다. 이 단계는 다시 ① 사업대안의 탐색 · 개발, ② 사업대안의 비교 · 분석, ③ 사업대안의 선정 등 세 개의 세부 단계로 구분된다.

첫째, 전략계획을 수립한 이후에 이 전략을 실천할 수 있는 여러 사업 대안을 광범위하게 탐색 또는 개발해 비교 평가 대상에서 제외되지 않도록 분명히 확인해 두는 것이 필요하다. 사업대안의 탐색 · 개발이란 과거에 시행되었거나 현재 시행되고 있어 이미 알려져 있는 기존의 대안들 중에서 문제 해결을 위한 대안을 발견하는 탐색 활동은 물론 전혀 새롭고 창의적인 대안의 개발 및 설계 활동까지도 포괄하는 개념이다.

둘째, 탐색 · 개발된 사업대안은 일정한 기준에 따라 비교 · 분석된다. 사업대안들 간의 비교 · 분석은 결과를 예측해 상대적으로 효과가 없다고 판단되는 대안들을 가려내고 남은 대안들에 일정한 기준을 적용하고 목표 달성 기여도 등을 평가해 우선순위를 매기는 것을 말한다. 분석의 기준으로는 능률성, 효과성 등이 채택되며, 비교 · 분석을 위한 기법의 활용도 다양하게 이루어진다.

셋째, 의사결정자는 문제의 해결을 위해 비교 · 분석된 여러 대안 중 하나를 공식적으로 선정한다. 이 때 분석가에 의해 건의된 특정 사업대안을 그대로 채택하거나 내용의 일부를 수정하거나 몇 개의 대안을 절충해 채택한다. 사업대안이 선정되고 그 구체적 사업계획이 수립되면 구성원들이 검토하고 의견을 제시하도록 해야 한다. 사업계획(안)은 조직 전체의 합의에 도달하기까지 지속적으로 수정 · 보완해 실행에 옮겨져야 한다.

4) 운영계획의 수립

사업의 최종 대안이 선정되었다고 해서 계획관리의 모든 단계가 끝났다고 할 수 없다. 운영계획 단계가 뒤따라야 하는데, 운영계획은 최종 대안의 실행을 보완해 주는 추가적인 계획을 의미한다. 운영계획에는 사업계획이 실행되는 활동기간이 명시되고, 세부적인 과업 활동과 그에 수반되는 투입비용이 산출되어 기술되어야 하며, 나아가 사업계획의 실시 담당 인력이 명확히 지정되어야 한다.

운영계획이 실행되는 도중 또는 사업이 완료된 시점에서 발견된 사실, 문제점, 효과 등은 시정 · 평가되어 다음 계획 단계에 환류되어야 한다. 이와 같이 보완적 성격의 다양한 운영계획이 충실히 시행될 때 비로소 계획의 모든 과정이 완료되었다고 할 수 있다.

제 **8** 장

실행 과정의 관리

공공기관은 공공재나 공공서비스를 생산하는 주체이다. 이 같은 생산 주체로서 공공기관은 구성원, 조직, 그리고 공공서비스를 어떻게 실행해야 하는지 검토할 필요가 있다. 실행 과정의 관리란 조직과 구성원과 공공서비스를 적절히 관리하여 3자가 서로 융합하도록 하는 것을 의미한다. 조직의 목적을 달성하기 위해 업무 처리 절차를 수립하고 사람을 적재적소에 배치해 적합한 일을 맡기며, 자원과 사람과 일들 간의 관계를 설정하게 된다. 이하에서는 우리나라 공공기관의 실행 과정의 관리 실태를 「공공기관의 운영에 관한 법률」(공운법)의 규정을 참조해서 인적자원 관리, 노사관계 관리, 마케팅 관리, 요금 관리를 중심으로 살펴본다.

제 1 절 인적자원 관리

인적자원은 무한한 개발의 잠재력을 지닌 질적 요소이다. 인적자원의 질적 수준은 기계와 달리 고정되어 있는 것이 아니라는 데에 그 중요성이 있다. 인적자원이 중요하면 이를 관리하는 인적자원 관리 또한 중요하지 않을 수 없다. 공공부문의 경우 작은 정부의 요구에 따라 정부의 규모와 생산성에 대한 비판이 커지게 되었고, 특히 재정의 한계가 나타남에 따라 예산에서 큰 비중을 차지하는 인건비의 절감이 중요한 과제로 등장했다. 정부의 비효율적인 인력관리에 대한 납세자의 비판이 높아지면서 공공부문 인적자원 관리의 역할이 더욱 부각되었다.

1 의의

1) 개념

조직의 관리는 기본적으로 사람을 중심으로 이루어지고 있다는 점에서 사람의 관리는 조직의 성공을 위해 가장 중요하다고 할 수 있다. 인적자원 관리(human resource management)란 조직의 목표를 효과적이고 효율적으로 달성하기 위해 필요한 인적자원의 활용에 대한 계획을 수립하고 인적자원을 동원하고 개발하는 모든 활동을 의미한다.

전통적인 인사관리는 종업원들을 통제하고 업적에 대한 상벌 시행을 주요 목적으로 하는 도구로 인식되었다. 조직의 경제적 성과 달성을 목표로 하여 종업원을 비용으로 충당되는 생산 수단으로 봄으로써 개인의 주체성을 무시했다.

그러나 현대적 인적자원 관리는 구성원을 능력 개발에 의한 성장의 주체로서 파악하고 궁극적으로 개인 목표와 조직 목표를 일치시키려는 상호 교환적 지향을 가진다. 조직 내의 사람을 자본 또는 자산으로 인식하면서 개인의 동기 및 욕구를 중시하고 이를 개발하는 데에 초점을 둔다(<표 8-1>).

표 8-1 인사관리와 인적자원 관리의 비교

전통적 인사관리	현대적 인적자원 관리
승진 중심의 수직적 이동	전문성 위주의 수평·수직적 이동
낮은 조직 간 이동성	높은 조직 간 이동성
지시 및 통제의 관리 방식	위임형 관리기법
직급 중심의 인사 체제	직무와 역량 중심의 인사 체계

자료: 박경권 외(2011: 225).

2) 공공기관 인적자원 관리의 특징

세계화가 급속히 진전되면서 행정환경이 변화함에 따라 공공서비스도 국민과 기업의 요구와 무관하게 일방적이고 독점적으로 제공되어 오던 방식에서 과감하게 탈피할 필요가 생겼다. 또한 행정이 영향을 미치는 영역이 넓어지고 기술이 복잡해져 감에 따라 공공부문의 전문성이 어느 때보다 높이 요구되고 있다. 따라서 공공기관 종사자의 가치관, 태도, 지식, 기술에 대한 변화의 요구가 높아지면서 인적자원 관리의 중요성이 더욱 부각되었다.

인적자원 관리가 공공기관에서 중요한 것은 주로 다음과 같은 특수성에서 기인한다.

첫째, 사기업과 달리 명확한 소유권을 보유하지 못하는 공공기관에서 임원과 직원은 중요한 이해관계자 집단이다. 이들은 기관의 운영에 관해 강력한 의사결정 권한을 가지고 있으며, 기관에 관한 절대적인 정보를 보유하고 있다.

둘째, 공공기관이 생산하는 상품과 서비스는 사기업이 생산하는 일상적인 민간재와는 크게 다른 경우가 많아 숙련된 전문인력을 필요로 한다. 이에 따라 인력의 평가나 통제가 쉽지 않다는 문제점이 있다.

2 과정

인적자원 관리는 구성원과 관련된 다양한 활동들 간의 유기적인 관계로 구성되어 있어 어떤 한 과정의 변화는 인적자원 관리 모든 과정에 영향을 미치게 된다. 따라서 인적자원 관리의 개선을 기하려면 부분적인 변화가 인적자원 관리 전반에 영향을 미친다고 전제하는 통합적 관점에서 접근해야 한다. 일반적으로 인적자원 관리는 [그림 8-1]과 같은 과정을 순환하면서 실행된다.

그림 8-1 인적자원 관리의 과정

계획 → 충원 → 개발 → 활용 → 보상 → 유지

1) 계획

인적자원 관리에서 가장 먼저 수행되는 과정이 충원이라 생각하기 쉬우나 그 이전에 인적자원의 충원을 포함한 인적자원 관리 전반에 관한 계획을 수립하는 과정이 필요하다. 인적자원에 관한 계획은 직무계획에서 출발한다. 직무계획(job plan)이란 업무의 분석을 통해 직무에 필요한 사람의 능력을 확정하고 직무 간의 관계구조를 설정함으로써 개인의 업무를 구조화하는 활동을 말한다.

이 중 직무분석(job analysis)은 직무에 포함된 과업과 책임, 다른 직무와의 관계, 성과를 낼 수 있는 개인의 능력, 직무환경 등 직무에 관련된 정보를 수집해 체계적으로 정리하는 과정을 말한다. 직무평가(job evaluation)는 직무분석의 결과를 토대로 해서 직무 상호간의 상대적인 가치를 평가하고 그 차이를 계량화함으로써 직무 간의 중요도를 상호 비교하는 것을 말한다.

이와 같은 직무계획에 따라 미래의 필요 인력을 파악하고 적절한 인력의 내용과 수를 예측해 주기적으로 인력계획을 수립한다. 인력계획은 중장기적인 계획 이외에 원칙적으로 매년 수립함이 바람직하다.

2) 충원

충원은 조직에 필요한 적절한 인력의 양과 질을 확보하는 과정이다. 충원은 인력계획을 전제로 하여 모집 · 선발 · 배치의 순서로 이루어진다. 충원은 현재 필요한 인력을 정확히 파악하고 확보함으로써 인적자원 관리의 타당성을 높이는 역할을 한다.

공공기관은 공공성이라는 특유의 목표를 인식하고 이를 실현하려는 인력으로써 구성된다. 따라서 공공기관에서 추구하는 비전(vision)이나 사명(mission)이 우수한 인적자원을 모을 수 있는 가장 큰 요인이 된다.

3) 개발

인적자원의 개발은 확보된 구성원을 체계적으로 교육 · 훈련하고 개인의 경력관리를 꾀하는 것이다. 개발은 확보된 인력이 능력을 최대한 발휘하도록 함으로써 조직의 유효성을 높이는 역할을 한다.

구성원의 잠재된 능력을 끌어내어 일정한 조직 성과로 이어지게 하기 위해서는 구성원의 목표와 요구를 반영해 인적자원을 체계적으로 훈련하고 개발해야 한다. 관리자는 구성원의 인적・기술적 정보 및 자료를 통해 교육훈련의 필요성을 파악해야 한다.

4) 활용

인적자원의 활용은 개발된 인적자원으로 하여금 조직의 목표를 달성하는 데에 기여할 수 있도록 하는 활동이다. 여기에는 구성원의 배치・직무순환・승진 등의 활동과 아울러 개발된 능력에 적합한 조직의 설계와 조직의 문화를 정립하는 것도 포함된다.

이러한 인적자원의 활용은 인사고과를 토대로 하여 이루어진다. 인사고과는 조직구성원 개인의 성과 기준과 직무 수행 결과를 비교・평가하고 미래의 능력을 예측하는 인사활동이다. 성과가 높으면 적절한 보상이 행해지고 성과가 낮으면 기준에 도달할 수 있도록 개발관리 등의 조치가 취해진다.

인사고과의 용도는 구성원의 적성과 능력을 정확히 평가하여 적재적소에 배치하기 위한 경우, 구성원의 현재적 및 잠재적 능력을 평가해 개인의 성장 요구를 충족하기 위한 경우, 인사정책에 필요한 정보를 획득하여 급여・승진 등에 공정하게 반영하기 위한 경우 등에서 찾을 수 있다(<표 8-2>).

표 8-2 인사고과의 용도

목적	내용
적정 배치	구성원의 능력과 적성을 평가해 적재적소에 배치함.
능력 개발	능력을 평가해 개인의 성장 욕구를 충족함.
공정 처우	인사정보를 획득해 급여・승진 등에 공정하게 반영함.

자료: 박경권 외(2011: 233).

5) 보상

보상이란 개발되어 활용된 인적자원에 대해 그 공헌도에 따라 공정하게 금전적・비금전적 대가를 지급하는 과정이다. 보상은 노동력의 반대급부, 생계 수단,

성과에 대한 대가, 동기부여의 수단 등 다양한 기능을 가진다. 따라서 보상 시스템을 어떻게 구성할 것인가, 어느 정도의 임금 수준을 유지할 것인가, 무엇을 기준으로 보상할 것인가, 성과급제를 도입할 것인가 등의 문제가 보상에는 매우 중요한 관심사이다.

보상은 크게 금전적 보상과 비금전적 보상으로 나뉜다. 금전적 보상은 기본급, 상여금, 각종 수당, 인센티브 등을 말하며, 비금전적 보상은 시설 사용 기회 부여, 인정, 칭찬, 교육 및 훈련 기회 부여, 재량권의 확대 등을 의미한다.

보상관리는 주로 임금관리와 복리후생관리로 이루어진다. 임금관리는 임금 총액의 구성 내용을 결정해 시행하는 것을 말한다. 임금 체계에는 근속연수를 기준으로 임금을 정하는 연공급, 직무의 중요성이나 난이도에 따라 임금을 정하는 직무급, 노동성과를 측정해 임금을 산정하는 성과급 등이 있다. 복리후생은 임금 외에 생활의 안정과 삶의 질 향상을 위해 지급되는데, 현금 이외에 복지시설 사용 등 다양한 방법으로 실시된다.

복리후생은 크게 자발적 복리후생과 법정 복리후생으로 나뉜다. 자발적 복리후생은 조직의 자유 의사 또는 노사 간 협약에 의해 도입한 것으로 주거, 식사, 체육, 오락, 통근, 경조사, 문화활동 등에 관련된 항목을 포함한다. 법정 복리후생은 정부가 사회복지정책의 일환으로 법에 의해 강제로 도입한 것으로서 건강보험, 연금보험, 산업재해보상보험, 고용보험 등 4대 보험이 이에 해당한다.

6) 유지

유지는 인적자원이 지속적으로 조직에 남아서 자신의 능력을 발휘하도록 각종 배려를 하고 직무 수행 시에 어려운 문제를 극복하도록 유도하는 활동을 말한다. 인적자원을 유지 관리하는 데 중요한 부분은 인간관계 개선을 위한 기법을 적용하고, 이직의 원인을 규명하는 등 고용 조정의 관리이다.

3 한국의 실태

1) 임원의 인적자원 관리

행정이 영향을 미치는 영역이 넓어지고 기술이 복잡해짐에 따라 공공부문의 전문성이 어느 때보다 높이 요구되고 있어 공공기관을 포함한 공공부문 임원의 임면이 더욱 중요해졌다. 특히 공공기관의 경우 기관별로 제공하는 서비스가 다르므로 기관의 성격과 서비스에 부합하는 임원이 임명되어야 한다. 따라서 구체적이고 명확한 인사 기준을 수립하고 공개해 기관장 등 임원을 선임할 때 투명성을 확보해야 한다. 기관장을 임명할 때 객관성을 확보하기 위해 주무부처가 아닌 중립적인 통합관리기관에서 비상임이사, 관련 전문가 등으로 구성되는 기관장추천위원회를 구성하는 경우가 많다.

또한 임원의 임기를 몇 년으로 하는가 하는 것은 공공기관의 자율성 및 책임성의 확보와 밀접한 관련이 있다. 임원의 임기를 너무 짧게 정하면 그만큼 경영의 자율성과 자립성이 제한되어 장기적인 사업을 강력하게 추진할 수 없다. 반면에 임기를 너무 길게 하면 정부의 임명권 행사에 의한 통제가 약화되고 경영자가 독선적으로 운영할 위험성이 있다.

한국의 공공기관의 장은 원칙적으로 공기업의 경우 대통령이, 준정부기관의 경우 주무부처의 장이 임명하도록 되어 있다. 이와 관련해서 이사회는 기관장이 임기 중 달성해야 할 구체적 경영 목표와 성과급 등에 관한 사항이 포함된 계약안을 작성해 임원추천위원회에 통보해야 한다. 임원추천위원회는 통보받은 계약안에 대해 기관장 후보자로 추천하고자 하는 자와 계약 내용과 조건 등을 협의하고 그 결과를 주무기관의 장에게 통보해야 한다.

공공기관의 모든 임원은 소규모 준정부기관을 제외하고 임원추천위원회가 복수로 추천하도록 되어 있다. 임원추천위원회는 공공기관 임원 후보자를 추천하고 기관장 후보자와의 계약에 관한 사항 협의 등의 역할을 수행한다. 임원추천위원회는 당해 공공기관의 비상임이사와 이사회가 선임한 위원으로 구성되며, 공공기관의 임·직원과 공무원은 임원추천위원회의 위원이 될 수 없다. 기관장의 임기는 3년이고 이사와 감사의 임기는 2년으로 되어 있다.

상임이사는 원칙적으로 기관장이 임명한다. 비상임이사는 공기업의 경우 기획재정부 장관이, 준정부기관의 경우 주무부처의 장이 임명한다. 이사회 기능을 강화하기 위해 배치하는 선임 비상임이사는 비상임이사 중에서 호선하나, 시장형 공기업의 경우에는 비상임이사 중에서 기획재정부 장관이 공공기관운영위원회(공운위)의 심의·의결을 거쳐 임명한다. 감사는 공운위의 심의·의결을 거친 후

표 8-3 공공기관 임원 임명 절차

구분	공기업	준정부기관
기관장	임원추천위 복수 추천→공운위 심의·의결→주무부처장 제청→대통령 임명(소규모: 주무부처장 임명)	임원추천위 복수 추천→주무부처장 임명(대규모: 주무부처장 제청→대통령 임명)
상임이사	기관장 임명	기관장 임명
비상임이사	임원추천위 복수 추천→공운위 심의·의결→기획재정부 장관 임명	주무부처장 임명(대규모: 임원추천위 복수 추천)
선임 비상임이사	비상임이사 중 호선(시장형 공기업: 공운위 심의·의결→기획재정부 장관 임명)	비상임이사 중 호선
감사	임원추천위 복수 추천→공운위 심의·의결→기획재정부 장관 제청→대통령 임명(소규모: 기획재정부 장관 임명)	임원추천위 복수 추천→공운위 심의·의결→기획재정부 장관 임명(대규모 및 특수기관: 기획재정부 장관 제청→대통령 임명)

자료: 공운법의 내용을 요약·정리했음.

원칙적으로 공기업의 경우 대통령이, 준정부기관의 경우 기획재정부 장관이 임명한다.

이사회는 기관장이 기관장으로서의 직무 수행에 현저한 지장이 있다고 판단하는 경우 이사회의 의결을 거쳐 주무부처의 장에게 그 기관장을 해임하거나 해임을 건의하도록 요청할 수 있다. 기획재정부 장관과 주무부처의 장은 의무·책임 및 직무를 이행하지 않거나 게을리한 경우 공운위의 심의·의결을 거쳐 비상임이사 및 감사를 해임하거나 그 임명권자에게 해임을 건의·요구할 수 있다. 또한 기획재정부 장관은 비상임이사와 상임감사 또는 감사위원의 직무 수행 실적을 평가할 수 있는데, 평가 결과 그 실적이 저조한 경우 공운위의 심의·의결을 거쳐 해임하거나 해임을 건의할 수 있다.[1] 기관장은 당해 기관의 상임이사와 성과계약을 체결하고, 그 이행 실적을 평가할 수 있으며, 평가 결과 실적이 저조한 경우 상임이사를 해임하거나 해임을 건의할 수 있다.

---

1) 현재 상임 감사(감사위원)에 대한 직무 수행 실적 평가만 시행하고 있다. 평가는 크게 감사활동의 적정성 및 직무성과, 외부 평가 결과, 기관 경영평가 결과 등 3개 범주에 대해 평가한다. 평가 결과는 연임 여부 결정 등 인사 참고자료로 활용한다.

한편 임원의 보수 기준은 ① 기관장의 경우 해당 공공기관의 경영 성과와 주무부처의 장과의 계약 내용과 이행 수준, ② 상임이사의 경우 성과계약 이행 실적 평가 결과, ③ 상임감사의 경우 직무 수행 실적 평가 결과를 고려해 기획재정부 장관이 공운위의 심의·의결을 거쳐 정하는 보수지침에 따라 이사회에서 정한다.

2) 직원의 인적자원 관리

현대 조직을 운영할 때 근로자의 일에 대한 욕구가 변하면서 이에 대한 적절한 대응이 인적자원 관리의 중요한 과제로 되었다. 인간의 자율성과 성장 욕구에 대한 새로운 인식이 확산되면서 금전적 보상을 근간으로 하는 보상제도와 지시·통제를 중심으로 하는 인적자원 관리에 변화가 일기 시작했다. 인간 욕구의 다양성을 인정해 다양한 동기 유인을 활용함은 물론 통제 중심에서 능력 개발의 적극적인 인적자원 관리에 초점을 맞추기 시작한 것이다.

한국의 공공기관은 「공기업·준정부기관의 인사 운영에 관한 지침」에 나타난 바와 같이 임원 및 직원의 선임·채용·승진·전보 등 인사 운영 전반을 법령 및 정관·규정·지침에서 정하는 바에 따라 공정하고 투명하게 운영해야 한다. 직원의 직무 수행 능력 향상과 자기 계발 기회의 확대를 위해 다양한 교육 프로그램을 운영해야 하며, 국가유공자·장애인·여성·지방 인재·이공계 전공자 등에 대한 사회 형평적 인력 활용이 이루어지도록 노력해야 한다.

이를 위해 직원 보직관리에서는 해당 직원의 전공·전문성·경력·본인 희망 등을 고려하고, 주요 직위에 대해 사내공모·개방형 임용 등을 실시하며, 경력개발제도를 도입해 운영하고 있다.

공공기관 직원은 기관장의 허가를 받은 경우가 아니면 그 직무 외의 영리를 목적으로 하는 업무에 종사하지 못한다. 한편 한국의 경우에도 공공기관 직원은 공무원이 아니지만 형법상 수뢰, 사전 수뢰, 알선 수뢰에 관한 규정의 적용에는 공무원으로 본다.

제 2 절 노사관계 관리

1 공공기관의 노사관계

노사관계란 노사 상호간의 권리 · 의무의 승인을 전제로 자격, 처우, 질서 유지 및 개선 등을 위해 노동시장 또는 직장에서 맺어지는 관계를 말한다. 일반적으로 노사관계는 노동조합과 사용자 간의 집단적 관계를 말하지만, 기본적으로 집단적 노동관계는 개별적 노동관계를 전제로 하여 출발한다. 여기에 제3의 당사자로서의 국가가 관여한다. 따라서 노사관계는 주로 단결권 · 단체교섭권 및 단체행동권의 노동3권과 노동쟁의조정제도를 중심으로 형성된다.

노사관계에 관한 정책은 나라마다 다양하나, 대체로 노동조합이 정부의 규제로부터 자유로운 사적 기관으로서 존재하는 경우와 노사관계에 관한 사항이 정부의 통제 하에 놓여 있는 경우로 구분된다. 대부분의 정부는 중간적 입장을 취하고 있으며, 종래 직접적인 통제가 없었던 경우에도 점차 노조의 활동을 세부적으로 규제하는 방향으로 나가는 추세에 있다.

공공기관은 그 공공적 특성으로 인해 노사관계에서 사기업과는 다소 상이한 특성을 갖는다. 공공기관 근로자의 단결권과 단체교섭권은 사기업과 마찬가지로 인정되는 것이 세계적인 추세이다. 다만 단체행동권은 민간기업과 달리 취급되는 경우가 많다.

2 단결권

1) 의의

단결권이란 근로자들이 자주적으로 노동조합을 설립하고 이에 가입해 운영할 수 있는 권리를 말한다. 단결권은 근로자 개개인이 지니는 약한 입장을 극복하고 근로 조건의 유지 · 개선 기타 근로자의 경제적 지위의 향상을 도모하기 위해 생겨난 것이다. 단결권의 주체로는 근로자 개인뿐만 아니라 단결체인 노동조합도 포함된다. 다만 자주성과 민주성이 결여된 노동조합은 근로자의 권익 보장에 부적합하므로 궁극적으로 근로자의 단결권을 침해할 가능성이 있다. 따라서 노동조합의 단결 주체성은 자주성과 민주성이 확보됨을 전제로 하고 있다.

단결권은 소극적 자유권의 성격 외에 적극적 생존권의 성격도 가진다는 점에서 결사의 자유와는 전혀 다른 기본권으로 볼 수 있다. 여기서 역사적 배경으로 볼 때 단결권의 생존권적 측면이 중요한 의미를 지니는 것이 사실이지만, 동시에 노동조합의 가입·탈퇴 여부를 근로자 본인의 자유권에 따라 결정할 수 있다는 측면을 부인할 수는 없다. 따라서 노동조합에 가입하지 않을 권리를 의미하는 소극적 단결권도 단결권의 본질에 포함되는 것으로 보아야 한다.

2) 공공기관의 단결권

공공기관 근로자의 단결권은 대부분의 나라에서 인정되고 있다.

우선 미국에서는 TVA를 제외한 모든 공공기관의 직원들도 인사관리처(Office of Personnel Management)의 관리 하에 공무원으로 취급되므로 공공기관의 노사관계는 공무원의 노사관계와 동일하다. 따라서 공공기관 직원에게는 행정기관의 공무원과 마찬가지로 일반적으로 단결권이 보장되고 있다.

영국과 일본에서 공공기관의 직원은 사기업의 근로자와 마찬가지의 노동3권을 보장받으므로 당연히 단결권을 보유한다.

한국의 공공기관에게도 단결권이 보장되고 있다. 이에 따라 대부분의 공공기관에 노조가 설립되어 있으며, 또한 이들 노조는 대부분 한국노총이나 민주노총과 같은 노조연맹에 가입하고 있다.

3 단체교섭권

1) 의의

단체교섭권은 근로자가 조직한 노동조합이 근로 조건을 유지·개선하기 위해 사용자와 교섭할 수 있는 권리를 말한다. 근로자는 단결의 목적을 달성하기 위해 단체교섭을 하고 때로는 쟁의행위를 전개해 단체교섭을 유리하게 이끌고자 한다. 단결의 목적은 단체교섭과 단체행동의 뒷받침이 있으므로 비로소 실현 가능한 것이며, 특히 단체교섭을 하지 않는 근로자의 단결이란 무의미한 것이다. 따라서 노동3권의 중심이 되는 권리를 단체교섭권으로 보아 단체교섭권을 목적적 권리로, 단결권 및 단체행동권을 그 수단적 권리로 보기도 한다. 이에 단체교섭의 주체·범위·방식 등에 관해 법적 요건을 부과하고 그에 따른 효과를 부여하는 나라가 다수를 차지한다.

단체교섭은 ① 노동조합을 교섭의 당사자로 참여시킴으로써 실질적으로 대등한 지위를 인정하는 기능, ② 상호 신뢰 관계를 구축함으로써 노사 갈등을 예방하는 기능, ③ 근로자 개인들을 노동조합으로 조직화하는 기능을 수행한다. 실제적으로 단체교섭은 각 나라마다 역사적·사회적 요소의 차이로 인해 그 형태가 다양하게 나타난다. 예컨대 영국과 미국 등에서는 단체교섭을 회합이나 협의의 변형으로 보기 때문에 단체협약을 일종의 신사협정으로 본다. 이에 반해 독일·일본·한국 등에서는 단체교섭을 집합적 교섭으로 보기 때문에 성실 의무가 강조된다.

한편 단체교섭의 결과 합의된 사항에 관해서는 협약이라는 형태로 서면화하게 된다. 단체협약은 시민법상의 계약 원리를 보완하는 것이나 ① 본질상 교섭 강제의 원칙이 적용된다는 점, ② 당사자가 합의에 도달할 경우 계약의 체결을 의무화한다는 점, ③ 채권·채무 관계에 따른 효력 이외에 규범적 효력이 인정된다는 점에서 계약과 다른 특색이 있다.

2) 공공기관의 단체교섭권

공공기관의 단결권을 보장하고 있는 나라에서는 대체로 단체교섭권도 인정하고 있다.

미국의 경우 공공기관의 직원은 공무원과 사실상 동일한 취급을 받고 있으며 단결권과 마찬가지로 단체교섭권도 보장받고 있다. 특히 1962년 케네디 대통령의 「노사협력에 관한 대통령령」에 의해 공무원노동조합의 단체교섭권이 합법화되었고, 그 후 공무원제도개혁법(Civil Service Reform Act)의 제정에 의해 대통령령 규정 사항이 법률 규정 사항으로 되었다. 공공부문 노동관계 업무를 관장하는 연방노동관계청(Federal Labor Relations Authority)에서 단체교섭의 주체가 될 노동조합을 지정하고 투표를 감시한다.

영국의 공공기관의 직원은 공무원이 아니므로 공기업 노동조합의 단체교섭권은 사기업 노동조합의 단체교섭권과 본질적으로 동일하다. 일본과 한국의 공공기관에게도 단체교섭권이 보장되고 있다.

한편 공공기관의 노사관계는 공공기관의 지배구조적 특성으로 인해 사기업과는 다른 노사관계 체계를 형성하는 경우가 있다. 즉, 형식상 공공기관의 사용자는 사장 등 관리자가 되겠으나 관리자는 사실상 정부의 위임을 받은 대리인에 불과하므로 공공기관 관리자와 정부 모두 사용자에 포함될 수 있다. 그렇지만 현실적으로 정부는 교섭에 직접적으로 참여하지 않으므로 불가피하게 단체교섭 구조의 왜곡 현상이 나타나기도 한다.

한국의 경우 공공기관 임직원 보수를 포함한 예산의 편성은 정부의 절대적인 통제 하에 놓여 있다. 따라서 공공기관 노조는 정부를 사용자의 일부로 인식하지만 현실적으로 정부는 교섭에 직접적으로 참여하지 않으므로 교섭구조의 불일치라는 결과를 초래하고, 이것은 결국 원활한 단체교섭을 진행하는 데 장애 요인이 되기도 한다.

4 단체행동권

1) 의의

노동조합과 사용자 간의 평화적인 단체교섭이 곤란하거나 결렬되는 경우 일반적으로 노동조합은 파업 기타의 쟁의행위를 벌여 그 국면을 자기 측에 유리하게 타개하려고 한다. 이와 같이 단체교섭이 결렬되어 노동쟁의가 발생하는 경우 노동조합은 자기의 주장을 실력 행사를 통해 관철하기 위해 단체행동을 하게 되는데, 이와 같은 단체행동을 할 수 있는 노동조합의 권리를 단체행동권이라 한다. 단체교섭은 단체행동이라는 수단을 배경으로 할 때 유리하게 전개할 수 있으므로, 단체행동권은 단체교섭에서 근로자의 지위를 사용자와 대등하게 유지하는 역할을 한다.

일반적으로 단체행동의 개념에는 쟁의행위뿐만 아니라 단체 과시도 포함되는 것으로 본다. 쟁의행위란 파업·태업 등 업무의 정상 운영을 저해함으로써 분쟁 상태를 유리하게 전개하고, 궁극적으로 그 주장을 관철할 목적으로 행하는 행위를 말한다. 따라서 쟁의행위는 구체적인 실력 행사를 수반한다는 점에서 근로 조건에 관한 의견의 불일치로 인해 발생되는 분쟁 상태를 의미하는 노동쟁의와 구별된다. 한편 단체 과시는 업무의 정상적 운영의 저해를 반드시 수반하지 않는 가두시위·집회·완장 착용·피케팅 등을 말한다.

단체행동권은 근로 조건의 향상을 위해 행사해야 하므로 근로 조건의 향상과는 관계없는 정치적 파업은 한계를 일탈한 것으로 본다.

2) 공공기관의 단체행동권

공공기관을 포함한 정부부문 노동조합에 단체행동권을 인정할 것인가에 대해서는 찬반 양론이 대립하고 있다. 단체행동권을 인정해야 하는 이유로는 다음의 것들이 제시되고 있다.

첫째, 현실적으로 정부부문 노조의 파업이 빈번히 발생하고 있는데도 불구하고, 법률로써 공무원의 단체행동권을 박탈하고 정부부문 노조의 파업을 금지하는 것은 실효성이 없다.

둘째, 민간기업의 근로자가 파업권을 갖고 있는데 이와 유사한 사업에 종사하는 공공기관의 직원에게서 파업권을 박탈한다는 것은 형평성을 상실한 조치라 할 수 있다.

셋째, 정부부문 노조의 파업은 결함 있는 인사행정의 증세라 할 수 있으므로, 법률로써 노조의 파업을 금지하기보다는 파업의 원인을 제거하는 것이 중요하다.

한편 공공부문 노동조합에 단체행동권을 인정할 수 없다는 사람들은 다음과 같은 것을 그 이유로 들고 있다.

첫째, 공공기관은 공공 수요를 충족하기 위해 법률에 근거해 설립되었으며, 이 점에서 이윤 추구를 목적으로 하는 민간기업과 다르다.

둘째, 민간기업은 인건비 등이 과중해 그 업무를 계속할 수 없는 경우에는 해산할 수 있으나 정부는 그럴 수 없다.

셋째, 민간기업의 경우와는 달리 정부의 책임자들은 선거를 통해 국민에 대해 책임을 지고 있으므로, 국민의 의사에 반해 공공부문의 보수 수준을 결정할 수는 없다.

넷째, 정부는 독특한 예산순기를 지니고 있으며 세입의 제한을 받고 있으므로, 공공부문 노조가 요구한다 해서 보수를 인상할 수 없다.

이와 같이 공공부문 노동조합의 단체행동에 대해 논란이 많은데, 이를 반영해 이에 관한 각국의 정책은 다음과 같이 크게 네 가지 형태로 나타나고 있다.

미국 · 일본 · 독일과 같은 국가에서는 공공부문 근로자의 파업을 금지하고 있으며, 이를 위반할 때에는 처벌하도록 되어 있다. 그러나 이러한 법률의 규정에 위반하여 파업을 단행할 때 벌칙의 적용을 얼마나 엄격하게 하느냐는 국가에 따라 차이가 있다. 미국 연방정부의 경우 공무원노조 연합단체의 통합을 계기로 파업을 금지하는 법률을 제정해 공무원은 물론 대부분의 공공기관 직원도 파업을 할 수 없게 했다. 다만 일부 주의 경우 파업 금지 규정을 두지 않거나 파업을 허용하고 있다.

캐나다 · 프랑스 · 스웨덴 같은 국가에서는 공공부문 근로자에게 명문으로 단체행동권을 부여하고 있다. 그러나 파업에 돌입하려 할 때에는 일정한 절차를 밟아야 한다.

영국과 같은 국가에서는 묵시적으로 공공부문 근로자에게 단체행동권을 부여하고 있다. 다만 우정공사 근로자만은 파업이 금지되어 있으며 이들이 파업을 하는 경우에는 처벌하도록 되어 있다.

벨기에 · 덴마크 같은 국가에서는 공공부문 근로자들의 단체행동권 보유 여부가 법률상 명확하지 않으며 불확실한 상황에 놓여 있다.

이상의 논의에서 볼 수 있는 바와 같이 각국의 단체행동권에 대한 태도는 다양하게 나타나고 있으나, 최근에 들어 미국이나 일본 등 소수의 경우를 제외하면 공공기관의 단체행동권을 인정하는 나라가 늘어나고 있다.

미국의 경우 정부기업뿐만 아니라 공공기관도 공무원법의 적용을 받으므로 원칙상 파업이 허용되지 않는다. 그러나 주정부 및 지방자치단체의 공공기관의 경우 실제로는 상당수의 파업이 있었다.

일본의 특수법인의 설립 근거법에 의하면 공공기관의 임 · 직원은 공무원에 준하는 성격을 가지므로 단체행동권은 제한된다고 해석된다.

영국은 공공기관의 직원이 공무원이 아니므로 사기업 노동조합의 단체행동권과 동일하다. 이에 따라 1970년대 이후 공공기관의 파업이 빈번하게 일어나기도 했다.

한국에서도 공공기관의 직원은 공무원이 아니므로 단체행동권을 가진다. 다만 쟁의행위를 허용하는 경우에도 관계 법률에 기본 원칙이나 제한 사항 등을 상세히 규정하고 있다. 이에 따라 쟁의행위는 그 목적, 방법, 절차 등에서 법령 기타 사회 질서에 위반되어서는 안 되며, 조합원은 노동조합이 주도하지 않은 쟁의행위를 해서는 안 된다.

5 노동쟁의조정제도

1) 의의

노동쟁의조정제도란 노사 간의 분쟁 상대를 양 당사자가 아닌 제3자의 개입으로 해결하는 제도를 말한다. 다만 노사관계는 노사자치를 원칙으로 하는 것이므로 이 제도는 최소한의 제3자 개입으로 운영되어야 한다.

노동쟁의 조정의 구체적 방식으로는 알선, 조정, 중재가 있다. 알선(conciliation)이란 제3자가 쌍방의 주장을 확인하는 등 당사자가 스스로 분쟁의 해결에 이르도록 도움을 주는 것을 말한다. 조정(mediation)은 제3자가 분쟁의 당사자들에게 해결안을 제시하나 당사자들은 그 해결안에 구속되지 아니하는 것이다. 중재(arbitration)는 제3자가 분쟁에 대해 당사자를 구속하는 최종 결정을 내림으로써 분쟁을 종결하는 것을 말한다. 알선과 조정은 분쟁 해결의 주체가 당사자이지만 중재는 제3자가 주체가 된다. 노동쟁의조정제도는 알선 및 조정을 원칙으로 하고 중재는 알선·조정이 실패하거나 국민생활에 커다란 영향을 주는 노사분쟁에 대해서만 예외적으로 적용한다.

2) 공공기관의 노동쟁의조정제도

공공기관의 단체행동권이 법상 인정된 나라에서도 민간부문과는 달리 노동쟁의에 대해 강제중재제도를 채택하는 경우가 많다. 특히 그 공공기관이 공익사업에 해당하느냐에 따라 쟁의절차가 차이를 보이게 된다. 예컨대 미국의 경우 공공부문의 분쟁조정절차는 민간부문과 같이 알선, 조정, 사실 확인, 중재로 이루어지는데 민간부문과 달리 법적으로 강제된다. 일본의 경우도 쟁의권이 없는 노동조합과 근로자의 권리를 보호하기 위해 노사 간의 의견이 일치하지 않는 경우 지방노동위원회에 의해 알선, 조정 및 중재의 분쟁 처리 절차를 거칠 수 있게 하고 있다. 특히 공기업의 공공적 특수성을 감안해 강제조정 및 강제중재제도가 도입되어 있다. 영국은 공공부문도 민간과 마찬가지로 노사관계가 자율적이므로 국가에서 제공하는 분쟁조정 서비스는 노사의 임의적 선택 사항에 속한다.

한국은 알선과 조정을 통합한 조정제도를 운영하고 있다. 정기노선 여객운수사업, 수도·전기·가스·석유 정제·석유공급사업, 공중위생 및 의료사업, 은행 및 조폐사업, 방송·통신사업 등 공익사업에 해당될 경우 냉각 기간을 길게 하고 쟁의의 조정을 우선적으로 신속히 처리하며, 긴급 조정을 인정하고 있다. 특히 철도운송사업, 수도·전기·가스·석유 정제·석유공급사업, 병원사업, 통신사업 등 필수공익사업에 대해서는 강제중재가 허용된다.

한편 공공부문의 중재를 위해 별도의 분쟁조정기구를 설치·운영하기도 한다. 영국의 경우 공공부문의 일반적 분쟁은 1974년에 설립된 자문·알선·중재위원회(Advisory, Conciliation and Arbitration Service: ACAS)에서 담당하고 있다. ACAS의 운영 방침은 위원장, 노총 추천위원 3인, 산업협회 추천위원 3인, 학자 3인으로 구성된 위원회에 의해 결정된다. ACAS는 행정부의 단순한 집행기관이 아니라 공정하고 중립적인 중재기관의 위치를 구축했다는 평가를 받고 있다. 미국의 경우 공공부문 분쟁에 대한 일반적인 조정절차는 알선 및 조정인데 조정·알선위원회(Mediation and Conciliation Service)가 그 기능을 맡고 있다. 한국에서도 노동위원회 내에 특별조정위원회를 구성해 공익사업의 조사 결과에 따라 조정안을 권고하고 있다.

제 3 절 마케팅 관리

1 의의

1) 개념

마케팅(marketing)은 조직이 고객을 위한 가치를 창출하고 강한 고객 관계를 형성해 그 반대급부로서 고객으로부터 가치를 획득하는 과정이라 정의된다. 즉, 고객 만족을 통해 기업의 이익을 추구하자는 것이다. 출발점은 시장이고, 초점은 고객의 욕구이며, 수단은 통합적 마케팅이다. 마케팅이라는 용어에는 시장에 뛰어들어 고객을 창조한다(market-in)는 의미가 내포되어 있다.

마케팅은 판매가 판매자가 원하는 제품을 만들어 단순히 판다(market-out)는 것과는 크게 다른 개념이다. 판매(selling)는 출발점을 공장에 두고서 기존에 생산된 제품에 초점을 맞추며 수단으로 판매나 촉진을 활용하는 등, 판매자의 이익만을 염두에 둔다. 이에 비해 마케팅은 고객에게 그들이 원하는 것을 줄 수 있어야 조직이 존속할 수 있다는 교환의 원칙에 입각해서 고객과 조직 모두 이익을 도모하는 개념이라 할 수 있다(<표 8-4>).

표 8-4 판매와 마케팅의 개념 비교

	판매	마케팅
출발점	공장	시장
초점	기존 제품	고객 욕구
수단	판매와 촉진	통합된 마케팅
목표	매출 증대를 통한 이윤 창출	고객 만족을 통한 이윤 창출

자료: Kotler(2003: 20).

2) 공공기관 마케팅의 특성

근래에 이르러 공공기관들도 조직의 목적 달성을 위해 재원 마련, 고객 만족 수준의 향상, 기관의 효율적 관리 등을 위해 마케팅이 중요함을 인식하게 되었다. 공공기관이 마케팅 개념을 채택하는 것은 마케팅이 조직의 목적을 효율적으로 달성하도록 해 주기 때문이다. 시장에서 대부분의 조직은 목적 달성을 자발적 교환에 의존한다. 마케팅은 앞에서 본 바와 같이 개념적으로 교환의 관리에 관심을 가지고 있다.

다만, 공공기관의 마케팅은 사기업에 비해 다음과 같은 점에서 특성을 가진다고 하겠다.

첫째, 공공기관은 정부의 지원에 크게 의존하고 있으므로 공공부문으로서의 책임성을 크게 요구받고 있다. 따라서 전략적으로 마케팅의 도입을 통해 서비스 공급상의 효과성과 효율성을 제고할 유인이 있다.

둘째, 공공기관의 고객은 매우 다양한 인자로 구성되므로 고객집단별로 고객만족을 도출하기 위해서도 마케팅적 접근이 필요하다.

셋째, 급변하는 환경 요인을 세분화하고 분석하여 이에 걸맞은 서비스를 개발하여 가치를 창출하기 위해서도 마케팅 전략이 필요하다.

넷째, 필요한 물적 자원의 동원, 배분, 사용 등 관리를 위해 마케팅 개념이 중요하다.

2 전략

표적이 되는 고객의 욕구를 만족시키고 설정한 목표를 달성하기 위해서는 일련의 마케팅 전략을 구상해 관리해야 하는데 그중 대표적인 영역을 흔히 4Ps (product, price, place, promotion) 또는 마케팅 믹스(marketing mix)로 표현한다. 마케팅 믹스는 "표적시장에서 원하는 반응을 알아내기 위해 조합 가능한 변수들의 묶음"이라 정의된다.

1) 제품전략

조직의 마케팅 활동에서 가장 중요한 요소가 제품이다. 제품은 구매자의 욕구를 충족시키기 위한 산출물이다. 제품전략(product strategy)은 제품의 개발, 포장, 디자인, 상표 등 제품 전반에 관한 모든 의사결정을 포함한다.

공공기관의 제품은 주로 공공서비스인데 사기업의 브랜드와 유사하게 제품의 구성 요소를 강조함으로써 고객의 욕구를 좀 더 잘 충족시킬 수 있다. 제품(서비스) 개발 시 전반적인 환경의 흐름에 적합한가 여부를 고려해야 하며, 구체적 지역별 여건과 문제점 등을 파악해서 제품 개발에 반영해야 한다.

2) 가격전략

가격전략(price strategy)은 가격 책정 방법을 다루는 것으로, 조직은 고객의 심리와 행동, 생산원가, 조직 목표, 경쟁자의 가격전략 등을 고려해 가격을 결정한다.

일반적으로 공공기관에서의 가격은 서비스 사용에 대한 요금을 의미한다. 원칙적으로 공공기관의 요금도 조직의 유지와 확장에 필요한 원가를 회수할 정도가 되어야 한다. 그러나 공공기관은 영리를 목적으로 하지 않으므로 서비스 가격의 적절한 책정이 쉽지 않다. 경우에 따라서 공공기관의 가격은 원가 이하이거나 무료로 책정되는 경우도 있다.[2)]

3) 유통전략

유통은 제품이 소비자가 구매하기 가장 적합한 때와 장소에 있도록 하는 것을 의미한다. 유통전략(place strategy)은 최종 소비자가 조직이 제공하는 제품이나 서비스에 쉽게 접근할 수 있도록 해 주는 과정에 관한 전략이다. 다시 말해, 제품의 유통 경로에 관계되는 도매상과 소매상의 선택을 의미한다. 유통 경로가 존재하는 것은 생산자와 소비자 간에 시간과 장소의 불일치가 있기 때문이다.

공공기관의 유통전략도 사기업과 마찬가지로 제품(서비스)의 전달 경로 및 접근성과 관련이 크다. 다만 제품(서비스)이 공공기관에서 고객에게 직접 전달되는 형태가 대부분이므로 상대적으로 짧은 유통 경로, 즉 고객을 직접 접촉한다는 것이 특징이다. 특히 지역의 공공기관 서비스의 공급은 지역사회의 네트워크 형성과도 밀접한 관련이 있다는 특징이 있다.

따라서 공공기관은 고객이 기관을 쉽게 그리고 자주 접근하도록 유통 경로를

2) 공공기관의 요금관리에 대해서는 이 장 제4절에서 살펴보기로 한다.

개발해야 하며 때로는 고객을 찾아나서는 전략이 필요하다. 또한 공간적 접근성 외에 심리적 접근성을 높이려는 노력도 필요하다.

4) 촉진전략

고객에게 제품의 존재를 알려 구매 의욕이 생기도록 수행하는 광고, 홍보, 판매 촉진 등의 의사소통 활동을 촉진전략(promotion strategy)이라 한다. 촉진전략은 고객에 대한 정보 전달 및 설득 활동을 실현하기 위한 구체적인 방안을 마련한다. 따라서 공공기관도 인쇄물 제작, 언론·방송매체 활용, 인터넷 활용 등과 같은 의사소통 수단을 적극적으로 활용해야 한다.

3 고객만족 경영

1) 개요

전술한 바와 같이 마케팅 개념에 따르면 이익은 고객 만족(customer satisfaction)을 통해 창출된다. 공공기관도 조직관리상 고객 만족을 중요한 과제로 인식하기에 이르렀다.

영국·미국·프랑스·캐나다 등 대부분의 OECD 국가는 1990년대 초에 정부개혁 및 공공서비스의 질적 향상 수단으로서 고객헌장제도를 도입했다. 고객헌장(Citizen's Charter) 또는 고객서비스 이행표준(Customer Service Standards) 제도는 공공기관이 제공하는 서비스에 대해 일정한 기준·절차·방법·시정·보상 조치 등을 구체적으로 정해 공표하고 그 실천을 고객에게 약속하는 것이다.

고객헌장제도의 주요 수단으로서 고객만족도조사가 있다. 고객만족도조사는 서비스의 품질과 고객의 불만 요인을 객관적으로 파악해 경영 개선에 반영하기 위한 것이다. 고객만족도조사의 목적은 공공부문이 제공하는 서비스에 대한 만족도를 측정해 공공기관 운영상의 경쟁적 환경을 조성함으로써 고객만족 경영의 마인드를 확산하는 데에 있다. 고객만족도조사를 통해 얻을 수 있는 효과는 서비스 질의 개선, 고객 지향적 경영 유도, 고객만족 경영기법 도입, 경영평가 한계 보완 등이다.

2) 한국의 실태

한국에서도 1999년부터 일부 공기업을 시작으로 고객헌장제도를 도입하기 시작했으며, 이후 국민에게 직접 서비스를 제공하는 공공기관은 고객헌장을 제정해 공표하도록 의무화했다. 고객헌장에는 기본 임무, 제공하는 서비스의 내용과 바람직한 서비스의 수준, 제공하는 서비스에 대한 불만 처리, 시정 절차 및 배상 등의 책임, 제공하는 서비스의 향상을 위한 노력 및 계획을 포함해야 한다. 기획재정부 장관은 고객헌장이 실효성 있게 운영되도록 각 기관의 고객헌장을 점검하고 고객서비스 이행 표준을 제정해 권고할 수 있다.

한국의 공공기관은 1999년 경영혁신 대상 19개 공기업이 고객만족도를 조사한 이후 본격적으로 고객만족도조사를 실시하기 시작했으며, 대부분의 공공기관은 연 1회 이상 고객만족도조사를 실시해야 한다. 기획재정부 장관은 공공기관으로 하여금 고객만족도조사를 통합해 실시하게 하고 그 결과를 종합해 공표할 수 있다. 그리고 이를 위해 연도별로 고객만족도조사 대상 기관, 조사 시기, 조사 방법, 조사 결과의 처리 등에 관한 계획을 수립해 공공기관운영위원회의 의결을 거쳐 시행한다. 조사 결과는 경영평가에 반영한다.

조사 영역은 미시간대학교에서 개발한 고객만족지수(National Customer Satisfaction Index: NCSI) 조사와 사회적 책임성 지표 조사로 구분된다. NCSI 조사는 공공기관의 서비스 이용 고객을 대상으로 이용 전의 기대 수준, 이용 후의 품질평가 등을 일대일 설문조사로 측정하며, 사회적 책임성 지표 조사는 개별 공공기관의 특성을 파악하고 있는 전문가를 대상으로 기관의 경제적 역할, 사회적 공헌도 등을 측정한다.

4 정보 공개

1) 개요

공공기관은 행정기관과는 다른 지배구조로 인해 고객에게 공공기관의 관리와 감시에 대한 참여의 기회를 제공해야 한다. 간혹 시민, 소비자, 시민사회단체가 이사회 등 지배기구에 대표로서 참여하는 경우가 있다. 그러나 일반적인 고객 참여는 주로 고객에 대한 공공기관 정보 공개에 의해 이루어진다. 우리나라의 공공기관 대부분은 정보공개법의 적용을 받으므로 시민들에게 광범위한 정보를 공개해야 한다.

경영공시제도는 공공기관의 투명성을 높이고 서비스의 향상을 기하기 위해 선진국을 중심으로 채택되었다. 경영공시제도는 기관 운영에 관한 중요 정보를 고객에게 제공해 투명성을 확보하고, 고객의 참여 기회를 확대해 경영효율성을 높이며, 고객에 대한 서비스의 질을 향상시키는 데 그 목적이 있다. 한국의 경우 1998년 경영공시제도가 처음 도입되어 2000년에 모든 공공기관으로 공시의 대상이 확대되었다.

2) 한국의 실태

한국의 경우 공공기관이 인터넷 홈페이지를 통해 공시해야 하는 사항은 경영목표와 예산 및 운영계획, 결산서, 임원 및 운영 인력 현황, 인건비 예산과 집행현황, 자회사와의 거래 내역 및 인력 교류 현황, 고객만족도조사 결과, 감사 또는 감사위원의 직무 수행 실적 평가 결과, 경영 실적 평가 결과, 정관·사채 원부 및 이사회 회의록, 감사의 감사보고서, 주무부처 감사 결과, 변상 책임 판정이나 징계·시정·개선 요구 등에 대한 조치 사항 등이다. 기획재정부 장관은 공공기관이 공시하는 사항 중 주요 사항을 별도로 표준화하고 이를 통합해 공시할 수 있다. 공공기관은 기획재정부 장관이 통합공시를 하기 위해 공공기관에 필요한 자료를 요청할 경우 이에 응해야 한다.

공공기관은 공시된 사항에 대한 열람이나 복사를 요구하는 자에 대해 이를 열람하게 하거나 그 사본이나 복제본을 내주어야 한다. 그리고 당해 기관의 홈페이지에 고객이 알기 쉽도록 다른 내용과 구분되는 경영공시 사이트를 마련해 운영해야 한다. 이 때 경영공시 사이트에 기획재정부 장관이 정하는 통합공시 시스템의 배너 등도 함께 설치·운영해야 한다.

제 4 절 요금관리

1 공공기관 요금의 특징

공공기관의 요금은 공공기관이 제공하는 상품(수도사업에서의 물, 가스사업에서의 가스 등)이나 서비스(궤도사업에서의 수송, 의료사업에서의 진료 등)에 대한 대가로서 독립채산제의 운영 근거를 제공하는 동시에 수익자 부담 원칙을 구현하는 수단이 된다. 이에 따라 공공기관은 서비스의 급부에 대해 요금을 징수할 수 있다. 공공기관은 공공성과 기업성을 개념적 특징으로 하므로 그 요금도 다음과 같이 엄격한 규제와 정책적 고려라는 특징을 갖는다.

1) 엄격한 규제

공공기관이 제공하는 상품이나 서비스는 소비자 편익과 밀접하고 독점적 성격이 강하다는 등 공공성이 크므로 그 요금의 결정에 각종 규제가 가해진다. 예를 들면 철도요금은 공공요금에 속하므로 철도공사는 이들 요금을 결정하기 위해서는 관계 부처의 인가를 받아야 한다. 또한 한국수자원공사가 공급하는 광역상수도 요금은 국토교통부 장관이 요금심의위원회의 심의 결과를 첨부해 기획재정부 장관과 협의해서 결정한다.

2) 정책적 고려

요금의 수준 또는 체계를 결정할 때 고려해야 할 전제 조건은 '소비자의 편익 제고'와 '사업의 계속성 유지'이다. 그리고 좀 더 구체적인 정책적 고려 요소로는 나음의 것들을 들 수 있다.

첫째, 자원 배분의 효율성이다. 여기서 자원 배분의 효율성이란 공공서비스가 사회 전체의 효용을 극대화하도록 제공되어야 함을 의미한다. 즉, 개별 소비자가 최종적으로 소비하는 한 단위의 효용이 동일하도록 서비스가 배분되는 것으로서 어느 한 개인의 효용을 증가시키려면 다른 사람의 효용을 감소시키지 않으면 안

되는 상태가 되도록 배분하는 것을 말한다. 다만 효율성만 강조하게 되면 요금이 상승해 저소득층은 공공서비스의 혜택을 받지 못하게 되는 경우가 생길 수 있다.

둘째, 형평성이다. 형평성은 서비스 이용자의 소득 분배 측면을 고려한 것으로서 저소득층에게는 고소득층보다 저렴하게 서비스가 공급되어야 한다는 것이다. 형평성을 확보하기 위해서는 서비스를 수혜한 정도에 따라 요금을 부과해야 하고(수혜의 원칙), 고소득층이 저소득층보다 상대적으로 많은 부담을 해야 하며(계층 간 부담 능력의 원칙), 자본 비용을 적절히 반영해 차세대와 현세대 간의 부담을 공평하게 해야 한다(세대 간 부담 능력의 원칙).

셋째, 수용성이다. 수용성이란 요금 수준이나 체계가 소비자에게 충분히 이해되고 용인되어야 한다는 것이다. 이것이 가능하기 위해서는 가능한 한 요금 체계를 단순화할 필요가 있다. 그리고 단순히 이윤극대화를 목표로 하는 영리주의는 부정된다.

넷째, 재원 확보이다. 공공기관 요금 수준은 제공한 급부의 원가를 보상함과 아울러 기업으로서의 계속성을 유지할 수 있어야 한다. 공공기관은 계속적 주체로서의 기업성을 특징으로 하므로 요금 수준의 결정에는 수익자 부담 원칙이 최대한 준수되어야 한다. 따라서 요금을 결정할 때 소요되는 재원의 확보를 최대한 감안해야 한다.

표 8-5 공공기관 요금의 정책적 고려 요소

고려 요소	내용
자원 배분의 효율성	공공서비스가 사회 전체의 효용을 극대화하도록 제공되어야 함.
형평성	공공서비스 이용자의 소득 분배 측면을 고려해야 함(수혜의 원칙, 계층 간 부담 능력의 원칙, 세대 간 부담 능력의 원칙).
수용성	요금 수준이나 체계가 소비자에게 충분히 이해되고 용인되어야 함.
재원 확보	계속적 주체로서 소요되는 재원의 확보를 최대한 감안해야 함.

2 요금의 결정

1) 요금 결정의 원칙

공공기관의 요금은 적정해야 하고 이를 결정할 때는 당해 기관이 제공한 급부의 원가를 보상함과 아울러 기관으로서의 계속성을 유지할 수 있도록 해야 한다. 따라서 공공기관 요금 결정의 원칙으로서 요금 수준의 적정성, 원가보상주의, 기업의 계속성을 들 수 있다.

첫째, 요금 수준은 적정해야 한다. 요금 수준의 적정성이라는 개념이 극히 추상적이지만 요금 수준이 불공정하거나 타당성을 잃어서는 안 되는 것으로 해석된다. 즉, 공공기관의 요금은 시장기구에 의해 결정되는 것이 아니고 독점 상태에서 독점가격으로 형성되기 때문에 과잉 이윤의 배제가 항상 준수되어야 한다. 경우에 따라서는 사회정책적인 견지에서 원가에 미달하는 요금 수준이라도 적정하다고 평가되기도 한다. 이와 같이 요금 수준의 적정성 원칙은 일반적으로 공익사업의 요금 규제의 논거로 흔히 거론되나 가능한 한 독립채산이라는 기본 원칙이 준수되는 한도 내에서 적용되는 것이 바람직하다.

둘째, 요금은 원가를 보상할 수 있는 수준에서 결정되어야 한다. 현실적으로 원가보상주의는 대체로 독립채산제를 유지할 수 있는 정도의 수준을 의미한다. 우리나라의 경우에는 영업비용에 당해 기관의 자본비용을 가산해서 원가를 산정하도록 되어 있다. 다만 이와 같은 원가보상주의가 요금의 급격한 인상을 초래해 시민의 반발이 야기되는 경우를 예상할 수 있다. 따라서 요금 수준의 점진적 현실화를 위한 과도기적인 조치로서 정부 예산으로부터의 지원이 상당 기간 이루어져야 한다.

셋째, 요금은 원가를 보상할 뿐만 아니라 사업 확장에 소요되는 자금도 어느 정도 충당할 수 있는 수준에서 결정되어야 한다. 요금이 단순히 영업비용을 보상하는 수준에서 결정되면 사업 확장에 필요한 자금은 전적으로 외부 재원에 의존해야 할 것이다. 그 결과 이자 부담이 누증되고 이것이 경영 압박 요인으로 작용할 것이므로, 단순히 손익계산서상의 수지 균형을 유지하는 것만으로는 원만한 사업 수행을 지속할 수가 없다. 따라서 기관의 계속성을 유지하기 위해서는 원가

표 8-6 공공기관 요금 결정의 원칙

요금 결정의 원칙	내용
요금 수준의 적정성	요금 수준이 공정하고 타당해야 함.
원가보상주의	요금은 원가를 보상할 수 있는 수준에서 결정되어야 함.
기업의 계속성	요금은 사업 확장에 소요되는 자금도 어느 정도 충당할 수 있는 수준에서 결정되어야 함.

이외의 일정한 잉여를 유보해 둘 필요가 있다. 공공기관 요금이 경상비용을 보상함은 물론 시설 확장이나 기업의 계속성을 유지하기에 적절한 적정 이윤의 확보는 필요한 것이다.

2) 요금 결정의 방식

일반적으로 사용되고 있는 공공기관의 요금 결정 방식은 평균 비용 방식이다. 평균 비용 방식은 요금을 평균 비용에 일치시킴으로써 이윤도 손실도 없게 하는 것이다. 실제적으로 공공기관이 제공하는 급부에 대한 요금 수준은 영업비용에 당해 기관의 자본비용을 가산해 산정하며, 이 때 자본비용은 공정보수 방식을 우선적으로 적용해 계산하되 그것이 곤란한 경우에는 원가적상 방식에 따라 계산한다.

공정보수 방식(fair return method)이란 설비자산의 순가액 등에 사업별 공정보수율을 곱해 자본비용을 산정하는 것을 말한다.[3] 이 방식에 의하면, 공공기관 요금은 소비자인 공중의 편익을 위해 사용되고 있는 재산의 공정가치(fair value)에 대해 공정보수(fair return)를 얻도록 하는 것이 적정하다는 것이다. 즉, 사업재산의 공정가치(V-D), 즉 요금기저(rate base)에 공정보수율(r)을 곱해 공정보수, 즉 (V-D)×r을 산출한 후 여기에 영업비용을 가산해 요금 수준을 산정하는 것이다. 공정보수율은 시중 금리나 수요의 동향, 당해 공공기관의 경영 상황, 리스크 등을 고려해 결정된다.

이 방식은 다음과 같은 산식으로 표시할 수 있다.

3) 이 방식은 미국에서 1898년 철도 운임 때문에 발생했던 스미스 대 에임스사건(Smyth vs. Ames)이 계기가 된 것으로, 경영 인센티브를 부여함으로써 기업의 자주적인 경영합리화 의욕을 고취시키기 위해 미국 및 일본의 공기업에서 흔히 사용되고 있다.

$$R = E+(V-D)\times r$$

R : 요금 수익, 즉 총수익(total revenue)
E : 영업비용(operating expenses)
V : 사업재산 건설 당시의 공정가치(fair value)
D : 감가상각비(depreciation)
r : 공정보수율(rate of return)

원가적상 방식(cost plus method)은 사업 수행에 필요한 원가를 기초로 하여 그 원가를 보상하는 수익을 요금 수입의 산정 기준으로 하는 것이다. 기업 운영에 필요한 모든 비용을 합산한다고 하여 총괄원가 방식이라고도 한다. 원가에는 영업비용, 영업외비용, 그리고 자본비용(자본이자, 새로 추가되는 상환소요액, 기업의 내부유보자금, 당해 기업의 유지를 위한 필요적 경비 등)이 포함된다.

3 요금 부과 방식의 결정

요금 부과 방식이란 서비스 이용자로부터 받아들여야 할 요금 총액을 이용자에게 할당하는 방식을 말한다. 주로 서비스원가주의에 따라 총원가를 산출한 후 요금을 부과하는 방식으로서 다음의 다섯 가지가 있다.

첫째, 정액요금제(flat fee)는 서비스 이용량에 관계없이 일정한 금액을 부과하는 방식이다. 이 방식은 요금 징수의 편의, 요율 체계의 단순성, 재원 확보의 확실성 등의 장점이 있으나, 서비스 이용량이 증가할수록 서비스 요금이 사실상 무료인 것과 동일하므로 서비스의 낭비를 초래하고 자원의 효율적인 배분을 저해하는 문제점이 존재한다.

둘째, 단일요율제(uniform rate)는 서비스 이용량의 크기와는 관계없이 단위 사용량에 대해 동일한 요율을 부과하는 방식으로서 종량제라고도 한다. 이 방식은 동일한 요율을 적용하므로 소득 분배의 측면에서 문제점이 발생하는 단점이 있으나, 가격 산정이 편리하고 재원 확보가 용이하다는 장점이 있다. 따라서 실제적으로는 이 방식을 다른 방식과 혼합해 사용하는 것이 일반적이다.

셋째, 체증요율제(increasing block rate)는 서비스의 이용량이 증가할수록 단위당 요율이 상승하는 방식이다. 이 방식은 소득이 많은 소비자가 서비스를 더 많이 소비할 것이라는 가정 하에 소득 분배 측면에 중점을 두고 있으며, 또한 서비스의 지나친 이용을 억제하는 효과도 있다.

넷째, 체감요율제(decreasing block rate)는 서비스 소비량이 증대될수록 단위당 요율이 하락하는 부과 방식이다. 이 방식은 저소득층에게 상대적으로 많은 부담을 주게 되어 요금의 역진성이 강화되는 방식이므로 흔히 사용되지는 않지만, 대규모의 서비스 이용을 촉진하기 위해 부득이한 경우 일시적으로 사용될 수 있는 방식이다.

다섯째, 기본요금제(minimum fee)는 일정한 수준의 소비량까지는 동일한 정액 요금을 부과하는 방식으로서 최저요금제라고도 한다. 이 방식은 소비자들로 하여금 최소한의 서비스 이용을 유도하고자 하는 것으로서, 독립적으로 사용되기보다는 단일요율제나 체증요율제와 병행해서 적용된다. 예컨대 몇 개의 소비구간을 설정해 처음 구간의 소비량에 대해서는 단위당 요율을 저렴하게 설정하고, 더 많이 사용하는 구간에 대해서는 높은 요율을 부과함으로써 단일요율제를 적용할 때 나타나는 요율의 역진성을 회피할 수 있다.

제 9 장

통제 과정의 관리

통제란 하부 조직이나 참여자들이 조직의 목표나 규범으로부터 이탈하지 않도록 하기 위해 제재와 보상을 주는 모든 활동을 의미한다. 다시 말하면, 경영 책임을 다하기 위해 필요한 경영의 합법성과 민주성, 그리고 효율성을 확보하기 위한 사전적 혹은 사후적 제어 장치라 할 수 있다. 통제는 성과가 계획과 일치하는지를 확인해 주며, 실행 과정이나 성과가 불만족스러우면 시정 조치가 취해진다. 대표적인 통제 과정의 관리 대상으로는 예산관리, 성과관리, 내부감사가 있다.

제 1 절 예산관리

공공기관은 시민생활과 직결된 상품이나 서비스를 제공하며 그 대가인 요금수입으로 경영활동을 영위한다. 따라서 조세수입을 주된 재원으로 하여 그것의 효율적인 사용에 중점을 두게 되는 정부 예산과는 다른 성격을 지니게 된다. 이하에서는 공공기관 예산의 특징을 정부 예산과의 비교를 중심으로 간단히 살펴보고 공공기관의 예산 과정을 알아보기로 한다.

1 예산의 특성

1) 통제 수단으로서의 예산

예산은 1년간의 운영 활동에 관해 숫자로 나타낸 계획으로서 기본운영계획(basic operating plan)이라고도 한다. 따라서 예산편성은 계획의 마지막 단계에서 이루어진다. 예산은 일반회계와 특별회계로 구분되며, 각 회계별로 세입예산과 세출예산으로 나누어 편성된다.

예산은 계획 수단인 동시에 통제 수단이다. 조직에서 통제를 한다면 예산통제를 떠올릴 만큼 대표적인 통제 수단이다. 통제에는 사전통제와 사후통제가 있는데, 양자가 적절히 조화되는 게 바람직하다.

사전통제(feedforward control)란 경영 시스템에 투입되는 요소를 선택해 예상되는 문제점을 미연에 방지하기 위해 사전에 통제하는 것이다. 예산관리나 규정 및 운영절차를 개발하는 것 등이 여기에 속한다. 사후통제(feedback control)는 조직의 실적에 초점을 맞추고 계획했던 목표와 얼마나 차이가 나고 실행 과정에서 어떤 문제점이 있었는지 검토하는 것으로 후술할 성과관리가 대표적이다.

2) 공공기관 예산의 특징

공공기관 예산이 정부 예산과 다른 가장 큰 특징은 예산이 본질적으로 지출규제의 목적을 갖는 것이 아니라 경영 목표 설정의 목적을 갖는다는 데 있다. 따라서 지출 규모를 먼저 추정하고 수입예산을 결정하려는 경향이 상대적으로 강하다. 그렇다고 해도 기본적인 예산 철학은 정부 예산의 그것과 동일하게 균형예산이다. 따라서 최소한 중기적으로는 수입과 지출 간에 균형이 이루어지는 것을 전제로 한다.

이 밖에 기업적 성격으로 인해 수입과 지출의 밀접한 관련성, 예산 운영의 탄력성, 결산 중시, 원가관리 필요 등의 특징을 갖는다. 이와 같이 공공기관도 상품이나 서비스를 생산하는 조직이기 때문에 공공기관의 예산・회계 과정도 사기업의 그것과 같아야 함이 원칙이다. 그러나 공공기관이 갖는 공익성 특성으로 인해 공공기관의 운영에는 행정기관의 관여가 불가피하다.

표 9-1 공공기관 예산과 정부 예산의 비교

공공기관 예산	정부 예산
1. 목표 설정 후 수입 결정(양출제입) 2. 수입과 지출의 관련성 큼 3. 탄력적 운영 4. 예산, 결산 모두 중시 5. 원가관리 필요(수익자 부담 원칙)	1. 지출 규제 목적(양입제출) 2. 수입과 지출의 관련성 작음 3. 비탄력적 운영(이월 통제, 예산외지출 불가) 4. 예산중심주의 5. 원가관리 불필요(조세)

2 예산 운용의 기본 원칙

「공기업·준정부기관 경영 및 혁신에 관한 지침」에 의하면 공공기관이 예산의 편성 및 집행 시에 준수해야 할 기본 원칙은 다음과 같다.

첫째, 재무건전성 확보를 위해 최선을 다해야 한다.

둘째, 국민 부담의 최소화를 위해 최선을 다해야 한다.

셋째, 예산지출의 성과를 제고하고 예산이 최대한 절감될 수 있도록 노력해야 한다.

넷째, 예산 운용의 투명성과 예산 과정에의 고객 등의 참여를 제고하기 위해 노력해야 한다.

다섯째, 매 회계연도마다 자체적으로 예산집행지침을 수립해 운용함으로써 예산 집행을 체계적이고 투명하게 관리하도록 노력해야 한다.

3 예산 과정

예산이 시작되어 끝나는 모든 과정을 예산 과정(budget cycle)이라 한다. 예산 과정은 경제 주체의 부담 능력을 고려하면서 불요불급한 항목의 예산을 삭감하거나 동결하는 등 통제의 성격을 갖는다. 여기에 공공기관의 예산은 정부가 자본을 투자하거나 경비를 직·간접적으로 지원하므로 정부 감독의 성격이 추가된다는 특징이 있다.

1) 예산편성

한국의 공공기관은 기관장이 예산(안)을 작성하고 이사회의 의결로써 확정된다. 따라서 공공기관의 예산편성은 이사회의 중요한 집행부 통제 수단이 된다. 공공기관의 장은 예산안을 작성해 다음 회계연도 개시 전까지 이사회에 제출한다. 예산은 이사회 의결로써 확정되며, 그 내용은 기획재정부 장관, 주무기관의 장, 감사원장에게 보고해야 한다.

기획재정부 장관은 공공기관운영위원회의 심의·의결을 거쳐 공공기관의 각 연도 예산의 편성 및 집행, 자금 운영, 재무건전성, 자산 운용에 관한 세부지침을 수립해 시행할 수 있다. 2014년도 공기업·준정부기관 예산편성지침은 공공기관 정상화 대책에 맞추어 인건비 등 주요 경비의 긴축 편성과 과도한 복리후생 개선에 초점을 맞추고 있다.

2) 예산집행

공공기관의 장은 예산 확정 후 운영계획을 수립해 이사회의 의결을 얻어야 하며, 주무기관의 장과 기획재정부 장관에게 운영계획을 제출해야 한다. 공공기관은 부득이한 사유로 회계연도 개시 전까지 예산이 확정되지 못한 경우에는 전년도 예산에 준해 예산을 편성해 운용할 수 있다. 이렇게 집행된 예산은 당해 연도의 예산이 성립되면 그 성립된 예산에 의해 집행된 것으로 본다.

2014년도 공기업·준정부기관 예산집행지침에 의하면 예산집행의 일반지침으로 공공기관 방만경영 방지 장치 마련, 예산집행의 효율성·투명성 제고, 공공기관 지방 이전에 따른 직원 이주 지원 강화를 제시하고 있다.

3) 결산

회계연도가 종료된 때에는 결산서를 작성하고 공인회계사법에 따른 회계법인이나 주식회사의 외부감사에 관한 법률에 따른 감사반이 선임한 회계감사인의 회계감사를 받아야 한다.[1] 그리고 회계연도 종료 2월 이내에 기획재정부 장관

1) 회계감사인을 선임하기 위해서는 전문성과 독립성이 확보된 회계감사인선임위원회를 구성·운영해야 하는데, 이 경우 해당 공공기관의 비상임이사는 모두 회계감사인선임위원회의 위원으로 선임되어야 한다.

(공기업의 경우) 또는 주무부처의 장(준정부기관의 경우)에게 결산서를 제출하고 승인을 받아야 한다. 기획재정부 장관과 주무부처의 장은 매년 5월 10일까지 확정된 결산서를 감사원에 제출하며, 감사원은 결산 검사를 7월 31일까지 기획재정부 장관에게 제출해야 한다. 기획재정부 장관은 결산서에 감사원의 검사 결과를 첨부해 이를 국무회의에 보고하고 8월 20일까지 국회에 제출해야 한다.

4 회계

예산의 집행은 회계정보 시스템에 의해 식별, 측정, 기록, 보고된다. 공공기관도 민간기관과 같이 상품과 서비스를 생산·판매하는 경영조직이기 때문에 회계 역시 기본적으로는 민간기관의 그것과 같다. 원칙적으로 공공기관은 설립자인 정부기관과는 독립된 별도의 법인으로서 회계상으로 완전히 독립되어 있다. 적정한 자율성과 창의성을 발휘해 기업 경영상의 이윤 증대를 도모한다는 측면에서 정부의 회계관리와는 다른 점이 적지 않다. 공공기관의 독립성은 주로 다음과 같은 원칙에 따라 보장된다.

1) 독립채산제

모든 공공기관은 공공성과 기업성을 최대한 확보하기 위해 정치적인 간섭의 배제는 물론 행정, 재정 및 인사상의 독립성이 확보되어야 하는데, 특히 재정상의 독립을 확립하고 그 자주성을 최대한 발휘하기 위한 기본 원리가 독립채산제이다. 여기서 말하는 독립채산제란 공공기관이 행정기관의 일반회계에서 재정적으로 독립해 기관 자신의 힘으로 운영하는 것을 말한다. 일반적으로 독립채산제의 3대 원칙은 ① 수지 균형, ② 자본의 자기 조달, ③ 이익금의 자기 처분을 말한다.

수지 균형이란 필요로 하는 지출은 모두 자기의 수입에 의해 충당해야 한다는 원칙이다. 이 원칙에 의하면 기업의 지출에 충당하기에 충분한 수입을 얻을 수 있도록 요금이 결정되어야 한다. 따라서 이 원칙은 앞에서 살펴본 공공기관 요금 결정의 기초가 된다.

자본의 자기 조달이란 필요로 하는 자금을 스스로 조달해야 한다는 원칙이다.

그렇다고 자본의 자기 조달이 지켜지지 않는다고 해서 독립채산제가 보장되지 않는다고 볼 수는 없다. 수지 균형이나 후술할 이익금의 자기 처분만으로도 독립채산제가 이루어졌다고 볼 수 있다.

이익금의 자기 처분이란 경영 결과 발생한 이익을 국고로 전입하지 않고 자주적으로 사용할 수 있는 원칙을 말한다. 이익이 발생하건 손실이 발생하건 그 효과는 오로지 해당 기관에 귀속된다. 이익을 자주적으로 처분할 수 있게 되면 그만큼 효율성을 위한 동기부여가 커진다.

공공기관이 독립채산제를 가능한 한 충실히 적용하고 있는 까닭은 여러 가지가 있을 수 있겠으나 가장 중요한 이유는 수지 균형의 원칙을 적용하기 위함이다. 기관 운영에 소요되는 경비는 경영에 따른 수입, 즉 제공하는 서비스에 대한 반대급부로 부과하는 요금으로 충당한다는 사고 방식이다. 예컨대 대부분의 공기업과 같이 그 이용자 또는 수혜자가 확실히 구별되는 사업의 비용은 그 수익자에게 부담시키는 것이 형평에 부합한다.

2) 계리의 원칙

공공기관은 정부와 독립된 법인이지만 그 사업연도는 정부의 일반회계의 회계연도에 따른다. 공공기관은 사업의 성과, 재산의 증감 및 변동 상태를 명백하게 파악할 수 있도록 회계 거래를 발생주의의 원칙에 따라 처리하고 기업회계 기준에 따라 계리한다.

다만 공익성 추구라는 특성으로 인해 공공기관의 회계관리는 정부 및 사기업의 그것과 비교할 때 다음과 같은 특징을 갖게 된다.

첫째, 정부의 회계관리에서는 원가를 명확히 하지 않고 원가 통제를 비교적 경미하게 취급한다. 이에 비해 공공기관은 공공성을 충족시키면서 일정한 한도 내에서 이윤을 추구하므로 사기업과 유사하게 원가에 대한 인식이 높다. 다만 사기업이 원가 이외에 가격의 수요탄력성, 최대수익성 등 시장적 요소를 다양하게 반영하여 요금을 책정하는 데 비해, 공공기관은 원가보상주의를 요금 결정의 원칙으로 하고 있다.

둘째, 정부의 회계제도에서는 탄력성이 부족하나, 공공기관에서는 사기업의 경우와 유사하게 회계적 독립성에서 기인해 원칙상 탄력성을 보장받는다. 다만 공공기관의 공익성으로 인해 시장적 요소 이외에 정부로부터 회계감사 등 적지 않은 규제를 받는 경우가 있다.

셋째, 정부의 회계관리에서는 여러 부처 간의 협조와 타협이 강조되나, 공공기관의 경우에는 경제성과 회계이론 및 기법이 더 강조된다. 다만 세부적으로 공공기관의 회계 원칙은 여러 측면에서 사기업의 그것과 약간의 차이를 보인다.

제 2 절 성과관리

1 개요

1) 개념

성과관리(performance management)란 성과를 중심으로 조직을 관리하는 방법을 말한다. 다시 말하면, 측정을 통해 수집된 정보를 활용해 조직 전반의 성과를 개선하는 조직관리 기법이라고 정의할 수 있다. 한국에서는 정부업무평가기본법이 공공부문 성과관리의 기본틀을 제시하고 있다. 이에 의하면 성과관리는 "정부 등 공공조직의 업무를 추진할 때 기관의 임무, 중장기 목표, 연도별 목표 및 성과지표를 수립하고, 그 집행 과정 및 결과를 경제성, 능률성, 효과성 등의 관점에서 관리하는 일련의 활동"을 의미한다.

대부분의 나라에서는 공공기관에 대해 중앙정부의 예산기관이나 감사기관 등을 통해 경영평가를 실시하고 있으며, 동시에 대부분의 공공기관 자체로도 성과평가를 실시하고 있다. 경영평가가 대리 문제의 해소를 기하고 자원 배분의 효율성을 측정하기 위한 감독과 거시적 통제의 관점에서 이루어진다면, 성과평가와 같은 내부평가는 조직 성과를 측정하고 이에 근거해 조직 내부의 X 비효율을 제거하려는 조직관리 기법이라 할 수 있다. 따라서 성과관리는 공공기관 경영평가와는 다른 목적에 따라 중복이나 경쟁 관계가 아니라 보완 관계에 있다고 보는 것이 적절하다.

성과관리는 조직 전체의 성과를 개선하기 위한 조직관리 기법이지만, 성과관리의 중요 요소인 성과평가는 흔히 개인에 대한 평가를 기초로 한다. 다만 개인에 대한 평가가 개인 단위에서만 적용되는 것이 아니라 조직 목표를 효율적으로 달성하기 위한 하위 수단으로서의 성격을 갖는다. 개인에 대한 평가를 강화할수록 불가피하게 조직 내 구성원 간의 경쟁이 격화되는데, 이러한 현상은 오히려 부서 전체의 성과에 부정적 영향을 미칠 수 있으며, 조직 전체로는 부서 간에 칸막이가 공고화되고 업무 협조와 정보 공유가 어려워지는 결과를 초래한다. 따라서 이러한 문제점을 완화하기 위한 방편으로 개인 성과관리와 조직(대부분 팀 단위) 성과관리를 연계시킨다.

2) 방법론

공공부문에서 성과가 본격적으로 강조된 시기는 1950년대까지로 거슬러 올라간다. 1949년 후버(Hoover)위원회는 "정부의 예산 결정 과정은 지출에 관한 단순한 구분보다는 수행되는 작업 측면에서 정부의 목표를 표현하기 위해 개선되어야 한다"는 점을 강조했다. 이에 미국 연방정부에서 1951년에 성과주의 예산제도(Performance Budget System)가 도입되었다.

1970년대에는 품질관리(quality management) 운동이 기업체 사이에서 크게 유행했고, 1980년에는 공공부문에도 파급되었다. 여기서 품질은 조직관리적 측면의 모든 요소를 중시함을 함축하는 용어인데, 투입부터 산출에 이르기까지 품질을 구성하는 모든 요소별로 측정된다. 이것은 공급된 서비스의 양이 적절했는지와 같은 품질에 관한 정확한 파악은 투입, 활동, 산출 등 전 과정을 통해서만이 가능하다는 전제에서 근거한다. 품질관리는 서비스의 질을 일정 수준 이상으로 유지하고 개선하는 품질 보증을 통해 궁극적으로 조직 향상을 기함을 목적으로 한다.

1980년대는 영국, 뉴질랜드, 호주 등 영연방 국가를 중심으로 공공부문의 새로운 관리기법으로서 신공공관리(New Public Management: NPM)가 적용되었고, 1990년대에는 전 세계로 확산되었다. 신공공관리는 경쟁을 통해 민간과 비교하는 방법으로서 성과를 강조한다. 이후 많은 나라에서 신공공관리 모델을 성과관리를 위한 조직관리 기법으로 널리 적용하고 있다.

성과관리의 개선을 위한 최근의 노력은 '증거에 기초한 정책(evidence-based policy)'에서 나타난다. 이것은 결과와 관련된 증거나 사실 자료들이 정책 결정에 도움을 준다는 것이다. 증거에 기초한 정책은 서비스의 양이나 질을 강조하기보다는 이용자들의 생활, 태도, 기능 등의 변화에 대한 측정을 증거로 해서 성과관리를 진행하는 것을 강조한다. 신공공관리가 효율성을 강조하기 위한 기준으로서 산출을 활용한다면, 증거에 기초한 정책은 산출보다는 결과나 변화를 강조하므로 효율성보다는 효과성을 강조하는 측면이 있다.

표 9-2 성과관리 방법론의 변화

변화	시기	내용
성과예산	1950~1970년대	산출과 목표 성취에 따라 예산을 배정하는 시도 발달
품질관리	1970~1980년대	조직관리적 측면에서 투입, 과정, 산출 강조
신공공관리	1980~2000년대	공공부문에 성과관리에 대한 압박 및 적용이 확산됨.
증거에 기초한 정책	1990~2000년대	이념과 견해보다 사실 자료가 정책을 뒷받침

자료: Van Dooren, Bouckaert & Halligan(2010: 45)의 표를 수정했음.

2 특징

1) 이점

성과관리는 조직 성과를 개선하는 데 매우 탁월한 조직관리 기법이다. 성과관리의 긍정적 이점은 다음과 같은 특징에서 찾을 수 있다.

첫째, 비용 절감을 통해 효율성을 증진시킨다.

둘째, 조직이 공급하는 서비스의 결과를 향상시켜 효과성을 증진시킨다.

셋째, 구체적인 성과 개선 방안을 찾게 함으로써 조직혁신에 기여한다.

넷째, 조직 운영 전반에 걸쳐 투명성을 제고한다.

다섯째, 조직의 관료주의를 극복하는 데 도움을 준다.

여섯때, 정책 수립을 개선하는 데 도움을 준다.

일곱째, 학습 효과를 통해 구성원의 역량 강화에 도움을 준다.

2) 한계

성과관리가 성과측정을 통해 관리를 개선하는 것이 사실이지만 다음과 같은 점에서 한계가 있다.

첫째, 성과관리 기법을 적용할 수 있는 영역이 제한된다. 예컨대, 조직이 가치지향적인 경우, 복합적 서비스를 제공하는 경우, 서비스 생산을 위해 다른 조직과 협력을 해야 하는 경우, 생산물들이 상호 연관된 경우, 과정이 중요한 경우, 인과 관계를 구분하기 어려운 경우, 양보다 질이 중요한 경우, 성과가 다양한 경우, 조직이 역동적인 경우 등에는 성과관리의 적용이 제한된다.

둘째, 성과관리는 기본적으로 명령-보상모델을 기초로 하고 있으므로 과학적 관리에 대한 비판에서 자유롭지 못하다. 성과관리는 인간이 통제받아야 하며, 보상을 통해 행동이 수정될 수 있다는 관점을 유지하고 있으나, 공공기관의 구성원은 보상 이외에 신념과 가치에 의해 크게 영향을 받는다는 것이다.

셋째, 성과관리가 적용되기 위해서는 성과가 객관적으로 명확히 측정되어야 하는데 공공기관의 성과는 측정될 수 없는 경우가 허다하다는 것이다. 그 결과 측정이 용이한 요소만을 측정하고 그 결과만을 성과관리에 활용함으로써 실질적인 조직관리의 개선에 실패하는 경우가 나타난다.

3 단계

1) 성과 측정 요소의 선정

조직의 성과를 표출하는 요소를 확인하는 것은 조직 전반의 포괄적 이해를 전제로 하는 성과관리에서 가장 최초로 이루어져야 할 단계이다. 체계적 접근법을 이해할 때 서비스 등의 생산 과정은 투입, 전환, 산출 요소로 구분된다. 어떤 투입자원으로 어떤 전환 과정을 거쳐 어떤 산출물을 공급했고 그것이 환경에 어떤 영향을 주었는지를 판별하기 위한 요소를 식별하는 것은 성과 체계를 이해하기 위해 중요한 단계라 할 수 있다.

2) 성과지표의 설정

성과를 측정하기 위해서는 지표가 필요한데 이를 성과지표(performance indicator)라 한다. 성과지표는 투입에서 결과까지 사업의 전반적 수행 능력을 판단하기 위한 지표를 의미한다. 따라서 성과지표에는 우선 투입지표, 전환지표, 산출지표, 결과지표가 있으며, 그 밖에 효과성 측정을 위한 지표와 품질을 나타내는 지표 등 성질별 지표도 추가될 수 있다.

바람직한 성과지표의 요건으로는 다음과 같이 명료성, 연관성, 경제성, 충분성, 모니터링 등이 있다(<표 9-3>).

표 9-3 성과지표의 요건 - CREAM

C(clear)	정확하고 모호하지 않아야 한다(명료성).
R(relevant)	대상과 적절히 관련되어야 한다(연관성).
E(economic)	적당한 비용으로 충당할 수 있어야 한다(경제성).
A(adequate)	성과를 평가할 때 충분한 기초를 제공해야 한다(충분성).
M(monitorable)	독립적으로 타당성을 입증할 수 있어야 한다(모니터링).

자료: Schiavo-Campo(1999).

3) 기준의 설정

기준이란 성과관리의 목표치를 뜻하는 것으로서, 실제의 성과를 평가하기 위한 표준이 되는 것을 말한다. 기준은 성과를 평가할 수 있게 할 뿐만 아니라, 관리자로 하여금 계획 실행의 모든 단계를 보지 않고도 상황이 어떠한지를 알려주는 역할도 수행한다. 기준은 가능한 한 계량적으로 표시되어야 실적의 편차를 쉽게 확인할 수 있나.

4) 성과의 측정 및 분석

성과란 일이 이루어진 결과를 의미한다. 성과관리가 현재의 성과에 대한 측정을 바탕으로 개선된 성과를 얻을 수 있도록 관리하는 것이기 때문에 성과의 측정은 현재의 성과를 측정하는 것과 기대된 성과의 성취 여부를 측정하는 두 단계로 구분할 수 있다.

현재의 성과를 측정하기 위해서는 먼저 투입, 전환, 산출 요소에 대해 측정해야 한다. 성과의 정확한 측정이 이루어지기 위해서는 먼저 충분한 자료와 정보를 수집해야 한다. 그리고 수집된 성과 자료를 구성원과 이해관계자들이 이해할 수 있는 형식으로 바꾸는 분석작업이 이루어져야 한다.

성과정보의 분석은 조직이 설정한 기준과 실제 성과 간의 차이를 확인시켜 조직의 현재 상태를 알려 준다. 성과자료 분석의 궁극적 목적은 조직 성과가 개선되었는지 그리고 조직 성과와 목표와의 차이가 줄어들었는지 확인하기 위함이다. 그리고 기대된 성과를 충분히 측정하기 위해서는 산출 요소를 가지고 효율성, 효과성, 서비스 품질, 고객만족도 등을 측정해야 한다.

5) 성과 개선 및 보고

성과분석을 통해 더 나은 성과 개선을 위한 과업과 개선 사항이 결정된다. 성과측정 결과 기준과 성과 간의 차이가 있으면 이를 수정하는 작업이 이어져야 한다. 수정작업은 편차의 원인별로 진행됨이 바람직하다. 편차의 수정작업은 크게 다음과 같이 세 가지 방향에서 이루어진다.

첫째, 미달한 편차가 미미하거나 성과가 기준을 초과한 경우에는 현재 상태를 유지한다.

둘째, 성과가 기준에 일정 규모 이상 미달했을 경우에는 성과의 수정 조치를 취한다.

셋째, 편차의 발생이 기준 설정의 비현실성에서 기인한 경우에는 기준을 수정해야 한다.

성과관리의 결과보고서는 구성원들의 동기 부여와 역량 강화를 위한 목적으로 활용될 수 있다. 그리고 조직구성원 외에 성과정보를 필요로 하는 집단은 서비스를 이용하는 지역주민 등 고객이며, 공공기관에 재정을 지원하는 정부기관에도 성과보고서는 매우 중요한 정보이다.

4 한국의 실태

1) 개요

한국에서 성과관리라는 명칭의 내부관리 기법이 도입된 것은 2000년대 중반인 것으로 나타난다. 그러나 이미 1980년대부터 도입되었던 목표관리(Management by Objectives: MBO)를 비롯해 성과급제도, 심사분석제도, 다면평가제도 등 다양한 방식의 성과관리제도가 시도되어 왔다. 그리고 근래에는 차등적 인센티브 제도, 성과연봉제도, 경영계약제도, 균형성과평가제도(Balanced Score Card: BSC) 등 선진국에서 개발된 거의 모든 제도를 시도하는 시행착오를 겪었다.

우리나라 공공기관의 성과관리는 기관 차원에서의 자체적 노력에 주로 기반하고 있으나, 기획재정부의 권고도 제도 활성화에 큰 역할을 했다. 즉, 「공기업・준정부기관의 인사 운영에 관한 지침」은 공공기관의 장으로 하여금 소속 직원의 업무 성과를 객관적으로 측정하고 기관의 경영 목표를 달성할 수 있도록 성과관리 체계를 구축・운영해야 하도록 명시하고 있다. 이를 위해 구체적으로 고졸자 동등 대우, 다면평가 및 연봉제, 성과관리 체계 구축, 성과에 따른 보상 체계 구축, 성과급 차등제 등을 제시하고 있다.

현재 거의 모든 공공기관에서는 기관별로 차별화된 성과평가 지표를 적용하고 있다. 대부분 평가 대상의 특성에 따라 본부, 사업단, 지역본부 등으로 평가군을 구분해 부서의 특성을 최대한 반영하고 있다. 기관별로 매우 다양한 성과지표 체계가 있으나 대체로 다음과 같은 평가지표 체계로 요약된다.

① 공통지표: 전사적으로 공통적으로 수행하는 업무를 평가
② 전략지표: 기관의 전략 달성에 기여하는 업무를 평가
③ 고유지표: 특정 부서의 고유한 업무나 성과를 측정
④ 기여지표: 정부 경영평가 등 외부평가에 기여하는 업무를 평가

2) 성과연봉제

연봉제는 개인의 능력과 업적을 평가하여 차년도 임금을 연 단위로 결정하고 차등 지급하는 임금제도이다. 연봉제는 흔히 우수 인재를 확보하고 합리적 방식

에 따른 임금의 지급 및 임금관리의 효율성을 통해 개인과 조직의 생산성을 향상하기 위해 도입된다. 한국의 공공기관들도 경쟁 심화, 고령화사회 진입 등에 따른 연공급 임금 체계의 문제점이 노출되고 노동시장의 왜곡과 경쟁력 약화에 직면함에 따라 연봉제를 도입하고 있다.

기획재정부는 각 공공기관이 연봉제 설계 시 기본 연봉, 성과연봉, 기타 수당으로 연봉 구성 항목을 단순화함으로써 임금 체계의 투명성을 확보하도록 했다. 이에 따라 종전의 기본급과 고정적·일률적으로 지급되던 각종 수당 등 통상임금 성격의 구성 항목은 기본 연봉으로 통폐합되고, 성과상여금 등 평가 결과에 따라 개인별 차등 지급되는 성격의 항목은 성과연봉으로 구성된다. 연차휴가 보상금 등 일률적으로 지급되지 않는 법정수당 등은 기타 수당으로 구성된다.

기획재정부는 직무가치 또는 직무 수행 능력이 반영될 수 있도록 기본 연봉에 직무급제를 도입하고 점진적으로 직무급 비중을 확대할 것을 권장했다. 또한 총연봉 대비 성과연봉 비중이 20% 이상(공기업은 30% 이상)이 되도록 하고, 고성과자와 저성과자 간의 연봉 차등 폭이 궁극적으로 20% 이상 되도록 권장하고 있다.

3) 기관장 경영성과협약 이행 실적 평가

기획재정부는 공공기관 장의 중장기적 책임경영과 성과 중심 경영을 강화하기 위해 기관장의 경영성과협약 이행 노력과 성과를 평가하고 있다. 이를 위해 매년 3월 20일까지 전년도의 경영성과협약 이행 실적에 대한 보고서를 작성해 기획재정부 장관과 주무기관의 장에게 제출한다. 기획재정부 장관은 매년 6월 20일까지 평가 대상 기관장의 경영성과협약 이행 실적 평가를 마치고 공공기관운영위원회의 심의·의결을 거쳐 그 결과를 확정한다.

주요 평가 내용은 리더십, 책임 경영, 재무예산관리 및 성과, 보수 및 복리후생관리, 중장기 전략과제 등이다. 평가 결과는 연임 여부 결정 등 인사 참고자료로 활용한다.

제 3 절 내부감사

1 개요

감사(監査, audit)는 직무감찰과 회계검사를 합친 개념으로서 "공식적인 권한을 가진 독립적인 제3자가 감사 대상기관과 그 소속 직원들이 수행하는 제반 활동의 잘잘못을 검사하여 적절한 조치를 요구하는 행위"로 정의된다. 감사 결과 적절한 조치를 요구한다는 점에서 조치를 요구하지 않는 단순한 검사와 구별된다. 감사 영역은 집행부의 직무 집행의 적법성 감사에 한정되는 것이 아니기 때문에 감사(監事, auditor)는 경영 전반에 걸쳐 감사를 실시하고 필요한 경우 기관장에 대해 권고, 조언 또는 의견 제시를 적극적으로 해야 한다.

공공기관 감사는 "공공기관 내부에서 공공기관의 재산 상태나 임원 및 직원의 업무 집행을 감독하는 것"을 말한다. 공공기관의 내부감사는 임명권자에 의해 파견된 감사가 주로 업무와 회계에 관해 감사를 실시하고 그 결과를 이사회에 제출한다.

일반적으로 감사는 다음과 같은 기능을 수행한다.

첫째, 기관의 인적·물적 자원의 효율적 사용 여부, 경영 관련 위험 요소 등을 상시 점검함으로써 재무건전성을 유지하고 기관 운영의 효율성을 제고한다.

둘째, 감사조직은 기관의 내부 통제 시스템이 제대로 작동되고 있는지 점검한다.

셋째, 기관의 모든 활동은 관련 법규, 감독 규정, 지침 등을 준수해야 하며, 감사는 이를 감독하고 시정할 책임이 있다.

넷째, 기관 구성원의 직무상의 위법·부당한 사항을 조사해 시정하고 사전 예방활동을 통해 기관의 청렴성을 제고하는 기능을 한다.

다섯째, 기관이 대외에 공표하는 재무제표 등의 자료가 정확하고 충실하게 작성·공시되고 있는지에 대해 검증한다.

2 한국의 실태

한국의 공공기관의 내부감사는 기획재정부 장관이 정하는 감사 기준에 따라 공공기관의 업무와 회계를 감사하고 그 의견을 이사회에 제출한다.

한편 공공기관으로부터 회계감사기관으로 선정된 공인회계사 또는 회계법인은 회계연도가 종료되어 결산서가 작성된 직후 해당 공공기관에 대해 회계감사를 실시한다.

제4부

공공기관의 개혁

제 10 장

공공기관 개혁의 논의

앞에서 고찰한 공공기관의 내·외부 지배구조에서 본 바와 같이 공공기관의 역할상의 특성으로 인해 경영적 자율성과 민주적 책임성 간에 상충 관계가 발생하기 쉽다. 또한 관리상의 효율성 저하는 거의 모든 공공기관이 겪고 있는 문제점이다. 선진국의 경험을 토대로 하여 미루어볼 때 이러한 문제점을 해소하는 것이 공공기관의 개혁을 위한 기본적인 과제가 되고 있다.

제 1 절 민주적 책임성과 공공부문의 개혁

새로운 거버넌스 체제 하에서 공공부문은 정책 성과의 향상과 더불어 민주주의의 확대를 동시에 도모함으로써, 고객의 요구에 대응하는 동시에 민주적 책임성의 보장을 최대한 확보해야 한다. 민주적 책임성의 확보를 위해서는 공공부문 전반에 걸친 개혁 노력이 중요하다.

1 정부의 민주적 책임성

시민의 대리인으로서 정부는 시민의 정치적 요구에 대응해 행동할 책임, 즉 민주적 책임성(democratic accountability)을 진다. 전통적인 의미에서 의회민주주의 정부의 민주적 책임성은 주로 두 가지로 구성된다.

1) 정치적 책임성

의회민주주의 체제 하에서 정치적으로 선출된 정치적 집행부는 집권 임기 동안 의회의 감시를 받는 형식으로 국민들에게 정치적 책임성을 진다. 정치적 책임성(political accountability)은 민주주의 과정에서 시민의 대리인으로서 시민의 요구에 대해 책임을 지는 것이다. 의회민주주의 형태를 취하는 체제 하에서 정치적 집행부의 정치적 책임성은 정기적 선거를 통해 시민에 대해 직접적으로 책임을 지는 동시에, 임기 동안 의회로부터 감시를 받는 등 간접적으로 책임을 지는 방식으로 구체화되었다.

2) 관료적 책임성

행정조직의 관료들은 정치적 중립성을 유지하면서 정치적 책임으로부터 상당 부분 자유로운 대신 정치적 집행부에 대해 관료적 책임성을 진다. 관료적 책임성(bureaucratic accountability)은 정치적 중립성을 대가로 하여 실적제와 직업공무원제의 발전으로 생겨난 것이다. 관료는 정치적 집행부에 대해서만 책임을 지지만 정치적 집행부가 의회 또는 시민에 대해 책임을 지므로 관료의 시민에 대한 민주적 책임성은 간접적인 책임 관계라 할 수 있다.

그러나 전통적인 관료적 책임성은 관료로 하여금 집단적으로 정치적 집행부에 대해서만 책임을 지게 하여 정치적 중립성과 더불어 익명성이 보장되므로 관료들에 대한 실질적 책임 확보가 어렵다는 본질적 한계가 있다. 더구나 20세기 행정국가화의 경향에 따라 정책 과정이 점점 복잡해지고 전문화됨에 따라 행정관료의 역할과 영향력이 크게 확대되어 정치적 집행부의 행정 관료에 대한 감시도 점점 어렵게 되었다. 더욱이 관료의 역할 증대와 여기에서 기인한 공공기관의 성장이 상승작용을 해서 관료의 자율성이 급속도로 증가함에 따라 시민에 대한 민주적 책임성의 위기가 닥치게 되었다.

3) 관리적 책임성

민주적 책임성을 확보하는 방안으로서 전통적인 정치적 및 관료적 책임성 이외에 정부부처 등 공공부문의 관리자에게 더 많은 재량과 유연성을 제공하는 대신 성과에 대한 책임을 묻는 관리적 책임성 개념이 새로이 제시되었다. 관리적 책임성(managerial accountability)은 효율성을 달성하기 위해 목표는 정치적 집행부가 부여하고 자율성을 적극적으로 보장하며 사후평가를 통해 책임을 묻는 것을 말한다. 따라서 관리적 책임성은 주어진 목표를 달성하기 위해 다양한 수단을 선택할 수 있는 재량을 부여하고, 부처 집단적 합법성이 아닌 개별적 성과에 대한 책임을 묻는다는 점에서 관료적 책임성과 구별된다(<표 10-1>).

표 10-1 관료적 책임성과 관리적 책임성의 비교

구분	관료적 책임성	관리적 책임성
재량	정해진 절차와 수단	다양한 수단 보장
책임 영역	집단적 합법성	개별적 성과

자료: 정무권(2000)을 요약 발췌함.

2 공공기관의 민주적 책임성

20세기 중반 이후 공공서비스의 공급이나 정책 보조와 같은 다양한 집행 기능을 시민이나 의회에 정치적 책임을 지고 있는 정부조직의 형태로 수행하는 것은 사실상 어렵게 되었다. 그 결과 관료의 책임을 담보로 하여 책임성의 사각지대에서 공공기관이 급속히 성장했다. 이에 따라 공공기관의 효율성을 강화하는 동시에 공공성을 확보할 수 있기 위해서는 민주적 책임성 문제에 대한 면밀한 검토가 필요하다. 결국 '공공기관은 어떤 책임을 지는가'의 문제가 중요해진다.

앞에서 살펴본 바와 같이 현대 행정국가 체제 하의 민주적 책임성은 정치적 책임성, 관료적 책임성, 관리적 책임성의 세 가지 차원으로 나뉜다. 공공기관의 경우에도 민주적 책임의 확보 문제는 세 가지 차원에서 접근할 필요가 있다.

1) 정치적 책임성

공공기관의 경우 행정조직 관료제의 책임성에 의지함으로써 정치적 책임성에서 사실상 면제되어 왔으나 시민의 이익이라는 책임성에서 자유로울 수는 없다. 따라서 공공기관도 정치적 집행부 및 관료조직과의 관계 하에서 책임이 포괄적으로 이전되었을 뿐 궁극적으로는 시민에 대해 책임을 져야 한다. 정치적 집행부와 관료조직이 시민의 대리인이라면 공공기관은 복대리인에 해당하기 때문이다. 공공기관의 정치적 책임성은 다양한 주체의 참여를 유도해 그들의 이익을 조정하고 반영해 시민의 보편적 이익을 실현하는 가치를 의미한다.

다만 시민은 주인이지만 복대리 관계에 있는 공공기관에 직접적인 영향력을 행사하기 어렵다. 공공기관의 책임성 문제의 발단은 관료적 책임성의 약화에서 시작되며, 이것은 다시 공공기관의 정치적 책임성의 문제로 귀착된다.[1] 따라서 공공기관의 정치적 책임성을 확보하기 위해 이사회에 정당 및 시민사회의 대표나 전문가를 참여시키거나 의회 감사를 실시하는 등의 외적 감시 수단을 강구한다.

2) 관료적 책임성

정책 수단으로서의 공공기관은 중앙정부의 권고나 협의를 통해 정책의 일관성을 유지하는 등의 간접적인 방식으로 관료적 책임성을 부담하며 그 대가로서 예산과 인력을 공급받는다. 그렇지만 관료적 책임성을 담보로 성장한 공공기관들은 관료적 감독 하에 방치됨으로써 결과적으로 관료조직의 이익과 권력을 증대시키는 데에 기여했다. 이에 따라 관료적 책임을 확보하기 위해 기관장 중심으로 이사회가 운영되며 비상임이사도 민주성과 전문성을 고려하기보다는 정부의 의사를 적정하게 반영할 수 있는 인사로 구성되는 한계가 나타난다.

1) 일찍이 의회민주주의 체제가 정착했던 서유럽 국가에서는 관료적 책임성을 통해 간접적으로 공공기관의 정치적 책임성을 확보하고자 했으나 관료적 책임성이 보장되지 못할 때 필연적으로 공공기관의 정치적 책임성도 훼손될 수밖에 없었다. 이와는 달리 스칸디나비아 국가들의 경우 국왕과 의회가 행정권을 분점하는 과정에서 관료적 책임성을 배제한 상태에서 다양한 이해관계자가 참여하는 공공기관에 정책 권한을 부여함으로써 근원적으로 공공기관의 정치적 책임성을 확보했다.

3) 관리적 책임성

정책집행의 대행을 주로 담당하는 공공기관들은 관료적 책임의 장막 뒤에서 성장했으므로 정치적 집행부가 관료적 책임을 담보하지 못하는 한 민주적 책임이 훼손될 우려가 크다. 공공기관의 성장이 가속화될수록 공공성은 물론 효율성까지도 저하하는 현상을 제어하기가 점점 어려워진다. 그렇다고 공공기관에 대한 정부의 감독을 전적으로 시장에 의한 감시로 대체할 수는 없는 것이다. 정치적 집행부와 관료조직은 이에 대한 대응으로서 관리적 책임을 관료적 책임으로부터 독립시키게 된다([그림 10-1]).

그림 10-1 공공기관의 민주적 책임성

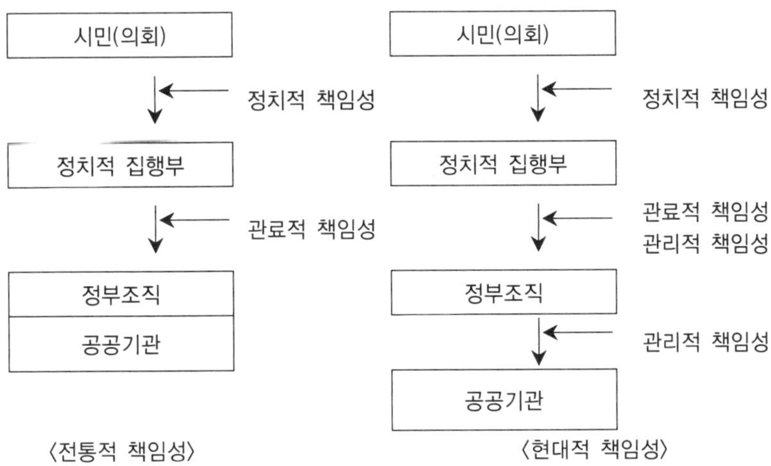

3 성과관리와 공공부문 개혁

1) 성과수의적 관리의 방향

관리적 책임의 강조는 관료적 책임의 실패라는 시대적 흐름에서 기인한 것이지만 민주성이라는 측면에서 정치적 책임성과 갈등을 일으킬 소지가 있다. 따라서 공공성과 기업성이라는 공공기관의 본질적 이중성 문제를 우회하기 위해서는 세 가지 책임성 간의 조화가 중요한 개혁 과제로 대두한다. 관리적 책임성을 강화하기 위한 주요 수단으로서 채택되고 있는 성과관리가 의회의 직·간접적인 감시를 포함하는 경향이 있는 것도 이것을 반영한 것이다.

흔히 성과주의적 관리는 공공부문과 시민과의 관계를 주로 서비스 공급자와 고객 관계로만 파악하는 경향이 있다. 이러한 관점은 전통적인 시민 개념이 내포하는 모호함을 축소하고 시장 관계에서 기인하는 경쟁과 성과평가의 권한을 신규로 부여함으로써 주권자로서의 고객 지위를 강화한다는 점은 확실하다. 다만 민주주의 국가가 시민의 기본권에 대한 보호의 책임을 가진다는 것은 좀 더 근본적인 문제이다. 시민권의 보호를 위한 역할이 민주적 책임성의 본질인 것이다.

특히 공공기관의 관리적 책임을 보장하기 위한 주요 수단은 성과관리, 즉 주무행정기관과의 성과계약과 성과평가이다. 다만 관리적 책임성이 공공기관의 민주적 책임성을 달성하는 데 장점을 갖는 것은 사실이지만 민간기업과는 달리 성과관리의 객관성을 유지하기 위해서는 아직 기술적으로 완전하지 않다는 문제점이 있다. 또한 성과에만 초점을 두게 되면 정책 과정 전반이 탈정치화되어 공공기관은 정치적 집행부로부터의 감시로부터 멀어지게 되므로 전통적인 정치적 책임성을 약화시키는 결과가 초래된다.

이러한 문제점을 해소하기 위해서는 성과평가를 위한 객관적인 지표를 개발하는 것이 급선무이겠으나 좀 더 근본적인 차원에서 볼 때 정치적 책임성을 확보하기 위한 방안을 강구해야 한다. 정치적으로 책임성이 부족한 공공기관을 통제하기 위해서는 의회에 의한 감시와 시민사회의 참여를 확대함으로써 경영 과정에서의 투명성을 제고해야 한다.

2) 공공부문의 개혁

시장실패와 동시에 정부실패의 존재는 정부 개입과 시장 운영 간에 적절한 조화가 필요하다는 것을 알려 주는 것이며, 이것은 민간부문과 공공기관 간에 견제와 균형이 이루어질 때 가능한 것이다. 흔히 공공부문 운영비용의 과다 발생이나 사업의 비효율성과 같은 정부실패에 대한 대응으로서 첫째 공공부문 구조 자체는 유지하면서 기존의 시스템을 통해 개선하고자 하는 방향과, 둘째 공공부문 기능의 전부 또는 일부를 없애는 방향의 두 가지를 생각할 수 있다. 여기에서는 공공부문의 개혁을 공공부문이 사회에 초래하는 부담을 줄이기 위해 특정 공공부문의 기능을 고쳐나가거나 없애는 것을 모두 포함하는 것으로 보기로 한다.

공공기관 개혁을 논할 때 우선 인식해야 할 것은 공공기관 설립 시에 고려했던 정책환경이 크게 변화했으므로 공공기관의 개혁도 이에 맞추어 논의되어야 한다는 것이다. 우선 경제·사회적 환경이 변화함으로써 공공기관 설립의 목표가 소멸되거나 변화하는 경우가 있다. 그리고 목표가 변화하지 않았더라도 공공기관의 운용이 지나치게 비효율적이거나 민간의 자율성을 지나치게 제약하는 결과가 되는 경우도 흔히 발생한다. 이와 같이 환경 변화에 대응해 공공기관 운영도 지속적으로 개선되거나 폐지될 필요가 있다.

제 2 절 한국 공공기관 개혁의 전제와 방향

한국의 공공기관 개혁을 논할 때 우선 고려해야 할 사항은 공적 개입은 정치적 및 경제적 여건에 맞추어 적절히 이루어져야 한다는 것이다. 동시에 인식해야 하는 전제는 정부는 본질적으로 비효율적이므로 이를 극복하기 위한 노력이 불가피하다는 것이다.

1 공적 개입의 여건: 발전국가의 전환

정부 개입의 필요성 및 적정성 여부는 공공기관 개혁의 필요성을 가늠하는 기준이 된다. 다시 말해, 시장 기능이 제대로 작동하고 있다면 공공기관의 역할을 완화하거나 폐지하는 등의 개혁 조치를 시작해야 한다는 말이다. 그런데 이 판단은 국가의 역할에 대한 인식, 경제의 구조 및 발전 단계, 관료의 의식 등에 따라 크게 달라진다.

한국 정부의 공적 개입에 관한 논의는 1997년 금융 위기의 발생과 그 극복 이후에 논쟁의 대상이 된 바 있는 발전국가의 전환을 바라보는 시각의 정립에서 시작될 수 있다. 신자유주의적 정책 사고에 기초하고 있는 많은 사람은 한국의 경제 운영 방식이 영미식으로 가야 하는 것으로 보고 있다. 동아시아의 금융 위기 속에서 IMF와 미국이 발전 모델의 포기와 영미식 경제 운영 모델의 채택을 강력히 요구한 것도 이러한 인식에서 나온 것이다.

그러나 이것은 선진국들도 산업자본주의 초기에는 시장 자율 메커니즘의 형성을 위해 강력한 정치적 능력을 발휘했다는 것을 망각한 것으로서, 시장 자율에 맡겨지는 경제 체제라도 시장실패를 막기 위한 다양한 시장제도가 존재할 수 있다는 것을 간과한 것이다. 예컨대 영국과 미국은 기업에 의한 시장주도형을 경제자유화 방식으로 채택했으나, 일본과 프랑스는 정부 주도 하에 절차와 규칙을 만드는 국가주도형을, 그리고 독일은 자본가단체와 노동조합을 중심으로 한 협상형을 각각 채택했던 것이다.

한국에 적용된 IMF 프로그램은 시장 원리를 바탕으로 한 금융-기업 구조조정을 요구했고, 김대중 정부도 시장 주도 방식에 의해 이를 추진했으나 은행과 기업의 비협조로 제대로 진전되지 않았다. 결국 구조조정은 정부 주도 방식으로 방향을 선회해 추진되었다. 즉, 금융 위기는 한국으로 하여금 경제자유화에 본격적으로 참여하게 되는 결정적인 계기가 되었지만 동시에 이것은 경제 운용에의 국가의 개입을 증대시키는 결과를 낳았다.[2]

한국은 금융 위기 극복 과정에서 기업 지배구조 및 금융 시스템의 효율성과 투명성이 제고되었으며, 경제의 세계화 과정에서 무엇이 참된 경쟁력의 원천이며 또 유의해야 할 점이 무엇인지 배울 수 있었다. 나아가 국제경쟁력의 제고에 모든 사회적 목표를 종속시키는 신자유주의 국가가 전후의 타협 체제적 복지국가를 대체하고 있음도 목격했다. 그러나 한편 영국 등에서 볼 수 있듯이 시장 메커니즘의 원활한 작동을 위해 국가의 규제정책이나 전략적 영역에서의 산업정책은 오히려 강화되고 있음도 알 수 있었다. 이것은 국가활동의 주요 영역에서 국가의 약화와 동시에 과거와는 다른 차원에서 국가 영향력의 강화가 동시에 진행되는 등 국가 기능이 재편되고 있음을 의미한다.

결국 일반론적으로 볼 때 정부의 역할을 가급적 줄여나가 민간의 자율성과 책

---

2) 이와 같이 국민국가의 역량이 산업정책을 형성하거나 개입하는 데에만 관여하는 것이 아니라 국가 개입을 후퇴하거나 포기하는 것에도 관여하게 되는 현상을 홀과 아이켄베리(Hall & Ikenberry, 1989)는 '국가 능력의 아이러니'라고 표현했다.

임성을 확립해야 하나 발전국가의 유습이 잔존하고 있는 체제의 경우 시장의 정상적인 작동을 위해서는 자유주의적 질서의 정착 시까지 강력하고 중립적인 국가의 역할이 필요하다고 할 수 있다. 따라서 경제적 자유화의 성공을 위해서는 정부와 기업들 사이에 지속적인 협의가 유지되어야 하는 한편 대기업들의 압력을 차단할 수 있는 국가 권위도 필요한 것이다.

발전국가의 전환에 관한 이와 같은 인식은 공공기관 정책 영역에서도 상호 이질적인 정책 방향의 진전을 초래한다. 정부개입의 실패를 극복 내지는 보완하기 위해 공공기관 민영화를 촉진하는 동시에 시장실패가 지속되는 영역에서는 공공기관의 역할을 유지 또는 제고해야 하는 것이다. 이와 같이 발전국가에서 경쟁국가로 이행하는 과정에서 우리는 시장의 경쟁 기능을 촉진하는 한편 경제적 자유화의 부작용을 최소화하기 위한 규제국가의 역할을 발견하게 된다.

2 신공공관리의 여건: 신자유주의의 적용

신공공관리라는 개혁 기조가 한국에서도 적실성을 갖기 위해서는 한국의 제반 여건이 서구 사회에서의 현실적 맥락과 상당 부분 부합해야 한다. 공공기관 개혁의 논의와 한국의 현실을 비교해 볼 때 신자유주의의 정착이라는 측면에서 논란의 여지가 있다. 따라서 한국의 신자유주의의 실행이 이루어지고 있는가를 검토함으로써 공공기관 개혁 모형의 한국에서의 적실성을 타진해 볼 수 있다.

경제자유화는 국가의 강제에 의해 운영되던 시장을 민간의 자율적인 힘에 의해 운영되도록 하는 것이다. IMF 금융 위기 이후 한국 정부는 외적 요인에 의한 것이기는 하나 외자를 유치하고 금융자유화를 추진했다는 점에서, 그리고 재벌기업에 대한 지원과 보호를 축소했다는 점에서 경제 운영이 자유주의적으로 진전된 것으로 평가할 수 있다. 그러나 정부는 개혁을 추진하는 과정에서 금융 부문에 대한 감시와 사전 통제를 오히려 강화하는 모습을 보였다. 그리고 정부-기업 관계에서도 종래의 발전국가적 성향에서 완전히 탈피하지 못했기 때문에 재벌구조 개혁에 정부의 직접적 개입이 계속되었다.

현재의 한국적 상황은 서구에서 신공공관리 체제가 등장하게 된 현실적 맥락과 상당 부분 유사하다고 할 수 있다. 따라서 서구에서 탄생한 신공공관리 모형은 한국 사회에서도 그 타당성을 인정받을 수 있다는 주장이 가능해진다. 최소한 효율화를 지향하는 한국 행정 체제의 입장에서는 신공공관리 논의는 그 전략적 의의가 크다고 할 수 있다. 다만 한국 정부의 경제자유화의 제반 여건이 다소 빈약하며 일부 정책 분야에서는 국가의 간섭을 통해 개혁이 추진되고 있다는 점에서 신자유주의의 정착이 아직 미흡한 것으로 볼 수 있다.

요컨대 한국의 공공부문에도 기업의 경영기법을 도입하는 신공공관리의 확대가 이루어지고 생산성 개념이 본격적으로 적용됨으로써 정부개혁의 필요성에 대한 공감대가 형성되었다고 할 수 있다. 다만 새로운 모형으로서 이론적 보편성을 갖는다고 주장되는 선진 국가들의 신공공관리는 신자유주의의 정착이 실현되는 한도 내에서 한국에서도 그 적실성이 인정된다고 할 것이다. 따라서 한국의 신공공관리의 적용 범위가 확대되어 간다면 신공공관리의 실천 수단으로서의 준정부기관은 공기업과는 달리 성장할 가능성이 있다고 볼 수 있다.

3 공공기관 개혁의 방향

우리나라 공공기관의 개혁은 기본적으로 내부 지배구조, 외부 지배구조, 관리의 세 가지 측면에서 검토될 수 있다. 그것은 공공기관 자체의 지속 가능한 성장을 객관적으로 확보하고, 공공기관 경영 전반의 책임성을 정책적으로 확립하며, 구체적 분야의 관리의 합리성을 제고하는 것이다.

첫째, 공공기관은 하나의 조직으로서 지속 가능한 성장을 추구해야 한다. 지속 가능한 성장은 기본적으로 내부 지배구조의 타당화 노력을 통해 달성된다고 볼 수 있다. 따라서 경영 목표의 측면에서 공공기관 존립의 타당성을 확보하려는 노력이 요망되며, 기관의 원활한 작동을 위해 이사회의 감시 및 견제 시스템을 구축해야 한다. 궁극적으로 공공기관 내부 지배구조의 개혁은 소유권 기구의 책임성을 강화하는 데서 큰 성과를 거둘 수 있다.

둘째, 기관 및 기관장의 경영에 대한 책임을 묻는 장치로서 경영 실적에 대한 평가가 제대로 이루어지지 않는다면 고객이 원하는 서비스 제공이 제대로 이루어지는지 확인하기 어렵게 된다. 반면에 정부부처의 경영 감독이 지나치다면 경영자율성이 침해되어 공공기관 설립의 의의가 저하한다. 따라서 외부 지배구조의 적절한 작동을 기함으로써 공공기관의 책임성과 자율성 보장의 적절한 조화가 중요하다.

셋째, 공공기관이 갖는 독점적 성격은 공공서비스의 효율적 공급을 저해하는 장애 요인으로 작용한다. 이것은 구체적으로 불필요한 조직이나 인력을 운영하거나 예산을 방만하게 운영하고 요금을 과도하게 책정하는 등의 관리 행태로 나타난다. 따라서 경영 성과를 산출하는 시스템이 합리적으로 작동하는지 여부를 파악하고 그 문제점을 제거해야 한다.

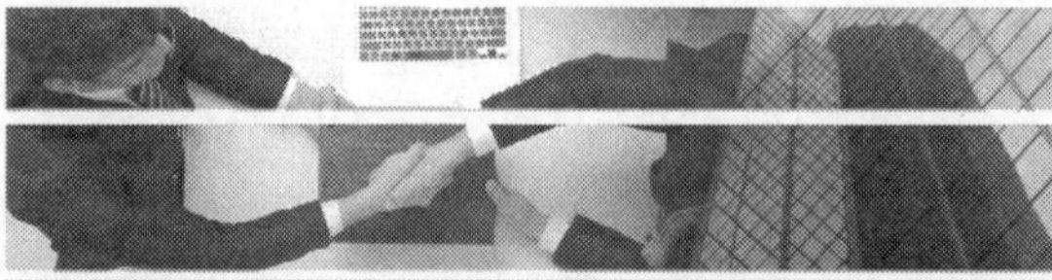

제 11 장

한국 공공기관의 개혁 방안

제 1 절 내부 지배구조의 개혁을 위한 방안

1 의사결정 구조의 합리화

우리나라의 공공기관운영위원회는 공공기관에 관한 총괄적 관리위원회로 볼 수 있으므로 각 기관별로 별도의 관리위원회를 설치할 필요성은 크지 않다. 다만 결정 기능과 집행 기능이 분리되어 있지 않으므로 이사회 의장이 집행부의 장을 겸임하는 데 따르는 자의성의 위험은 여전히 남아 있는 것이 사실이다. 이에 관해 시장형 공기업의 이사회 의장은 선임 비상임이사가 맡도록 되어 있어 이사회의 결정기관으로서의 독립성을 강화하고 있다. 그러나 여타 유형의 공공기관에는 이러한 강제 규정이 없어 이사회의 결정 기능과 집행 기능의 분리가 불완전한 형편이다.

한편 감사위원회 제도는 현재 시장형(이 책에서의 독점형) 공기업에만 강제 적용되고 있어, 증대하고 있는 공공기관 감사기구의 역할에 부응할 수 있는 제도적 장치가 미흡한 실정이다. 동시에 감사위원회가 이사회의 하부 위원회로 되어 있고 이사회에서 감사위원을 선임하기 때문에 이사회에 종속될 수 있다는 문제점을 안고 있다.

공공기관 결정기구와 집행기구는 분리하는 것이 기관 통제를 위해 바람직하다는 논리를 감안할 때, 시장형 공기업 이외의 나머지 공공기관 유형도 선임 비상임이사가 이사회 의장을 맡도록 함이 요망된다.

또한 감사위원회의 설치를 시장형 공기업 이외로 점차 확대해 감사 기능의 전문화와 객관화 제고의 토대를 마련할 필요가 있다. 동시에 이사회에 종속되어 있는 현재의 위상을 개선해 감사위원회의 독립성을 강화하는 방안을 강구해야 한다.

2 이사회의 대표성 제고

민간기업의 경우 주주와 경영진을 이어주는 기관으로서 이사회의 역할은 기업 내부 지배구조의 핵심에 해당한다. 이사회의 기본적 역할은 기관장의 경영 전횡을 효과적으로 견제하는 것에서 찾을 수 있다.

그렇지만 「공공기관의 운영에 관한 법률」(공운법)에 의하면 상임이사는 기관장이 임명하도록 되어 있고, 기관장은 주무부처의 장이 임명권 또는 임명제청권을 가지고 있다. 비상임이사는 기획재정부 장관 또는 주무부처의 장이 임명하도록 되어 있으며, 주무부처 담당 공무원이 당연직 이사가 되는 것이 관례로 되어 있다. 그 결과 관련 부처의 의사가 절대적 비중을 차지하고 있어, 이사회를 구성할 때 대표성의 확보가 미흡한 실정이다.

공공기관 이사회의 활성화를 위해서는 주인인 국민에 대한 충실 의무와 책임성을 고취하는 것이 중요하다. 이를 위해 비상임이사의 대표성을 제고하는 방안을 강구할 필요가 있다. 즉, 상임이사가 공공기관이 이익을 대변하는 역할을 수행한다면 비상임이사는 공익을 대변하는 역할을 수행해야 하는 것이다. 이러한 점에서 볼 때 비상임이사로서 공공기관 이해관계자 집단의 대표를 참여하도록 한다면 이사회의 대표성이 높아져서 궁극적으로 이사회가 견제 기능을 충실히 수행할 수 있다. 이해관계자 집단에는 소비자단체, 관련 산업, 지역사회, 시민단체, 전문가단체 등이 포함될 수 있을 것이다.

3 소유권 기구의 책임성 강화

공공기관 소유권 기구는 국민을 대리해 공공기관을 사실상 소유하고 지배하는 역할을 부여받고 있다. 우리나라에서는 공공기관운영위원회(공운위)가 소유권 기구로서 민간기업의 주주총회와 유사한 기능을 수행하고 있다. 공운법에 의해 공운위는 기관장 임면, 이사회 구성 및 이사 임면, 감사 임면 등 공공기관 내부 지배구조에 관한 거의 모든 부분에서 막강한 영향력을 행사한다. 특히 비상임이사가 과반수를 차지하는 이사회를 사실상 구성할 수 있어 소유권의 행사가 실질적으로 보장되고 있다.

따라서 공운위는 그 소유권을 행사할 때 국민에 대해 책임을 져야 한다고 할 수 있다. 공운위가 책임 있는 소유권 기구로서의 역할을 수행하기 위해서는 공운위 자체적으로 독립적이고 전문적인 의사결정을 할 수 있는 체제를 갖추어야 한다. 그러나 공운위가 공기업과 준정부기관 등 다수의 공공기관에 대한 소유권 기능을 포괄적으로 행사하고 있는 현실은 공운위의 전문성과 책임성 문제를 야기하고 있다. 즉, 현재와 같이 기획재정부 장관의 추천에 의한 소수의 민간위원이 공공기관 소유권 정책을 제대로 수행하기를 기대하는 것은 무리라 할 수 있다.[1)]

이를 위해서는 이해관계 집단을 적절히 대표할 수 있도록 다양한 계층으로부터 공운위를 구성함으로써 대표성과 전문성을 제고해야 한다. 현행 제도상으로도 기획재정부 장관은 법조계·경제계·언론계·학계·노동계 등 다양한 분야에서 전문가를 추천할 수 있게 되어 있다. 그렇지만 실제 위촉된 민간위원이 이와 같은 다양한 분야를 대표하는지에 대해서는 논란의 여지가 있다.

우선 위원회의 역량을 강화하기 위해 위원회 정수를 대폭 늘려야 한다. 이렇게 규모가 커진 공운위는 공기업과 준정부기관의 세부 유형별로 소위원회로 다시 세분해서 전문성을 제고해야 한다. 그리고 국회, 경제단체, 사회단체, 전문가집단, 소비자집단, 시민사회단체 등 다양한 직능단체에게 위원 추천권을 배분하는 방안을 적극 검토할 필요가 있다.

---

1) 공운위의 책임성 한계는 기획재정부가 공공기관에 대한 소유권 기능과 더불어 감독 기능도 동시에 수행하는 데에서 상당 부분 기인한다고 볼 수 있다.

제 2 절 외부 지배구조의 개혁을 위한 방안

1 공공기관 지정 제도의 개선

한국의 공공기관은 자체수입 비율(50%)에 따라 공기업과 준정부기관으로 나뉜다. 그런데 영위하는 사업 자체의 성격이 아닌 단순히 자체수입 비율로 공기업과 준정부기관을 구분하는 것이 과연 타당한 것인가에 관해 논란이 생길 수 있다.

시장형 및 준시장형 공기업의 구분과 기금관리형 및 위탁집행형 준정부기관의 구분에도 합리적인 기준이 적용되지 못하고 있다. 공기업은 자체수입 비율(85%)과 자산 규모(2조 원)를 기준으로 시장형과 준시장형으로 나누고 있으므로 여전히 그 타당성에 관해 논란이 있다. 또한 기금관리형 준정부기관의 경우 기관의 수입원이 다르다는 점 외에는 일반적인 위탁집행형 준정부기관과 다를 바가 없는데도 불구하고 별도의 유형으로 구분할 필요성에 대한 의문이 제기된다. 더구나 예산회계법과 기금관리기본법이 국가재정법으로 통합됨에 따라 공공기관의 자금원을 예산과 기금으로 구분하는 것은 의미가 없어졌다고 할 수 있다. 이와 같이 네 개 유형별 특성이 명확하지 않을 뿐만 아니라, 각 기관의 자체수입 비율이 변동할 때마다 해당 기관의 유형도 변동되어 법상 및 관리 체계상의 지위가 불안정해지는 문제점도 발생한다.

이와 같이 한국 공공기관은 자체수입 비율과 같은 수익구조에 의해 일률적으로 분류되고 있어 위에서 본 몇 가지 문제점이 예상되고 있다. 따라서 공공기관을 제1부 제1장 제1절에서 본 '이론적 유형화'와 같이 기관별 성격을 반영하도록 기업성과 시장성 기준에 따라 4개 유형으로 분류한다면 각 유형별로 통일된 관리가 가능해질 수 있다.

우선 기업성을 기준으로 하여 그 기관이 상업적이냐 대행적이냐에 따라 상업형 기관과 대행형 기관으로 분류할 수 있겠으나, 제도적으로 그 개념이 일반화되어 쓰이고 있는 공기업과 준정부기관이라는 용어를 그대로 사용하기로 한다. 다음에 시장성을 기준으로 하여 독점적이냐 경쟁적이냐에 따라 공기업과 준정부기

표 11-1 기업성/시장성 기준에 의한 한국 공공기관의 재분류

재무＼규제		시장성: 독점적	시장성: 경쟁적
기업성	상업적	독점형 공기업	경쟁형 공기업
기업성	대행적	독점형 준정부기관	경쟁형 준정부기관

자료: 배용수(2008).

관을 다시 독점형과 경쟁형으로 분류할 수 있다. 따라서 공기업은 자연독점적이어서 규제의 대상이 되는 독점형 공기업과 그렇지 않은 경쟁형 공기업으로, 그리고 준정부기관도 독점형 준정부기관과 경쟁형 준정부기관으로 각각 분류할 수 있다(<표 11-1>).

이렇게 기업성/시장성 기준에 의거해 분류할 경우 유형화의 일관성 유지가 가능해진다. 따라서 자체수입 비율에 따라 공공기관의 법적 지위가 변동되는 불안정성을 방지할 수 있다. 또한 업무 특성이 기관별로 상이하고 사실상 위탁집행형 기관과 다르지 않은 기금관리형 기관을 별도로 독립시켜야 하는 불필요함에서도 벗어날 수 있다.

다만 여기서 공기업과 준정부기관의 구분은 법적으로 명확히 해야 하므로 관련 법령에서 명시함이 바람직하며, 독점형 및 경쟁형의 구분은 정부의 관리정책에 관한 사항이므로 공운위에서 실제적 사안에 따라 적용할 수 있을 것이다.

2 정부 감독의 개선

공공기관의 건전한 운영을 위해서는 경영의 자율성이 최대한 확보되어야 한다. 그러나 현행 공운법의 무분별한 적용은 자칫 경영의 자율성을 저해할 우려가 있다. 공운법은 “기획재정부 장관과 주무기관의 장은 공기업·준정부기관의 자율적 운영이 침해되지 아니하도록 이 법이나 다른 법령에서 그 내용과 범위를

구체적으로 명시한 경우에 한하여 감독한다"라고 규정해 통제 방식을 열거식으로 하도록 규정하고 있다. 이와 관련해 기획재정부 장관과 주무부처 장관이 감독 권한을 나누어 행사하고 있으나 정책 및 규제 기능의 분화가 불명확하고 중복 규제의 여지가 있는 것이 사실이다. 이같이 공기업이나 준정부기관에 대한 기획재정부와 주무부처의 과도한 감독은 경영의 자율성을 저해하는 요인으로 작용할 수 있다.

그 성격상 대리인인 공공기관은 위임자인 정부부처가 정한 목적 달성을 위해 최선을 다할 수 있게 사후적 보상과 처벌을 주요 내용으로 하는 성과관리 체계 하에서 운영된다. 공공기관의 운영을 감독하는 목적은 공공성을 확보하기 위한 것이지만, 공공기관 운영의 자율성을 보장하는 것도 중요한 사항이므로 양자의 적절한 조화가 요청되고 있다. 특히 대규모 공기업의 경우 운영의 자율성을 제고하고 책임경영 체제를 강화하며 민간경영 기법을 적극적으로 도입해야 하므로 감독의 적정성 유지는 준정부기관의 경우보다 더욱 강조되어야 한다. 따라서 공공기관에 대한 감독은 공기업이나 준정부기관 등 공공기관의 유형별로 어떤 형태로 그리고 어느 정도로 하느냐의 문제로 귀결된다.

공공기관에 대한 지나친 감독은 합리적인 기업 운영과 민간 경영기법을 도입하는 데 장애 요인이 될 수 있다. 공공기관에 대한 감독은 사업의 공공성을 보장하기 위해 필요하나, 지도와 감독이 자칫 중앙정부의 일방적인 통제로 변하면 공공기관의 효율적인 운영을 저해하기 쉽다. 반면에 지도·감독이 배제되면 방만한 경영을 방임하는 위험성도 있으므로 적절한 수준의 지도·감독이 이루어져야 한다. 즉, 지도적 감독과 경영 자율성의 조화가 필요하다고 할 수 있다.

공공기관에 대해서는 성과관리 체계를 적용해 성과평가를 통한 책임성을 물을 수 있어야 한다. 그렇지만 대부분의 나라에서 공공기관은 중앙정부로부터 엄격한 감독을 거의 받지 않고 약한 책임성 확보 장치를 적용받고 있으므로 정치적 논쟁의 밖에 있다. 경영에 관한 중요한 사항은 이사회의 권한에 속하며, 경미한 사항은 사장 등 기관장에게 위임되고 있다.

우리나라의 공공기관의 경우에도 경영 일반에 관해서는 대부분 이사회의 자율권이 보장된다. 다만 주무부처에 의한 비공식적 경영 개입은 아직도 관행으로 통용되고 있는 실정이다. 법적·공식적 감독 외에도 주무부처 등 정부기관이 비공식적으로 공공기관 업무를 포괄적으로 감독하는 관행이 존속함으로써 경영 자율성을 해치는 경우가 지적되고 있다. 따라서 공공기관에 대한 감독은 법적·공식적 요구 사항에 한정하고 세부적인 경영관리는 기관장에게 최대한 위임해야 한다.

이와 관련해 국회에 의한 공공기관 감시의 중요성이 강조될 필요가 있다. 다만 문제는 정부가 공공기관에 대한 감독을 느슨하게 했을 때 국회가 복잡하고 다양한 기능에 관한 정보를 면밀히 분석할 능력을 가지지 못한다는 데에 있다. 그리고 미약한 책임성 확보와 감독 메커니즘은 국회의 정부에 대한 감시라는 측면에서 새로운 과제를 제기한다는 점에서 적지 않은 우려가 있는 게 사실이다. 따라서 공공기관에 대한 재정적·기술적 감독뿐만 아니라 정치적 통제를 확보하기 위해 감시 체계가 재설계될 필요가 있다. 예컨대 국회 내에 특별위원회를 설치하여 국민경제의 전체적인 틀 속에서 공공기관 경영의 전반에 대해 검토하게 할 수 있다.

3 경영평가의 개선

공공기관 성과관리 체계가 원활히 작동하도록 보장하기 위한 장치의 하나가 경영평가제도이다. 이 제도에 의해 기획재정부 장관 및 주무부처의 장은 공공기관의 장에게 경영 목표의 변경을 요구할 수 있게 되어 있다.

그러나 이사회 의결로써 확정된 공공기관의 경영 목표에 대해 정부부처가 변경을 요구함은 해당 기관의 입장에서 볼 때 지나친 통제가 될 수 있다. 적정한 경영 목표의 설정은 경영 실적 평가의 실효성 제고 측면에서 볼 때 그 필요성이 인정되나, 이 장치는 감독의 유형 중에서도 사실상 사전 감독에 해당하는 것으로서 경영 자율성에 대한 과도한 침해가 될 우려가 있다.

기획재정부 장관 및 주무부처의 장이 공공기관의 장에게 경영 목표의 변경을 요구할 수 있는 경우는 경영환경, 경제 여건 및 국가정책 방향 등과 같이 거시적 환경의 변동에 관한 것이다. 따라서 이들 사항은 경영지침의 내용에 포함되어도 무방하다. 적정치 않은 경영 목표에 대해서는 관련 행정기관의 감독권을 통해 시정을 요구할 수 있을 것이며, 경영평가 지표에서 경영 목표의 적정성 여부를 비중 있게 반영함으로써 간접적인 통제 효과를 기대할 수 있을 것이다.

제 3 절 관리의 개혁을 위한 방안

1 경영 목표의 타당성 제고

우리나라 공공기관의 경영 목표는 설정에서 평가에 이르기까지 기획재정부와 주무부처가 관여하게 되어 있다. 다만 구체적 경영 목표 수립의 이니셔티브는 공공기관에 위임되어 있어 경영 목표 설정의 운용에 따라서는 공공기관 설립의 목적인 공공성 달성을 저해하는 일이 일어날 수 있다. 한편 기획재정부가 경영 목표 수립 과정에서 강력한 영향력을 행사하고 있어 주무부처가 목표 설정에 관여할 수 있는 여지는 상대적으로 축소되어 있는 실정이다.

경영 목표의 설정은 공공기관의 자율에 전적으로 의존할 수는 없으므로 기획재정부 장관과 주무부처의 장에 의한 관여가 지속되는 것이 타당하다. 다만 기획재정부가 공공기관의 경영 목표를 설정할 때 큰 영향을 미치는 것은 경영 목표 중 기업성 부분에 한정되는 것이 바람직하다. 해당 사업 영역에 관해서는 주무부처가 가장 잘 파악하고 있으므로, 공공성에 관한 경영 목표의 설정에 관해서는 주무부처에서 그 타당성을 판단하는 것이 더 적절하다.

2 임원 임면제도의 합리화

한국의 경우 공공기관 임원 임면에 관한 절차는 매우 복잡하게 되어 있으나 이것은 각 공공기관 유형의 특성에 의한 것으로서 불가피한 측면이 인정된다. 특히 그 기관의 기업성이 상업적인가 대행적인가에 따라 임원 임명의 주체가 달라진다. 예컨대 경영의 상업적 재량성이 큰 공기업의 기관장은 대통령이 임명하는 데 비해, 대행적 특정성이 큰 준정부기관의 경우에는 기관장을 원칙적으로 주무부처의 장이 임명하고 있다.

공공기관 특히 공기업의 경영자 임면에 관해 정부가 직접적으로 개입하는 것은 각국에서 일반적인 현상이다. 예컨대 영국과 일본에서는 주무장관이 경영자를 임명하며, 미국에서는 상원의 동의를 얻어 대통령이 임명하는 경우가 많다. 이것은 정부 및 의회에 대한 공공기관 임원의 책임을 명확히 보장하기 위한 것이다.

또한 시장성 차원에서 볼 때 현행 법령은 시장형 공기업의 선임 비상임이사에 대해 임명의 특수성을 규정하고 있을 뿐 나머지 비상임이사의 임명은 공공기관 유형 간에 유사한 절차가 진행되도록 되어 있다. 그러나 이 같은 입법정책은 임원 임명 시에 독점적 기관과 경쟁적 기관 간의 특성을 제대로 반영하고 있지 않다는 점에서 적실성이 결여된다고 볼 수 있다.

한편 비상임이사의 역할 강화를 위해 직무 수행 평가를 실시하게 되어 있으나 이 장치가 공공기관 경영 견제와 감시 역할의 강화로 이어질 수 있을지는 미지수이다. 그 가장 큰 이유는 비상임이사가 견제 역할을 적극적으로 수행할 인센티브가 없는 것에서 찾을 수 있다.

현행 임원 임면제도에서의 문제점은 임명절차가 적절하지 않다는 점에서 발견되는데 이것은 주로 독점형 및 경쟁형 기관 간의 특성이 무시되어 있기 때문이다. 기본적으로 독점형 기관에는 정부 감독이 불가피한 반면 경쟁형 기관에는 정부 감독이 가급적 배제되어야 한다고 볼 수 있다. 독점형 기관에 대한 정부 감독의 수단으로서 활용되는 것이 비상임이사라 할 때 현재의 공공기관 비상임이사 임면제도는 개선의 여지가 있다.

우선 독점형 공기업 및 독점형 준정부기관의 비상임이사 임명절차는 현재와 같이 기획재정부 장관 또는 주무부처의 장이 임명하는 방식을 유지하는 것이 바람직하다. 한편 비상임이사의 대표 역할을 하는 선임 비상임이사는 의견 조율이나 중재 등을 하고 대규모 공공사업 등 중요한 결정을 할 때에는 분명한 의견을 제시하는 등 책임성을 높일 필요가 있다. 따라서 비상임이사의 책임 경영과 그에 따른 감시의 필요성을 고려할 때 독점형 준정부기관의 선임 비상임이사도 독점형 공기업에서와 마찬가지로 호선이 아닌 주무부처의 장이 임명토록 해야 한다.

한편 기존에 비상임이사들은 상임이사에 비해 공공기관 경영에 대해 적극적이지 않은 점이 문제점으로 지적되었다. 따라서 비상임이사가 본래의 역할을 제대로 수행하도록 하기 위해서는 일정한 횟수 이상의 이사회 참석을 의무화한다거나 이사회에 참석한 후 평가서 등을 의무적으로 제출하게 해야 한다. 또한 비상임이사에 대한 보상을 현실화하거나 기관 위원회 참여 등 역할 강화를 통해 좀 더 적극적으로 경영 견제를 할 수 있는 여건을 보장해야 한다.

3 요금관리의 합리화

공공기관의 요금은 적정해야 하고 원가를 보상함과 아울러 기업으로서의 계속성을 유지할 수 있어야 한다. 이것은 요금의 기업성을 의미하는 것으로 여기서의 기업성은 요금이 단순히 공공기관의 운영에 필요한 비용을 충당할 수 있어야 한다는 것뿐만 아니라 시설투자비의 조달, 나아가서는 기술 개발을 유발할 수 있는 것까지 포함하는 것으로 이해할 수 있다.

그러나 우리나라 공공기관의 요금 수준은 대부분 생산원가에도 크게 못 미치고 있다. 이는 물가 상승과 소비자의 반발을 우려하여 기획재정부 등 중앙정부가 소폭의 요금 인상만을 허용해 온 데서 주로 기인한다. 이와 같이 공공기관의 요금이 생산원가에도 크게 못 미침에 따라 서비스 수준의 향상을 위한 투자비의 일부를 조달하기는커녕 정상적인 영업활동도 수행하기 힘든 지경에 이른 것이다.

정부가 공급하는 공공서비스 중 주민의 문화적·복지적 욕구와 관련되는 순공공재는 시장기구에 의하지 못하므로 그 비용은 조세로써 충당될 수밖에 없다. 그러나 공공서비스는 순공공재보다는 요금재인 것이 대부분이다. 예컨대 무료로 개방되는 국·공립공원은 순공공재이지만, 입장료를 받을 경우에는 요금재인 것이다.

요금재 관리의 효율화 관점에서 우선 생각할 수 있는 것은 인건비, 관리비 등 제반 경비를 절약하기 위해 감량행정·감축관리 등 관리의 효율화를 기하고 담당 직원의 경영 능력을 향상시키는 것이다. 그러나 관리효율화를 통한 예산 절감에 일정한 한계가 있고 단기간 내에 경영 의식을 제고하는 것도 용이하지 않음을 고려할 때 재삼 강조되어야 할 것이 사용료 수준의 적정화를 통해 원가보상의 비율을 높이는 것이다. 요금재는 어느 정도 시장경제 원리가 적용되므로 수익자 부담 원칙에 의해 제공될 수 있다.

우리나라의 공공기관에 의한 서비스 공급은 대체로 지나치게 저렴하게 공급되기 때문에 재원 및 소득의 합리적 배분 차원에서 조정이 요구되고 있다. 즉, 사용료 등의 요율이 원가 이하로 지나치게 낮게 책정되어 있어 그 적자폭이 일반예산으로 충당되므로 결국 특정 서비스를 제공받는 사람에게 그만큼의 이익을 더 지급하는 결과가 된다. 따라서 공공요금·사용료·수수료의 요율은 그 서비스의 성격에 따라 수익자 부담 원칙의 확대를 통해 합리적으로 조정되어야 할 필요성이 있다.

제 12 장

공기업의 민영화

공공서비스의 효율성 향상과 재정 위기 극복을 위한 불가피한 노력으로서 등장한 것이 공기업의 민영화이다. 민영화가 중요한 정책 수단으로 인식되게 된 계기는 1970년대 말 영국의 민영화정책의 추진이었는데, 그 후 개발도상국을 포함한 대부분의 국가에서는 영국의 경험을 적용하게 되었다.

제 1 절 의의

1 개념

민영화란 민간시장의 유인에 따르게 함으로써 공공조직의 비효율성에 작용하는 유인 저해 요소들을 제거하기 위한 노력을 일컫는다. 그러나 민영회 개념은 이론적으로나 실무적으로 아직까지 불명확하기 때문에 그 개념 범위도 아래와 같이 다양하게 논의되고 있다.

1) 협의

민영화는 흔히 공기업의 지분을 개인이나 민간기업에 매각하는 것을 의미한다. 소유권의 이전과 함께 경영권의 이전도 동시에 일어남은 물론이다. 이러한 좁은 의미의 민영화는 소유 주체 또는 지배 주체의 변화를 의미할 뿐, 경쟁에의 개방을 의미하는 자유화와는 명확히 구분된다. 이와 같이 협의로 볼 때 공기업의 민영화는 공기업 지분 가운데 일부 또는 전부가 민간부문으로 이전하는 것으로 정의하는 것이 적절하다. 그러나 완전한 민영화를 이루기 위해서는 원칙적으로 공기업의 모든 지분과 재산이 민간에 매각되어야 한다.

2) 광의

민영화를 더 넓은 의미로 파악하는 자들은 공기업 지분의 매각을 탈국유화 또는 민유화(denationalization)라 하여 넓은 의미의 민영화 방식의 일부에 불과한 것으로 본다. 넓은 의미에서 본 민영화란 이제까지 공공부문에 의해 배타적으로 수행되던 공공서비스 공급 기능이 민간 영역으로 이전되는 것을 지칭한다. 이러한 맥락에서 볼 때 민영화 개념에는 소유권의 이전뿐만 아니라 경쟁적 요소의 도입을 의미하는 자유화(liberalization)도 포함되므로, 앞에서 본 공기업의 지분 매각 외에 민간부문이 공공서비스를 생산 또는 공급하는 몇 가지 수단이 추가된다. 그중 대표적인 것이 민간위탁과 구매권제도이다.

3) 최광의

이것은 규제 완화(deregulation)까지도 민영화의 범주에 포함시키는 것이다. 앞에서 본 몇 가지 민영화 개념 요소와 함께 규제 완화가 병행되어야 한다고 보는 논거는 정부가 민영화를 시도하면서 여전히 시장에 개입하면 오히려 경제의 비효율성을 초래할 우려가 있다고 보기 때문이다.

4) 이 책에서의 정의

앞에서 본 민영화의 개념적 틀을 민영화의 범위를 기준으로 해서 핵심 요소, 개념, 정책 방향, 그리고 정책 수단을 중심으로 정리해 보면 <표 12-1>과 같다.

표 12-1 민영화의 개념적 틀

범위	핵심 요소	개념	정책 방향	정책 수단
협의	소유권	소유권의 민간 이전	탈국유화	지분 매각
광의	경쟁	경쟁적 요소의 도입	탈국유화 자유화	지분 매각 민간위탁, 구매권제도

자료: 배용수(1998).

지금까지 살펴본 바와 같이 민영화에 관한 논의는 다양하지만 여기에서는 민영화의 개념 범위를 광의로 파악하려고 한다. 최광의 개념으로서의 규제 완화는 민영화의 효과를 극대화하기 위한 보완 장치일 뿐 본질상 민영화의 개념 요소에 포함되는 것은 아니라고 보기 때문에 민영화의 범위에서 제외하기로 한다. 따라서 이 책에서는 민영화를 "공기업의 소유권을 민간에 이전하거나 공공서비스 공급 체계 내에 경쟁적 요소를 도입하는 것"으로 보기로 한다.

2 목적

민영화의 목적은 공공부문 비효율성의 제거에서 찾는 것이 일반적이다. 그러나 민영화의 목적은 각 나라별로 정치적·경제적 필요성에 따라 달라지며, 시간이 흐름에 따라 그 강조점이 변하기도 한다. 민영화를 대규모로 추진했던 영국에서도 민영화의 주요 목적이 공공부문 노조 영향력의 약화, 공공부문 차입의 축소, 대중자본주의의 확대 등으로 변화된 바 있다.

이하에서는 민영화의 목적으로서 다음의 네 가지에 대해 알아보기로 한다. 그리고 각각에 대한 비판도 간략히 소개하기로 한다.

1) 공공부문의 효율성 제고

재산권이론에 따르면 공적 소유권은 모든 사회구성원에게 분산되어 있고 개별 시민들은 자신의 소유권을 행사하거나 판매할 권한을 가지고 있지 못하다. 이러한 이유로 인해 시민들이 기관 경영에 대한 감독과 통제를 행할 유인을 갖지 못하는 것이 공공기관 비효율성의 근본적 원인이다. 한편 공공선택론에 따르면 경제적·합리적 존재로서의 정치인, 관료, 이익집단 등이 각자 이익을 추구하는 가운데 정부 규모는 팽창하고 비효율성이 커질 수밖에 없다.

이러한 관점에서 볼 때 민영화는 공기업 소유권의 민간 이전을 통해 왜곡된 소유구조를 시정하고 시장 기준에 의해 서비스 실적을 평가함으로써 효율성을 제고할 수 있는 것이다. 따라서 민영화는 재산권이론이나 공공선택론에 비추어 볼 때 공공부문의 효율성을 제고하기 위한 핵심적 처방이라 할 수 있다.

다만 계약을 통한 민간위탁은 다수의 민간업체를 대상으로 하기 때문에 이들 간의 조정은 새로운 업무 부담으로 가중되므로 오히려 비효율적이라는 비판이 있다. 또한 회계상에 나타난 재무적 효율성 외에 서비스의 질적인 차이를 고려하면 공·사 간 효율성의 결과는 달라질 수 있다는 지적이 있다.

2) 재정적자의 축소

정부가 재정적 압박을 회피하기 위한 전략으로서 유력한 방안으로 볼 수 있는 것이 공공서비스의 상품화(commodification)인데, 그중 가장 획기적이고 효과가 클 것으로 인식된 것이 비생산적인 공공시설물의 매각이었다. 영국의 보수당 정권도 실업 증가, 경기 침체, 인플레이션, 생산 감소, 금리 상승, 재정적자 증대 등 경제 위기가 지속되자 정치적으로 인기가 없는 공공지출 감축 대신 재정수입 증대를 가져오는 민영화 정책을 채택했다. 즉, 영국의 민영화는 애초에 효율성 향상을 목적으로 한 것이 아니라 화폐 증발 없이 사회보장지출에 충당하려는 정치적 고려가 더 많이 작용한 것이었다.

이와 같이 공기업을 민영화하면 재정적자 보전이나 사회간접자본 건설 등의 지출 증대에 충당할 수 있게 되고 적자 공기업에 대한 재정 지원이 필요 없게 된다. 이에 따라 재정적자에 허덕이는 일부 개발도상국에서는 적자 감축을 위한 최후의 정책으로서 민영화가 활용되었으며, 미국의 민영화 움직임도 1970년대 이후의 재정 위기에 근본적인 원인이 있다.

다만 미국의 민영화는 재정적자의 감소 효과를 크게 올리지 못했는데 그것은 이윤이 발생하는 서비스를 민간에 위탁하고 보조금을 필요로 하는 서비스는 공공부문에 남겨두는 경향이 있었기 때문이었다. 또한 영국 정부가 민영화정책을 성공시키기 위해 공기업의 부채를 탕감해 주고 막대한 자금을 새로 지원해 주는 한편 지나치게 저가로 매각해 막대한 재정적 손실을 초래했다는 비판이 제기되었다.

3) 작은 정부의 실현

공공부문의 지나친 성장은 앞에서 본 바와 같이 재정 위기와 효율성 저하를 가져왔으나, 나아가 과다한 정부 개입에 따른 민간 기능의 상대적 위축과 국가경영의 한계 노정 등 정부실패라는 구조적 문제를 발생시켰다. 이에 따라 공공부문의 규모 자체가 지양해야 할 대상으로 되었고 작은 정부의 논리가 새로운 인식으로서 확산되었다. 작은 정부(less government) 개념이 의미하는 정부의 크기에는 명목적인 크기(예산, 인력, 조직)와 함께 실질적인 크기(영향력 행사의 범위와 방법)도 포함된다.

작은 정부를 실현하기 위해 가장 먼저 해야 할 일이 불필요한 사업조직의 민영화이다. 사업조직을 민영화하면 민간부문이 사용할 수 있는 자원의 크기가 확대되며 경제가 활성화된다. 경제가 활성화되면 경제 전체의 규모가 커지고 공공부문의 상대적 비중이 다시 축소된다.

4) 소비자 선택 기회의 확대

목적 달성을 위한 적절한 수단은 강제가 배제된 자발적이고 자유로운 협상이므로, 시장을 통한 거래는 그것이 자발적이고 충분한 정보에 기초해 있는 한 거래 쌍방에 이익을 가져다 준다. 시장은 경제적 자유를 보장해 주며 또한 정치적 통제로부터 경제조직을 자유롭게 함으로써 경제적 권력이 정치적 권력을 견제할 수 있도록 해 준다. 이에 반해 정부는 하나 또는 몇 개의 대안 외에는 선택의 여지가 없으며 그 결과도 역시 소수에 불과하게 되므로 사실상 강제와 다를 바 없다. 정부는 독점이어서 소비자 선택의 여지를 제약하고 있으므로 민간독점이 비판받는 것처럼 공공독점도 비판받아야 하는 것이다.

이와 같은 다양성의 결여, 개인적 선호의 무시 등은 개선되어야 마땅한데, 특히 이 문제는 도시화와 지방화에 따른 욕구의 다양화·고도화에 의해 더 심각해진다. 이 때 민영화는 정부의 영역을 축소시켜 시민의 선택의 영역을 확대해 주며, 또한 선택이 확대되면 일반적으로 편익의 배분이 더 공정해진다. 공공서비스를 민영화해 시장에서 소비자들의 테스트를 받게 함으로써 생산자 위주의 공급에서 소비자 위주의 공급으로 그 방식을 전환해 나갈 수 있다.

다만 정부의 개입이 오히려 개개인의 선택 범위를 좀 더 확대해 주는 경우가 많으며, 또한 민영화가 소비자 선택의 범위를 확대해 줄지라도 그 대가로서 가격 인상을 감수해야 하는 경우가 적지 않다는 비판이 있다.

제 2 절 민영화 정책 수단

앞에서 살펴본 바와 같이 민영화의 정책 수단으로는 공기업의 지분 매각, 공공서비스 민간위탁, 그리고 구매권제도가 있다. 이제까지 우리나라의 민영화는 주로 공기업의 지분 매각과 공공서비스 공급의 민간위탁을 중심으로 논의되어 왔으나, 앞으로는 바우처제도가 활성화될 것으로 전망된다.

1 지분 매각

지분 매각이란 공기업이나 공공시설에 대한 정부의 소유권의 전부 또는 일부가 민간부문으로 이전되는 것을 말한다. 지분 매각은 정부 보유 지분을 민간에 매각함으로써 공기업 지배권을 이전하는 방법이다. 여기서 지배권 이전은 형식적 의미인 소유권의 이전뿐만 아니라 실질적 의미인 기업 경영권의 이전도 포함하는 개념이다. 공기업 지분 매각은 협의로는 정부 보유 지분을 민간에 완전히 매각하는 완전민영화를 뜻하나, 광의로 볼 때는 보유 지분의 일부를 매각하는 부분민영화도 포함된다.

공기업 지분의 매수자는 국민(시민), 종업원, 법인 등이 될 수 있다. 과거 우리나라의 국가공기업 민영화는 국민주 방식을 통한 분산 매각으로 추진된 바 있다. 그리고 종업원지주제에 의해 민영화를 실시한 예는 영국에서 발견할 수 있다. 그러나 규모가 작고 수익성이 떨어지는 공기업의 경우에는 민간기업이나 단체에의 지분 매각이 가장 일반적이다.

2 민간위탁

1) 개념

정부가 재정적 압박을 받게 되면 그 대응으로서 서비스의 양을 줄이든가 서비스 공급의 효율성을 높이든가 해야 한다. 그러나 서비스의 공급을 줄이는 것은 그 서비스의 수혜자인 고객이 반대할 가능성이 크므로 더 적은 비용으로 더 양질의 서비스를 제공해야 한다. 그동안 정부의 생산성 향상을 위한 노력은 여러 행정개혁 조치를 통해 시도되어 왔으나 큰 성과를 거두지 못했다. 따라서 좀 더 근본적인 방안이 필요한데, 이러한 방안 가운데 하나로 채택되고 있는 것이 공공서비스의 민간위탁이다.

민간위탁(contracting-out)이란 정부와 민간기관 간의 계약에 따른 합의와 지시에 의해 공공서비스를 공급하는 것을 말한다. 기업의 이윤 동기에 따른 서비스 공급의 전문성과 신축적인 대응성을 활용하되, 민간기업들이 소홀히 하기 쉬운 공공성을 유지하고자 할 때 주로 이용한다. 이 같은 계약 방식에 의한 민간위탁은 공공서비스 공급의 민영화 방식 가운데 가장 활발하게 논의되고 있는 것으로서 공영주차장 관리, 쓰레기 수거, 청사관리, 연구조사 등의 분야에서 많이 채택되고 있다.

2) 장점

민간위탁에 관한 논의는 민간기업이 일반행정 또는 공공기관보다 더 효율적이라는 전제에서 출발한다.[1] 다양하게 논의되고 있는 민간위탁의 장점은 다음과 같이 요약될 수 있다.

첫째, 인건비, 관리비 등 모든 비용을 줄일 수 있어 효율성이 높아진다.

둘째, 수시로 변하는 시민들의 서비스 수요에 행정기관이나 공공기관이 대응할 때 융통성을 높여 준다.

셋째, 소비자들의 불만이나 요구 혹은 변화된 상황에 대한 대응성을 높이기 위

---

1) 그러나 정치적·법적 책임성의 확보 곤란, 관련 공무원의 부패 가능성, 서비스 질의 저하 가능성, 소외계층에의 서비스 기피 가능성 등이 민간위탁의 문제점으로 지적되고 있다.

해서는 공무원 수를 늘리기보다는 민간부문에의 위탁에 의한 서비스 공급 방식을 최대한 활용하는 것이 낫다. 그리고 공무원들은 공공서비스 대상과 공급 방식에 관한 평가에 집중함으로써 결과적으로 서비스 공급에 대한 통제 효과를 높일 수 있게 된다.

3) 조건

정부가 민간위탁을 실행하기에 적합한 조건으로는 다음의 것들이 있다.

첫째, 민간위탁함으로써 서비스 생산비용을 줄일 수 있을 때이다. 건물의 청소나 청사관리, 쓰레기 수거, 전산관리, 중기관리 등 비교적 경쟁업체가 많은 분야는 과감히 민간의 시장에 내놓는 것이 비용 감소에 도움이 된다. 또한 정부에서 어떤 특정 서비스를 생산할 때 공급 비용의 기준을 정하기 위해서도 민간과의 계약의 효용성이 있다.

둘째, 복잡하거나 특별한 기술이 요구될 때이다. 이것은 간헐적이고 비일상적인 기술적 서비스를 민간과의 계약을 통해 공급하는 경우를 말한다. 이러한 계약이 요구되는 이유는 정부의 기술이 부족하거나, 일회용 도움을 받기 위해, 또는 기술적 진척을 이루기 위해서이다. 그 구체적인 예로는 정보처리 체계, 법률서비스, 아동복지 프로그램, 위험물질 처리, 병원관리 등을 들 수 있다.

셋째, 수요가 가변적이거나 수요시간대가 공무원의 근무 시간과 상이한 경우이다. 가로수 가지치기나 식재(食材)와 같이 계절적 요인 등으로 수요가 가변적인 서비스는 비수요기에 유휴시설 및 유휴 인원의 발생을 초래한다. 또한 노인복지센터, 노인휴게소, 부녀복지관, 청소년회관 등의 경우 수요가 보통 공무원의 근무시간대와 상이한 경우가 많다. 따라서 이러한 경우 민간에 위탁하게 되면 서비스를 원활히 공급할 수 있게 된다.

3 바우처제도

1) 개념

바우처(voucher) 개념의 본래 의미는 증서, 상품권, 또는 지불인증권을 뜻한다.

바우처제도는 정부가 일정한 자격 기준을 갖춘 개인에게 특정한 상품이나 서비스의 구매권을 쿠폰이나 카드 등의 형태로 지급하는 정책 수단이다. 바우처는 미국에서 교육 바우처, 푸드 스탬프 등 1960년대부터 채택되었고, 이후 보육, 직업훈련, 보건, 주택, 노인 지원, 장애인 지원 등 다양한 영역으로 확대되었다.

바우처제도는 서비스 전달자 간에 경쟁을 유발해 생산적 효율성을 높이는 동시에 소비자의 선택권을 확대해 배분적 효율성도 높이는 서비스 전달 체계의 한 수단이다. 공급 측면에서 바우처는 공급자 중심의 독점 체제를 경쟁 체제로 전환해 서비스 전달의 효율성을 높이고자 한다. 수요 측면에서 바우처는 정부가 제공하는 상품이나 서비스에 대한 소비자의 선택권을 보장하고자 한다. 특히 공공부문의 비효율성을 회피하기 위해 민간의 공급 능력을 이용하기 위한 목적에서 민영화가 채택된다고 볼 때 바우처가 민영화의 한 수단이 된다. 시장 메커니즘에 기초한 바우처를 활용함으로써 공공의 비효율성 문제를 해결할 수 있다.

한국에서도 근래에 들어 취약계층 지원의 목적으로 바우처 활용의 사례가 늘어나고 있다. 예를 들면 일찍이 구직 등록 실식자를 위한 교육훈련카드가 1998년부터, 취약계층을 위한 무상보육·교육 프로그램이 1999년 이후 실시되고 있으며, 문화 바우처나 여행 바우처가 저소득층 문화 향유 기회의 확대를 위해 시범적으로 실시된 바 있다. 최근에는 사회서비스 분야에서 바우처의 활용이 크게 증가했는데 노인돌보미, 장애인 활동 보조 지원, 지역사회서비스, 산모·신생아 도우미, 가사·간병 방문서비스, 장애활동 재활치료, 보육 등의 분야에서 바우처가 실시되고 있다.

2) 특징

바우처제도는 정부가 빈곤층을 대상으로 식료품, 수업료 등을 현금급여나 현물급여가 아닌 혼합된 형태로 지원하는 것에 특징이 있다. 따라서 바우처는 현금과 유사하게 개인의 선택을 보장하면서도 현물처럼 소비 범위를 제한할 수 있는 장점이 있다.[2] 현금 지급에 비해 소비자 선택 권리는 축소되지만 이용자가 다른 용도로 사용하는 누출의 위험을 막을 수 있다. 따라서 바우처는 개인의 선택권과

---

2) 예컨대, 빈곤층의 의료나 식생활 서비스를 지원하기 위해 이들 용도에만 사용할 수 있는 쿠폰을 발행하여 제공하는 것이다. 따라서 푸드 스탬프는 주택이나 레크리에이션 구매에 사용될 수 없다.

사회적 통제 효과를 적절히 조합할 수 있다.

바우처가 앞에서 살펴본 민간위탁과 가장 크게 다른 점은 재원의 전달 과정에서 찾을 수 있다. 민간위탁은 재원이 기업 등 서비스의 공급자에게 직접 전달되지만, 바우처의 경우 이용권자에게 재원이 지원된 후 바우처 사용에 대한 대가로 정부가 서비스 공급자에게 해당 비용을 정산해 준다는 점에서 차이가 있다.

제 3 절 한국 공기업의 민영화

1 개요

1) 연혁

한국에서는 1960년대 말부터 1980년대 초에 걸쳐 대한통운, 대한항공, 대한석유공사, 대한준설공사 등의 공기업이 민영화되었다. 1980년대 초에는 금융산업 개편정책의 일환으로서 한일은행, 제일은행, 서울신탁은행, 조흥은행 등 시중은행들이 공개입찰 방식으로 민영화되었다.

1987년에는 민간 주도의 경제 발전 정착과 공공부문과 민간부문의 재조정이라는 관점에서 공기업 민영화를 대대적으로 추진하기 위해 '공기업민영화추진위원회'를 설치했다. 특히 17개 공기업을 저소득층에 제한해 매각하는 제한적 국민주 방식을 통한 민영화를 추진했으나 포항제철, 한국전력, 국민은행, 외환은행 주식의 일부만을 매각하고 1988년 증권거래소를 증권회사에 매각하는 데 그쳤다.[3] 더욱이 제한적 국민주 방식에도 불구하고 당시 증권시장의 침체로 저소득층의 재산 형성에는 별 도움을 주지 못했다.

정부는 1993년 말 '공기업 민영화 및 기능 조정 방안'을 공표했고, 1997년 「공기업의 경영구조 개선 및 민영화에 관한 법률」을 제정해 국민주 방식을 제외한

3) 포항제철, 국민은행, 외환은행은 그 후 사실상 완전히 민영화되었다. 그리고 한국전력공사의 민영화는 현재 중단된 상태이지만 발전 부문은 6개 자회사로 분리되어 민영화 과정에 있다.

형태로 민영화를 추진했으나 민영화 세부 추진계획의 미비, 관련 정부부처의 비협조, 주식 매각 방식의 부적절 등의 이유로 그 성과는 크게 부진했다.

1998년 김대중 정부는 IMF 관리 체제라는 위기 상황 하에서 두 차례에 걸쳐 '공기업 민영화 및 경영혁신 계획'을 수립하고 공기업민영화추진위원회를 구성하는 등 민영화를 적극적으로 추진했다. 김대중 정부기간 동안 포항종합제철과 국민은행의 지분을 완전히 매각했고, 1993년부터 민영화가 추진되었던 한국중공업도 두산그룹에 매각함으로써 민영화를 완료했다. KT와 KT&G도 해외 주식예탁증서와 해외 교환사채의 발행에 힘입어 2002년에 각각 민영화가 완료되었다.

노무현 정부는 공공성 훼손, 민간 독점 가능성 등을 이유로 이전부터 추진되어 오던 한국전력공사, 철도청, 한국가스공사 등의 민영화에 소극적이었다. 발전 부문 한전 자회사의 민영화가 노조의 반대와 입찰 참여 회사들의 인수 포기 선언으로 무산되었다. 정부기업으로 운영되던 철도청을 민영화하려던 계획을 수정해 철도시설의 건설과 기술 개발은 한국철도시설공단이, 철도 운영은 한국철도공사가 각각 맡도록 하는 공공기관화를 단행했다. 한국가스공사의 경우 완전 민영화하기로 했으나 노동조합의 반대로 설비 부문의 민영화를 포기했고 도입 및 도매 부문 분할 민영화도 유보되었다. 민영화의 유보 기조는 이명박 정부에서도 이어졌다.

2) 관련 제도

기획재정부 장관은 주무부처의 장과 협의한 후 공공기관운영위원회(공운위)의 심의·의결을 거쳐 공공기관이 수행하는 기능의 적정성을 점검하고 기관 통·폐합, 기능 재조정 및 민영화 등에 관한 계획을 수립한다. 다만 공운위의 심의·의결을 거쳐 ① 당해 기관의 기능 수행 시에 정부로부터의 독립성·중립성 보장이 필요하다고 관계 법률에 규정된 기관, ② 설립 후 3년이 경과되지 않은 기관, ③ 공운위가 기관의 업무 특성 등을 감안해 기능 조정 등의 대상으로 하는 것이 적절하지 않다고 정하는 기관은 통·폐합이나 민영화 대상에서 제외할 수 있다.

주무부처의 장은 기획재정부 장관이 수립한 통·폐합이나 민영화 계획을 집행하고 그 실적보고서를 기획재정부 장관에게 제출하며, 기획재정부 장관은 보고서 내용을 분석·확인해 공운위의 심의·의결을 거쳐 필요한 조치를 주무부처의 장에게 요구할 수 있다.

2 방향

한국에서는 독점공기업의 민영화가 꾸준히 시도되고 있다. 이러한 공기업의 민영화가 경제적 규제 완화를 수반한다 해도 그 결과가 곧 경쟁적 시장구조를 의미하는 것은 아니며, 계속해서 경쟁이 제한될 가능성이 존재한다. 다시 말해, 독점공기업의 민영화가 진입 규제의 폐지에 의한 규제 완화를 수반한다 해도 자연독점의 성격이 강하게 남아 있는 경우에는 상당 기간 유효 경쟁이 이루어지지 못할 가능성이 높다. 특히 자연독점의 성격이 강하게 남아 있는 분야에서는 단기적으로는 활발한 경쟁이 일어나지 못해 기존의 독점공기업이 계속해서 독점력을 유지할 우려가 있다.

명령 기구에 의해 운영되던 기업의 행동을 시장기구에 맡길 때에는 현실적으로 그 기능이 효과적으로 작용할 수 있도록 하는 조건의 정비 내지 확보가 필요하다. 이것은 공익산업의 특성상 외부성이나 자연독점성을 지니는 경우가 많기 때문에 민영화되어도 경쟁이 도입될 수 없거나 부분적으로만 도입되어 여전히 불완전경쟁 상태에 머무는 것이 불가피하기 때문이다. 따라서 경쟁 도입 초기에 신규 사업자들은 경쟁상 불리한 위치에 놓여 있으므로 경쟁 여건의 정착이 필요한 것이다. 이것은 공기업의 민영화 이후에도 일정 기간 동안은 독점규제가 계속 지속되어야 함을 시사한다. 다만 이 경우의 독점규제는 시장 경쟁이 완전히 정착할 때까지 경쟁을 대신하는 과도기적인 것이어야 한다.

이와 같이 대부분의 공기업이 독점 상태에 있기 때문에 민영화 과정에서 사적 독점으로 전환될 가능성이 높으므로 적절한 재규제(re-regulation)를 통해 이 문제를 완화해야 한다. 우선 경제적 규제의 완화는 공기업 경영효율성의 증진을 위해 불가결하지만 규제 완화 시 없어지는 감시 · 감독 기능을 대체하기 위해서는 '공정하고 유효한(fair and effective)' 경쟁을 보장하는 정책이 필요하다. 따라서 민간으로의 소유 이전과 함께 해당 산업에 대한 실질적인 경쟁 체제를 도입함은 민영화의 궁극적인 목적인 효율성 제고에 필수적이다. 이것은 법적 독점산업에 대한 법적 진입 장벽이 철폐되는 것으로는 부족하고 신규 진입 기업이 동등한 대우를 받도록 각종 재규제정책이 도입되어야 함을 의미한다.[4] 또한 공기업 체제 하에서는 크게 중요한 정책 이슈가 되지 않았던 보편적 서비스 제공 의무가 이윤 동기 하에서 운영되는 민영화된 체제 하에서는 어떻게 무리 없이 유지되도록 할 것인가 하는 것도 중요한 정책적 과제가 된다.

한편 민영화를 추진할 때 경쟁 창출을 위한 정책적 의지와 수단들이 지속되지 않으면 정부 독점에서 민간 독점으로의 단순한 이전에 불과할 뿐이다. 특히 특수 분야와 같이 민간에 전문기관이 없거나 소수에 불과한 경우에는 민영화의 전문성 및 경쟁성을 기대하기 어렵게 된다. 따라서 이 경우 섣부른 민영화보다는 공기업을 유지하거나 구조개혁을 시도하는 것이 더 나을 수 있는 것이다. 그리고 민영화의 장점을 살리기 위해서는 공모 방법과 절차를 사전에 공시하고, 중소 규모의 사업체도 경쟁에 참여할 수 있도록 재정 능력보다는 전문성에 비중을 두는 등 실질적인 경쟁을 유지할 수 있도록 하는 제도적 장치를 마련해야 한다.

한편 우리나라의 준정부기관은 아직 그 역사가 일천하거나 본격적인 경영 체제를 구축한 지 오래되지 않은 경우가 많아 경영 성과를 논하기 어려운 단계에 있다. 따라서 준정부기관의 일률적 민영화를 거론하는 것은 아직은 시기상조인 감이 있다.

민영화는 정부의 역할과 능력에 관한 발상의 전환에서 출발한 것이지만, 단순히 소유권이나 경영권을 이전함으로써 정부실패로 인식된 것을 모두 해결할 수는 없다. 특히 복지나 환경 관련 분야는 민영화 대신 행정개혁 프로그램의 추진이 더 적절할 수 있다. 그리고 민영화는 그 자체로서 목적이라기보다는 공공부문 전체를 효율적으로 재구조화하기 위한 수단의 성격이 더 농후한 것이다. 따라서 공공기관이든 민간기관이든 모든 기관이 관료화될 수 있는 것과 마찬가지로 모든 기관은 또한 기업가적으로 될 수 있다는 오스본과 게블러(Osborne & Gaebler, 1992)의 수사(修辭)는 민영화의 가능성과 그 한계를 동시에 함축하는 말이라 하겠다.

---

4) 이를 위해서는 적절한 규제기관의 설립 또는 기존 기관의 기능 강화가 필요하다. 영국의 경우 민영화 이후에도 지속적으로 시장지배력을 갖게 될 것으로 예상되는 영국통신(British Telecommunication)에 대한 효과적인 규제를 위해 독립규제기관인 OFTEL(the Office of Telecommunications)을 설립했다.

보론 민영화정책의 실행

1 실행 경로

어떤 정책의 유효성을 알기 위해서는 그 정책이 실행되는 경로를 추적해야 한다. 정책 실행 경로란 정책 수단이 정책 목적에 도달하는 구조의 체계를 말한다. 따라서 민영화정책의 경로를 파악하는 것은 민영화정책이 효율성 증대로 이어지는 인과적 과정들을 논리적인 전제에 따라 추적함을 의미한다. 민영화정책이 실행에 옮겨지는 경로는 소유구조, 시장구조, 규제 메커니즘의 분야로 나누어 볼 수 있다.

1) 탈국유화

공공기관과 민간기관 간의 가장 본질적인 차이는 기관의 공적 소유 정도에서 발견할 수 있다. 이에 관해서는 재산권이론(theory of property right)에서 상세한 논의를 하고 있는데, 이 이론의 핵심은 기업 또는 조직의 성과를 결정할 때 재산권의 강도가 가장 중요한 요인이라는 것이다. 즉, 재산권을 발휘할 여지가 클수록 자산을 잘 관리할 인센티브가 크고 그 결과 효율성이 제고되므로, 결국 공적 소유권이 사적 소유권보다 비효율적이라는 것이다.

이와 같은 소유구조상의 특성으로 인해 공기업 특유의 대리문제(agency problem)가 나타난다. 공기업의 경영 목표는 다양하고 모호하며 목표들 간의 불일치를 해소하기가 어렵기 때문에 공기업에 대한 평가와 감독도 어려워진다. 이러한 입장에 설 때 공기업의 비효율에 대한 유력한 정책 대안은 소유구조의 탈국유화이다. 소유구조의 탈국유화는 경영권의 민간 이양을 통해 기관의 내부효율성을 제고하는 정책을 말한다.

민영화가 효율성에 영향을 미치는 주요 경로는 대리비용의 절감이다. 공기업의 경우에는 주식 시장이나 전문경영인 시장과 같이 기관 또는 경영자에 대한 평가를 할 수 있는 시장이 없거나 매우 불완전하므로 시장을 통한 자동적인 경영평가가 이루어지지 못한다. 또한 공기업은 경영 성과가 관료나 국민들의 이해에 직접적으로 영향을 주지 않으므로 민간 주주들에 비해 감독에의 유인이 약할 수밖에 없다. 따라서 경영, 평가, 감독 간의 불일치 문제를 해결하는 것이 공기업 경영에 중요한 정책 과제가 되는 것이며, 이것은 궁극적으로 민영화를 통해 해결할 수밖에 없는 것이다.

2) 경쟁구조의 확립

공기업은 논리적으로 독점이므로 공기업의 포기는 곧 독점의 포기를 의미한다. 따라서 민영화를 통한 효율성 증대의 또 다른 경로는 경쟁의 도입에 따른 배분적 효율성의 제고이다. 경쟁구조의 확립은 기관을 둘러싼 경쟁적 산업환경을 조성해 기관을 단련시키는 결과를 초래한다. 전반적으로 볼 때 국가독점 네트워크산업은 소유구조보다는 시장의 경쟁구조에 의해 좀 더 큰 영향을 받는다고 한다. 이것은 경쟁의 부재가 방치된 채 소유권을 민간으로 이전하게 되면 공적 독점이 사적 독점으로 바뀌어 더욱 큰 폐해가 발생하기 때문이다.

민영화가 경쟁 도입과 밀접한 관련을 갖는 이유는 대부분 공기업을 유지하는 과정에서 진입 규제, 가격 규제 등 정부 규제에 의해 사업이 독점적으로 보호되기 때문이다. 공기업의 독점적 지위를 그대로 유지한 채 민영화한다면 이는 공적 독점으로부터 사적 독점으로의 전환을 의미할 뿐이다. 민영화 대상 기관은 흔히 산업의 자연독점성 등에 의해 독점적 시장구조를 유지해 왔기 때문에 단순히 소유권을 민간에 이양하는 경우 생산적 효율성의 향상을 기대할 수 있으나 배분적 효율성 측면에서는 해로운 결과를 낳을 수도 있다. 여전히 독점적 상황에서 생산적 효율성의 증진을 위해 단순 민영화를 추진할 경우 배분적 효율성이 저해될 우려가 있다.

한편 민영화의 경로와 관련해서 배분적 효율성의 저하가 구조적으로 예방될 수 있음을 주장하는 이론이 경합시장이론(contestable market theory)이다. 이 이론은 시장의 경합성이 작용하면 독점 하에서도 경쟁적 시장의 성과를 실현할 수 있다는 것이다. 즉, 시장 규모의 협소나 규모의 경제 등으로 인해 독점적인 시장구조 하에 있는 산업도 시장이 경합적이면 경쟁 시장과 같이 경제적으로 효율적일 수 있다는 것이다.

경합시장이론은 시장이 경합적이면 시장 참여자 수에 관계없이 자유로운 시장

진입에 의해 경제적 효율성이 달성될 수 있다는 것을 강조하고 있다. 따라서 무조건적으로 독점규제정책을 시행하는 것보다는 필요하면 독과점을 인정하면서 반경쟁적 행위만을 규제하는 등 잠재경쟁(potential competition)이 보장되는 시장 여건을 조성하는 것이 중요하다는 것이다. 다시 말해, 만일 경쟁의 도입이 원활하지 않을 경우에는 완전민영화보다는 어느 정도의 가격 규제와 생산량 규제가 가능한 부분민영화가 좀 더 타당할 수 있다는 것이다.

3) 규제 완화

통신, 철도, 전력 등 대규모 초기 투자가 요구되는 동시에 네트워크 외부 효과가 나타나는 산업에 대한 진입 규제와 가격 규제의 주원인이었던 전통적인 자연독점성은 두 가지 측면에서 변질되었다. 우선 자연독점성은 기업의 평균 비용이 하락하는 구간에서 발생하는데, 외부적인 요인으로 인해 수요가 크게 증가하면 사회적 적정 생산량은 기업의 최소 효율 규모를 초과하고 평균 비용이 상승하는 구간에 도달하게 되어 더 이상 자연독점성이 유지될 수 없게 된다. 또한 기술 진보로 인해 평균 비용의 하락으로 사회적 적정 생산량이 증가해 기업의 최소 효율 규모를 초과하는 경우에도 역시 자연독점의 필요성이 소멸된다.

이와 같이 기술 발전과 수요 증가라는 경쟁 요소의 출현으로 인해 규모의 경제에 기초한 자연독점산업에 대한 경제적 규제는 완화의 대상이 되어 이론적 및 실증적 재검토를 받게 되었다. 공기업 독점 하에서 이루어져 온 경직적이고 획일적인 규제를 계속 적용하는 것은 오히려 자원 배분의 비효율을 낳는 결과를 초래하기 때문이다. 여기서의 규제 완화는 시장 기능의 질적인 향상을 도모하기 위한 것으로서 민영화의 보완적 성격을 갖는다. 따라서 소유구조의 탈국유화와 경쟁구조의 확립이 진행되면 기존의 독점 공기업 체제 하에서 유지되던 가격규제 등도 경쟁을 도입한 효과를 극대화할 수 있는 방향으로 완화되어야 하는 것이다.

2 성공 조건

과거 공기업 민영화 계획의 실천이 지연되었던 것은 민영화의 성공을 위한 정책 경로의 불충분한 이행과 정책 조건의 미성숙한 형성 때문이었다. 총체적이고 유기적으로 연계된 정책의 실행이 미흡했으며 관련 주체들의 자발적 참여와 전략 및 전문성이 부족했다. 공기업 민영화의 성공과 기존에 이루어진 민영화의 최종적인 정착을 위해 필요한 성공 조건은 다음과 같다.

1) 경쟁정책의 강화

공기업의 민영화가 경제적 규제 완화를 수반한다고 해도 그 결과가 곧 경쟁적 시장구조를 의미하는 것은 아니며, 계속해서 경쟁이 제한될 가능성이 존재한다. 다시 말해, 독점공기업의 민영화가 진입 규제의 폐지에 의한 규제 완화를 수반한다 해도 자연독점의 성격이 강하게 남아 있는 경우에는 상당 기간 유효경쟁이 이루어지지 못할 가능성이 높다. 특히 자연독점의 성격이 강하게 남아 있는 분야에서는 단기적으로는 활발한 경쟁이 일어나지 못해 기존의 독점공기업이 계속해서 독점력을 유지할 우려가 있다.

이와 같이 대부분의 공기업이 자연독점 상태에 있기 때문에 민영화 과정에서 일반독점으로 전환될 가능성이 높지만 이 경우에도 적절한 경쟁정책을 통해 문제를 완화할 수 있다. 그리고 규제 완화는 공기업 경영효율성의 증진을 위해 불가결하지만 규제 완화 시 없어지는 감시·감독 기능을 대체하기 위해서는 '공정하고 유효한(fair and effective)' 경쟁을 보장하는 정책이 필요하다. 따라서 민간으로의 소유 이전과 함께 해당 산업에 대한 실질적인 경쟁 체제를 도입하는 것은 민영화의 궁극적인 목표인 효율성 제고에 필수적이다. 이는 독점산업에 대한 진입 장벽이 철폐되어야 함은 물론 신규 진입 기업이 동등한 대우를 받도록 각종 경쟁정책이 집행되어야 함을 의미한다.

특히 네트워크산업이 경쟁 체제로 이행한 후에는 새로운 규제가 더욱 필요하게 된다. 기존 사업자와 신규 사업자 간에는 서비스 종류의 선택, 서비스 메뉴의 개발, 서비스 지역의 분할 등에 관해 동등한 조건이 부여되어야 한다. 또한 네트워크산업에서 기존의 시장 지배적 사업자가 경쟁을 제한할 수 있는 능력과 관련해 제기되는 문제가 필수설비에 대한 접근가능성이다. 시장에서의 유효 경쟁에 긴요한 설비나 자원을 보유하고 있는 기업은 경쟁자들에게 합리적인 조건으로 이를 사용할 수 있도록 함이 필요하다. 따라서 정부는 민영화된 기업이 독점적인 설비사업자의 지위에 있는 한 설비 공동 이용 의무를 부여하거나 설비 이용이

공정하게 이루어지도록 접속 가격 등 접속 조건에 대해 규제해야 한다.[5]

2) 보편적 서비스의 유지

공기업을 민영화할 때 가장 큰 논란의 대상이 되는 것이 새로운 시장구조 하에서도 보편적 서비스의 제공이라는 기본적 공익성이 유지될 수 있는가에 관한 것이다. 공익성 보장이 공기업의 목표이므로 공기업 체제 하에서는 크게 중요한 정책 이슈가 되지 않았던 보편적 서비스 제공 의무(universal service obligation)[6]가 이윤 동기 하에서 운영되는 민영화된 체제 하에서는 어떻게 무리 없이 유지되도록 할 것인가 하는 것이 중요한 정책적 과제가 된다. 예컨대 정보통신 분야의 경우 기존의 유선통신망의 안정적 운영과 주요 통신서비스의 제공, 초고속 통신망 구축 등은 계속 이루어져야 하는 것이다.

공익성을 추구하는 보편적 서비스 유지정책이 통신산업 전체의 효율성을 저해함이 없이 이루어지기 위해서는 신·구 사업자 간의 차별정책은 바람직하지 않다. 오히려 보편적 서비스 제공의 비용을 모든 통신사업자들이 공동으로 부담하는 제도가 타당하다. 모든 사업자들이 자신의 통화 수입에 비례해 총비용을 분담하는 '보편적 서비스기금(universal service obligation fund)'을 별도로 유지하고, 기금을 경쟁에 의해 가장 효율적으로 서비스를 제공할 수 있는 사업자에게 지원하는 것이 그것이다.

3) 정책환경의 조성

KT 등 일부 공기업의 민영화정책이 성공적으로 추진될 수 있었던 것은 우선 경제적 논리에 입각한 정책 경로의 이행이 충실히 이루어졌기 때문이다. 그리고 이와 같은 경제적 논리의 실행이 가능했던 것은 정치적 현실을 반영하는 정책환경이 조성되었기 때문이다. 민영화가 끝까지 성공적으로 일관성 있게 추진되기

---

5) 그러나 원칙상 경쟁의 도입을 위한 규제는 '경쟁자'의 보호가 아니라 '경쟁' 자체의 보호에 중점을 두는 것이어야 한다. 따라서 신규 기업의 경쟁력을 확보해 주기 위해 기존 기업에 대해 엄격한 규제를 실시하는 비대칭 규제(asymmetric regulation)는 독점에서 경쟁으로 이행하는 과도기에 일시적으로 실시되어야 한다.

6) 통신사업의 경우 보편적 서비스의 예로는 국내 기본통신에 대한 수요 충족, 공중전화 박스의 설치 및 유지, 신체장애자를 위한 통신서비스의 제공, 무료 긴급 전화서비스의 제공 등을 들 수 있다.

위해서는 대통령의 강력한 의지와 리더십이 중요하며, 이를 바탕으로 한 정책의 일관성이 중요한 역할을 한다. 특히 한국과 같이 대통령의 영향력이 큰 경우에 대통령의 정치 이념은 정치적 상황을 결정적으로 좌우할 수 있다. 또한 민영화정책의 추진 체계로서의 해당 정부부처는 경제효율화와 경제구조의 개혁을 위한 정책 결정의 구체화 단계의 성공을 책임지고 있다.

따라서 정치적 리더십의 형성, 정책 일관성의 유지 등 정책적 상황의 안정이 한국 공기업 민영화에서 중요한 조건이 되며, 따라서 이 상황의 조성이 민영화의 성공에 중요한 관건이 된다고 할 수 있다. 예컨대 여당은 정당 내 이념의 동질성을 확보하는 한편 외부로부터의 반대를 극복하고 설득할 수 있는 전략을 제시하는 능력을 함양해야 한다. 정부는 정책공동체(policy community)의 형성을 통해 타당성 있고 구체적인 대안을 분석하고 정책 결정으로 이끌 수 있는 전문성과 정책적 일관성을 유지해야 한다.

참고 문헌

국내 문헌

강원택 (1998). 영국 행정개혁과 국가통치 기능의 변화: 국가의 공동화 혹은 중앙집중화. 「한국행정학보」, 32(4).

강혜진 (2012). 공공기관의 성과평가 및 보상에 관한 연구: 한국자산관리공사(KAMCO) 성과평가 및 성과급 구축 사례를 중심으로. 「한국인사행정학회보」, 11(1): 25-61.

국토개발연구원 (1987). 「상수도 요율체계 합리화 방안」.

국회예산정책처 (2007). 「공공기관 지배구조 평가」.

기획재정부 (2009). 「공기업 · 준정부기관 감사매뉴얼」.

——— (2013). 「공기업 · 준정부기관 경영 및 혁신에 관한 지침」.

——— (2014). 「2014년도 공공기관 경영평가편람」.

김병섭 · 박광국 · 조경호 (2000). 「조직의 이해와 관리」. 서울: 대영문화사.

김성수 (1998). 독일의 행정개혁과 관료제. 「한국행정학보」, 32(4).

김용우 (2006). 「공기업원론」. 서울: 형설출판사.

김원기 · 박성진 (2008). 주식회사 모델에 기초한 공기업 지배구조의 개선 방향. 「법학논총」, 28(2): 121-153.

김재명 (2001). 「경영학원론」. 서울: 박영사.

김재훈 (2007). 외국의 공공기관 지배구조. 「공공기관의 운영자율성 및 책임성 확립」, 한국행정연구원 재정 · 예산연구단 설립기념 세미나.

김정린 (1999). 비영리조직 이사회의 특성, 권력, 역할수행도가 조직성과에 미치는 영향, 이화

여자대학교대학원 석사학위 논문.
———(2005). 「비영리조직경영」. 서울: 이르케.
김 철 (2012). 한국 공공기관 지배구조의 민주화 방안: 공공기관운영위원회를 중심으로. 「공공사회연구」, 2(1): 5-42.
대외경제정책연구원 (2008). 「주요 국가의 공공기관제도」.
박경권 · 박한수 · 이종만 (2011). 「비영리조직과 경영」. 서울: 청람.
박석희 (2013). 공기업 소유권기구의 국가 간 비교 및 시사점. 「한국행정학보」, 47(2): 247-274.
박영범 (1990). 공기업의 단체교섭과 정부규제. 「공기업논총」, 2(1).
———(2007). 공공기관 통합 경영평가제도 도입 및 과제. 감사원 평가연구원. 「감사원 경영평가의 현안과 과제」, 2007년 제3회 평가포럼 발표자료.
박영범 · 이상덕 (1990). 「공공부문의 노사관계」. 서울: 한국노동연구원.
박영희 외 (2008). 「공기업론」. 서울: 다산출판사.
박홍윤 (2009). 「전략적기획론」. 서울: 대영문화사.
박희봉 · 김상묵 (1998). 외국 행정개혁과 김대중정부의 행정개혁 비교연구. 「한국행정학보」. 32(4).
배용수 (1994). 공기업 특성의 노사정책적 함의. 「한국행정학보」, 28(2).
———(1998). 지방자치단체 기능의 민영화 방안. 「한국행정연구」, 7(1).
———(2000a). 「지방자치경영론」. 서울: 법문사.
———(2000b). 신관리주의의 한국적 적실성. 「한국행정학보」, 34(2).
———(2008). 공공기관의 관리체계와 개선과제. 「공공행정연구」, 9(1).
———(2013). 「규제정책론」. 서울: 대영문화사.
배용수 · 주선미 (2003). 민영화정책의 경로와 환경: KT 사례연구와 그 함의. 「정책분석평가학회보」, 13(2).
산업연구원 (2001). 「네트워크산업 민영화 과정에서의 경쟁과 규제」.
삼성경제연구소 (2008). 「싱가포르 Temasek의 지배구조 및 시사점: 공기업 개혁 관점 중심으로」.
서필언 (2005). 「영국행정개혁론」. 서울: 대영문화사.
송희준 (2004). 정부산하기관 경영평가의 제도화 분석. 「한국정책학보」, 13(5).
심재영 (2002). 「비영리조직경영론」. 서울: 한국방송통신대학교출판부.
안병영 · 정무권 · 한상일 (2007). 「한국의 공공부문: 이론, 규모와 성격, 개혁 방향」. 춘천: 한림대학교출판부.
안용식 · 원구환 (2001). 「지방공기업론」. 서울: 대영문화사.
안전행정부 (2014a). 「2014 지방공기업 현황」.
———(2014b). 「지방공기업 설립 · 운영기준」.
양동석 (2004). 공기업 지배구조에 대한 평가와 개선방안: 사장 임면과 평가를 중심으로. 서울대학교 행정대학원. 「정책&지식」.
양지청 (1994). 「사회간접자본론: 이론과 정책」. 서울: 서울프레스.

원구환 (2012). 「재무행정론」. 서울: 대영문화사.
유훈 (2000). 「공기업론」. 서울: 법문사.
유훈 · 배용수 · 이원희 (2010). 「공기업론」. 서울: 법문사.
윤성식 (1993). 경제대리인이론과 조직의 효율성. 「한국행정학보」, 27(2).
——— (2003). 「공기업론」. 서울: 박영사.
윤우곤 (1998). 행정과 경영의 비교 연구: 행정과 행정학의 미래. 「한국행정학보」, 32(4).
윤장근 (2003). 「특수법인의 등기 관련 규정의 입법모델 검토」. 입법모델, 2.
이상윤 (2003). 「노동법」. 서울: 법문사.
이상철 (2007). 「한국 공기업의 이해」. 서울: 대영문화사.
이상철 외 (2005). 준정부조직의 생성 · 변형 · 소멸에 관한 기초 연구. 「한국사회와 행정연구」, 16(2).
이연호 (1999). 김대중정부의 경제개혁과 신자유주의적 국가 등장의 한계: 동아시아 개발도상국의 한 사례. 「한국정치학회보」, 33(4).
이원희 (2012). 공공기관 내부성과 관리 체계의 개선 방안. 「KIPF 공공기관 동향」, 5: 4-20.
이재은 (2003). 신공공관리론과 행정개혁에 대한 이론적 고찰. 「현대사회와 행정」, 13(2).
이종찬 (1998). 한국의 경제자유화 개혁을 위한 정치경제적 방안. 국민대학교. 「사회과학연구」, 11.
이희섭 · 최진현 (2011). 공공기관의 지배구조가 대리인비용에 미치는 영향. 「회계정보연구」, 29(2): 249-278.
장훈 · 강원택 · 김영순 · 구갑우 (2000). 영국에서 국가성 변화의 이중성에 대한 연구. 「국제정치논총」, 40(3).
전국경제인연합회 (2009). 「우리나라 준공공부문의 실태분석 및 혁신 방안」, 공공무문 개혁시리즈 2.
전삼현 (2006). 뉴거버넌스와 기업지배구조의 문제. 「상사법연구」, 25(3).
전상경 (1997). 「정책분석의 정치경제」. 서울: 박영사.
정광호 (2013). 바우처(voucher). 김병섭 외. 「정책수단론」. 서울: 법문사.
정무권 (2000). 새로운 국정관리와 민주적 책임성. 백경남 · 송하중(공편). 「새천년의 한국정치와 행정: 정치선진화와 행정혁신」. 서울: 나남.
정용덕 (1995). 한국의 정부조직 개편. 「한국정책학회보」, 4(1).
정정길 (1997). 「정책학원론」. 서울: 대명출판사.
조 택 (1997). 민영화의 효과와 한계. 「한국사회와 행정연구」, 8(2).
조동성 (2000). 「*Principles of Management*」. 서울: 서울경제경영.
지방공기업평가원 (2013). 「공기업 해외 선진 사례: 미국 · 영국 · 호주 · 뉴질랜드」.
지은구 (2012). 「비영리조직 성과관리」. 서울: 나눔의집.
총무처 직무분석기획단 (1997). 「신정부혁신론: OECD를 중심으로」. 서울: 동명사.
최천규 (2004). 한국 정부산하기관의 경영평가제도 도입에 관한 연구. 「한국전통상학연구」,

18(1).
한국개발연구원(1987). 「공기업 경영평가의 이론적 배경과 기법」.
―――(2007). 「재정효율성 제고를 위한 시장 원리 활용 방안: 바우처 제도를 중심으로」.
한국경제연구원(1991). 「공기업의 소유구조적 특성과 행동에 관한 연구」, 연구조사자료 68.
―――(1995). 「공익산업의 경쟁정책」, 규제연구시리즈 22.
한국조세연구원(2010a). 「주요국의 공공기관」 Ⅰ.
―――(2010b). 「주요국의 공공기관」 Ⅱ.
한국행정연구원(1998). 「정부조직의 기능적 다원화를 위한 직제분석」. 연구보고서 97-08.
―――(2005). 「정부산하기관 관리체계 개선연구」, 연구보고서 05-36.
한국행정학회(2003). 「책임운영기관의 책임성과 대응성 확보 방안에 관한 연구」.
―――(2004). 「책임운영기관의 다원화 방안 연구」.
한상일(2010). 한국 공공기관의 민주적 책임성과 지배구조. 「한국조직학회보」, 7(1): 65-90.
행정자치부(2002). 「2002년 지방공기업 현황」.

국외 문헌

Aktan, Coskun Can (1995). An Introduction to the Theory of Privatization. *The Journal of Social, Political and Economic Studies*, 20(2).

Andrew, R., G. A. Boyne and R. M. Walker (2006). Strategy Content and Organizational Performance: An Empirical Evaluation. *Public Administration Review*, 66(6): 52-63.

Anthony, R. N. and V. Govindarajan (1995). *Management Control Systems*. Homewood: R. D. Irwin, Inc.

Aucoin, P (1995). *The New Public Management: Canada in Comparative Perspective*. Montreal: The Institute for Research in Public Policy.

Barzel, Yoram (1989). *Economic Analysis of Property Rights*. Cambridge: Cambridge University Press.

Baumol, William J., John C. Panzar, and Robert D. Willig (1982). *Contestable Markets and the Theory of Industry Structure*. San Diego: Harcourt Brace Jovanovich, Inc.

Beaumont, P. B. (1992). *Public Sector Industrial Relations*. London: Routledge.

Behn, R. D. (2003). Why Measure Performance? Different Purposes Require Different Measures. *Public Administration Review*, 63(1): 5-25.

Berridin, Eugene F. (1968). Cross-Currents in Public Employee Bargaining. *Public Personnel Review*, October.

Birchall, J. (2002). Mutual, Non-profit or Public Interest Company? An Evaluation of Options for the Ownership and Control of Water Utilities. *Annals of Public and*

Cooperative Economics, 72(2): 181-213.

Bishop, Mattew R. and John A. Kay (1989). Privatization in the United Kingdom: Lessons from Experience. *World Development*, 17(5).

Boston, J. et al. (1996). *Public Management: the New Zealand Model*. Aukland: Oxford University Press.

Bruijn, H. (2009). *Managing Performance in the Public Sector*. NY: Routledge.

Bryson, J. M. (2004). *Strategic Planning for Public Service and Non-Profit Organizations*. San Fransisco: Jossey-Bass.

Catlin, Robert E. (1968). Should Public Employees Have the Right to Strike?. *Public Personnel Review*, January.

Clarke, Thomas (1993). The Political Economy of the UK Privatization Programme: A Blueprint for Other Countries? Ezra N. Suleiman and John Waterbury, *The Political Economy of Public Sector Reform and Privtization*. Boulder: Westview Press.

Clements, Laurie (1994). Privatization American Style: The Grand Illusion. Thomas Clarke. *International Privatization Stragies and Practices*. NY: Walter de Gruyter & Co.

Domberger, Simon and John Piggot (1994). *Privatization and Economic Performance*. Oxford: Oxford University Press.

Dunleavy, P. (1991). *Democracy, Bureaucracy and Public Choice*. NY: Harvester Wheatsheaf.

Eger Ⅲ, R. J. (2005). Casting Light on Shadow Government: A Typological Approach. *Journal of Public Administration Research and Theory*, 16.

Farnham, David and Sylvia Horton (1993). Public Service Managerialism: A Review and Evaluation, in David Farnham and Sylvia Horton(ed). *Managing the New Public Service*. London: Macmillan.

Flinders, Mattew V. and Martin Smith (1998). *Quangos, Accountability and Reform: The Politics of Quasi-Government*. NY: St. Martin's Press.

Fossum, John A. (1985). *Labor Relations: Development, Structure, Process*. Plano: Business Publications.

Goldsmith, Stephen and William D. Eggers (2004). *Governing by Network-The New Shape of the Public Sector*. Washington, D.C.: Brookings Institution Press.

Gray, Andrew and Bill Jenkins (1995). From Public Administration to Public Management: Reassessing a Revolution. *Public Administration*, 73(Spring).

Hall, John A. and G. J. Ikenberry (1989). *The State*. Minneapolis: University of Minnesota Press.

Hansmann, H. B. (1987). Economic Theories of Nonprofit Organization. Powell(ed.). *The Nonprofit Sector*. New Haven: Yale University Press.

Hanson, A. H. (1959). *Public Enterprise and Economic Development*. London: Routledge and Kegan Paul.

Haque, M. Shamsul (1996). The Intellectual Crisis in Public Administration in the Current Epoch of Privatization. *Administration and Society*, 27(4).

Hazard, William R. (1968). Teachers and Collective Bargaining. *Public Personnel Review*, July.

Henig, Jeffry R. (1990). Privatization in the United States: Theory and Practice. *Political Science Quarterly*, 104.

Hodges, Ron, Mike Wright, and Kevin Keasy (1996). Corporate Governance in the Public Services. *Public Money and Management*, April/June: 7-13.

Hood, C. (1991a). A Public Management for All Seasons?, *Public Administration*, 69.

——— (1991b). The Hidden Public Sector: The 'Quangocratization' of the World? in Franz-Xavier Kaufman, Giandomenico Majone, and Vincent Ostrom(eds.). *The Public Sector: Challenge for Coordination and Learning*. New York: Walter de Gruyter.

Hughes, O. E. (1994). *Public Management and Administration: An Introduction*. London: St. Martin's Press.

Jensen, Michael C. and William H. Meckling (1976). The Theory of the Firm: Managerial Behaviour, Agency Costs and Ownership Structure. *Journal of Financial Economics*, 305.

Jones, Leroy P. (1975). *Public Enterprise and Economic Development: The Korean Case*. Seoul: KDI.

Kaboolian, Linda (1998). The New Public Management: Challenging the Boundaries of the Management vs. Administration Debate. *Public Administration Review*, 58(3): 189-193.

Kelley, J. (1984). *Costing Government Services: A Guide for Decision Making*. Washington, D. C.: Government Finance Officers Association.

Kelly, Rita Mae (1998). An Inclusive Democratic Polity, Representative Bureaucracies, and the New Public Management. *Public Administration Review*, 58(8).

Keohane, R. O. and J. Nye (2000). Governance. in R. O. Keohane and J. D. Donahue. eds. *Governance in a Globalizing World*. Washington, D.C.: Brookings Institution Press.

Kettl, Donald F. (1988). Performance and Accountability: The Challenge of Government by Proxy for Public Administration. *American Review of Public Administration*, 18(1).

Kirkpatrick, Ian and Miguel Martinez Lucio (1996). Introduction: The Contract States and the Future of Public Management. *Public Administration*, 74(1).

Kotler, Philip (2003). *Marketing Management*. NJ: Prentice-Hall.

Kotler, Philip and Sidney J. Levy (1969). The Broadening of the Concept of Marketing. *Journal of Marketing*, Jan.: 10-15.

Lucy, William H., Dennis Gilbert, and Guthrie S. Birkhead (1977). Equity in Local Service Distribution. *Public Administration Review*, 37(6).

Lynn, Lawrence E. (1998). The New Public Management: How to Transform a Theme into a Legacy. *Public Administration Review*, 58(3): 231-237.

Maor, Moshe (1999). The Paradox of Managerialism. *Public Administration Review*, 59(1): 5-18.

Martin, J. (1997). Changing Accountability Relations: Politics, Consumers and the Market. *OECD Public Management Service Paper.*

McNabb, David E. (2009). *The New Face of Government: How Public Managers Are Forging a New Approach to Governance*. New York: CRC Press.

Minogue, M., C. Polidano, and D. Hulme (1998). *Beyond the New Public Management: Changing Ideas and Practices in Governance*. Cheltenham: Edward Elgar.

Mondy, R. W. and S. Premeaux (1995). *Management: Concepts, Practices and Skills.* Englewood Cliffs, NJ: Prentice-Hall.

Nelson, Joan M. (1993). The Politics of Economic Transformation: Is Third World Experience Relevant in Eastern Europe? *World Politics*, April.

Nigro, Felix A. and Lloyd G. Nigro (1981). *The New Public Personnel Administration.* Ithaca: Peacock Publisher.

Niskanen, William A. (1971). *Bureaucracy and Representative Government.* Chicago: Aldine-Atherton, Inc.

OECD (1996). Globalization: What Challenges and Opportunities for Governments? *PUMA*, working paper.

——— (2001). History, *Size, and Governance Mechanisms of the Wider State Sector*. Paris: OECD.

——— (2002). *Distributed Public Governance: Agencies, Authorities, and Other Government Bodies*. Paris: OECD.

——— (2005). *OECD Guideline on Corporate Governance of State Owned Enterprises.* Paris: OECD.

——— (2011). *State-Owned Enterprise Governance Reform: An Inventory of Recent Change*. Paris: OECD.

Osborne, David and Ted Gaebler (1992). *Reinventing Government: How the Entrepreneurial Spirit is Transforming the Public Sector*. NY: Addison-Wesley.

Oster, S. M. (1995). *Strategic Management for Nonprofit Organizations: Theory and Cases.* Oxford: Oxford University Press.

Page, S. (2004). Measuring Accountability for Results in Interagency Collaboratives. *Public Administration Review*, 64: 591-606.

Pearce, J. A. and S. A. Zahra (1991). The Relative Power of CEOs and Boards of Directors. *Strategic Management Journal*, 12(2): 135-153.

Pfeffer, J. and G. R. Salancik (1978). *The External Control of Organization: A Resource Dependence Perspective*. NY: Harper & Row.

——— (1987). A Resource Dependence Perspective on Inter-organizational Relations. M. S. Mizruchi and M. Schwarz. *Incorporate Relation: The Structural Analysis of Business*. NY: Cambridge University.

Pliatzky, L. (1992). Quangos and Agencies. *Public Administration*, 70.

Poister, T. (2003). *Measuring Performance in Public and Nonprofit Organization*. San Francisco: Jossey-Bass.

Pollitt, C. and C. Talbot (ed.). (2004). *Unbundled Government: A Critical Analysis of the Global Trend in Agencies, Quangos and Contractualisation*. London: Routledge.

Pollitt, Christoper, Colin Talbot, Janice Caulfield, and Amanda Smullen (2004). *Agencies: How Governments Do Things through Semi-Autonomous Organizations*. Palgrave: Macmillan.

Reed, Christine M. (1999). Managerialism and Social Welfare: A Challenge to Public Administration. *Public Administration Review*, 59(3): 263-266.

Rehfuss, John A. (1989). *Contracting Out in Government*. San Francisco: Jossey-Bass Publishers.

Rhodes, R. A. W. (1997). *Understanding Governance: Policy Networks, Governance, Reflexivity and Accountability*. Buckingham: Open University Press.

Robbins, S. P. (1995). *Organizational Theory: The Structure and Design of Organizations*. Englewood Cliffs, NJ: Prentice-Hall.

Saidel, J. R. and S. I. Harlem (1998). Contracting and Patterns of Nonprofit Governance. *Nonprofit Management and Leadership*, 8(3).

Salamon, L. M. (1989). *Beyond Privatization: The Tools of Government Action*. Washington, D.C.: The Urban Institute Press.

——— (1995). *Partners in Public Service: Government-Nonprofit Relations in the Modern State*. Baltimore: The Johns Hopkins University Press.

——— (2002). *The Tools of Government: A Guide to the New Governance*. Oxford: Oxford University Press.

Schiavo-Campo, Salvatore (1999). Performance in the Public Sector. *Asian Journal of Political Science*, 7(2): 75-87.

Stahl, Glenn (1983). *Public Personnel Administration*, 8th ed. New York: Harper, 1983.

Starr, Paul (1987). *The Limits of Privatization*. Washington D.C.: Economic Policy Institute.

Terry, Larry D. (1998). Administrative Leadership, Neo-Managerialism, and the Public Management Movement. *Public Administration Review*, 58(3): 194-200.

Thatcher, Mark (1998). Institutions, Regulation, and Change: New Regulatory Agencies in the British Privatised Utilities. *West European Politics*, 21(1).

Thompson, A. W. J. and P. B. Beaumont (1978). *Collective Bargaining in the British Public Sector*. New York: Praeger.

Van Dooren, W. and S. Van de Walle (2008). *Performance Information in the Public Sector*. UK: Palgrave.

Van Dooren, W., G. Bouckaert, and J. Halligan (2010). *Performance Management in the Public Sector*. NY: Routledge.

Vickers, John and George Yarrow (1989). *Privatization: An Economic Analysis*. Cambridge: MIT Press.

Viscusi, W. Vernon, John M. Vernon, and Joseph E. Harrington (1995). *Economics of Regulation and Antitrust*. Cambridge: MIT Press.

Weihrich, Heinz (1982). The TOWS Matrix: A Tool for Situational Analysis. *Long Range Planning*, 15(2): 54-66.

Weiner, M. E. (1990). *Human Service Management: Analysis and Application*. Belmont, CA: Wadsworth.

Weisbord, B. A. (1990). Toward a Theory of the Voluntary Non-profit Sector in a Three-Sector Economy. Gies et al. (ed). *The Non-profit Organization: Essential Readings*. California: Brooks/Cole.

Williamson, O. E. (1975). *Markets and Hierarchies: Analysis and Antitrust Implications*. New York: Free Press.

Wolf, Charles, Jr. (1993). Markets or Governments: Choosing between Imperfect Alternatives. Cambridge, Mass.: MIT Press.

Zifcak, Spencer (1994). *New Managerialism: Administrative Reform in Whitehall and Canbarra*. Buckingham: Open University Press.

찾아보기

ㅂ

ㅅ

ㅇ

ㅊ

ㅋ

ㅌ

ㅍ

ㅎ

저자 소개

배용수

[약력]

- 연세대학교 상경대학 경제학과(경제학사)
- 서울대학교 행정대학원 행정학과(행정학석사)
- 서울대학교 대학원 박사과정(행정학박사)
- 한국자치경영평가원 전문위원
- 내무부 지방재정발전기획단 공기업위원회 위원
- 행정자치부 중앙투자심사위원회 위원
- 행정자치부 지방재정분석실시단 위원
- 행정안전부 지방공기업 경영평가단 위원
- 조달청 조달업무평가위원회 위원
- 기획재정부 공기업・준정부기관 경영평가단 위원
- 현재, 공주대학교 행정학과 교수

[주요 저서]

- 지방재정학(공저)(박영사, 1997)
- 지방자치경영론(법문사, 2000)
- 지방정부 개혁(공저)(대영문화사, 2001)
- 공공기관론(공주대학교출판부, 2009)
- 공기업론(공저)(법문사, 2010)
- 규제정책론(대영문화사, 2013)

도서출판 대영문화사

공공기관론

펴낸날 제1판 제1쇄 2015년 1월 15일
제1판 제2쇄 2022년 9월 14일
지은이 배용수
펴낸이 임춘환
펴낸곳 도서출판 **대영문화사**
주소 (본사) 사무실: 경기도 고양시 일산서구 주화로 70
우신프라자 307호(㉾ 10387)
(본사) 물류센터: 경기도 고양시 일산서구 덕산로
107번길 68-50(㉾ 10205)
등록 1975년 12월 26일 제3-16호
전화 (031) 913-3062, (031) 914-3884~5
팩스 (031) 913-3839
홈페이지 http://www.dymbook.co.kr

ISBN 978-89-7644-502-5
값 19,000원